2024-2025
NEW EDITION

팔로우 나트랑·달랏·무이네

팔로우 나트랑·달랏·무이네

1판 1쇄 인쇄 2024년 3월 8일
1판 1쇄 발행 2024년 3월 19일

지은이 | 박진주
발행인 | 홍영태
발행처 | 트래블라이크
등 록 | 제2020-000176호(2020년 6월 24일)
주 소 | 03991 서울시 마포구 월드컵북로6길 3 이노베이스빌딩 7층
전 화 | (02)338-9449
팩 스 | (02)338-6543
대표메일 | bb@businessbooks.co.kr
홈페이지 | http://www.businessbooks.co.kr
블로그 | http://blog.naver.com/travelike1
ISBN 979-11-982694-7-8   14980
　　　　979-11-982694-0-9   14980(세트)

* 잘못된 책은 구입하신 서점에서 바꾸어 드립니다.
* 책값은 뒤표지에 있습니다.
* 트래블라이크는 ㈜비즈니스북스의 임프린트입니다.
* 비즈니스북스에 대한 더 많은 정보가 필요하신 분은 홈페이지를 방문해 주시기 바랍니다.

비즈니스북스는 독자 여러분의 소중한 아이디어와 원고 투고를 기다리고 있습니다.
원고가 있으신 분은 ms3@businessbooks.co.kr로 간단한 개요와 취지, 연락처 등을 보내 주세요.

팔로우 나트랑
달랏·무이네

박진주 지음

Travelike

FOLLOW AUTHOR'S NOTE

글·사진
박진주

일찌감치 동남아시아의 묘한 매력에 빠져 골목골목 누비고 다녔다. 짧게 떠난 여행에 목마름만 더해져서 하던 일을 그만두고 본격적으로 여행을 다니기 시작했고, 그러다 보니 좋아하는 여행을 업으로 삼는 행운까지 얻게 되었다. 지금은 해외 곳곳을 발로 뛰며 마음을 움직이는 것들을 사진과 글로 기록하고 있다. "No Travel, No Life!"를 외치며 오늘도 열심히 여행을 계획 중이다.

저서로는 《팔로우 다낭·호이안·후에》, 《저스트고 타이완》, 《저스트고 타이베이》, 《시크릿 발리》, 《시크릿 타이베이》, 《50만원 해외여행 베스트 코스북》, 《프렌즈 싱가포르》, 《7박 8일 이스탄불》, 《지금, 홍콩》, 《서울, 단골가게》, 《말레이시아 100배 즐기기》, 《필리핀 100배 즐기기》 등이 있다.

홈페이지 in.naver.com/letterfrom

이 책을 위해 나트랑을 비롯해 달랏과 무이네를 구석구석 누비며 베트남의 매력을 알차게 선보이려고 노력했습니다. 제가 경험한 나트랑의 다채로운 모습을 독자들도 발견할 수 있기를 바랍니다. 덧붙여 멋진 책이 나올 수 있도록 많은 정성을 쏟아 주신 편집부와 디자이너님에게 감사의 마음을 전합니다.

오랜 기간 아시아의 여러 지역을 취재하며 많은 책을 집필했지만, 저에게 베트남, 그중에서도 나트랑은 특히 더 애정이 가는 곳입니다.

예상치 못하게 우리 삶에 불쑥 나타난 코로나19로 전 세계가 오랜 시간 멈추었고, 저에게는 업이자 삶의 전부인 여행도 할 수 없게 되었죠. 그저 견딜 수밖에 없던 꽤 긴 시간 동안 저는 여행의 소중함을 더욱 절실하게 느꼈습니다. 다시 하늘길이 열리고 처음으로 떠난 여행지가 나트랑이었습니다.

나트랑은 요즘 같은 고물가 시대에 가성비가 좋은 반가운 여행지입니다. 우리 돈 10만 원이면 열대의 이국적인 리조트에서 호사를 누릴 수 있고, 1만 원 남짓한 돈으로 시원한 마사지를 받으며 지친 심신을 달랠 수도 있습니다.

저렴한 물가 덕분에 시장이나 마트에서 캐리어를 풍족히 채우는 쇼핑의 즐거움도 느낄 수 있고요. 무엇보다 천혜의 섬으로 호핑 투어를 떠나 물놀이와 이색적인 체험에 푹 빠질 수 있습니다.

나트랑과 함께 돌아보기 좋은 달랏과 무이네에서 보내는 시간도 또다른 매력을 선사합니다. 달랏은 울창한 숲과 호수, 흐드러지게 핀 꽃들이 예뻐 마음을 위로해 주는 힐링 여행지로 급부상하고 있습니다. 최근 인천에서 달랏까지 직항편이 취항해 한국에서 바로 달랏으로 갈 수도 있습니다.

무이네는 이국적인 사막이 펼쳐집니다. 쉬 닿을 수 없는 모래사막에서 화보 같은 인생 사진을 찍고, 모래 썰매 등 짜릿한 액티비티를 즐기다 보면 이보다 더 좋을 수 있을까 싶은 만족감을 경험하게 됩니다. 감동적인 일출과 일몰을 마주할 수 있는 해변도 있어 느긋한 휴가를 즐기기에 더할 나위 없는 여행지입니다.

이 책과 함께 구석구석 누비며 베트남 남부의 정취를 만끽해 보세요. 단조로운 일상에서 벗어나 설렘 가득한 여행을 시작하는 작은 계기가 되기를 바랍니다.

저자 박진주 드림

FOLLOW CONTENTS

 **1권 최강의 플랜북**

2권으로 분권한 목차를 모두 정리했습니다. 찾고 싶은 여행지와 정보를 권별로 간편하게 찾아보세요.

- 010 《팔로우 나트랑·달랏·무이네》 사용법
- 012 나트랑·달랏·무이네 여행 미리 보기

BUCKET LIST
나트랑·달랏·무이네 여행 버킷 리스트

ATTRACTION
- 016 완벽한 휴양을 원한다면 **인기 해변 베스트 4**
- 020 인스타그래머블한 인생 샷 한 컷 **최고의 포토 스폿**
- 026 로컬의 일상 속으로 **나트랑 하루 여행**
- 030 루프톱 바에서 야시장까지 **나이트라이프 명소**

EXPERIENCE
- 034 나트랑의 필수 힐링 코스 **머드 스파 즐기기**
- 038 열대의 섬으로 떠나는 **아일랜드 호핑**
- 040 달랏에서 이것만은 꼭! **다딴라 폭포 액티비티**
- 042 베트남에서 유일무이한 경험 **무이네 사막 투어**

EAT & DRINK
- 046 종류별로 맛보자 **베트남 명물 요리 베스트**
- 060 싱싱한 해산물 푸짐하게 먹기 **나트랑 해산물 베스트**
- 064 달달하고 진한 맛 **이색 베트남 커피**
- 066 동남아시아 맥주 소비 1위 **맥주 천국 베트남**
- 070 싸고 맛있다 **제철 열대 과일 실컷 먹기**
- 076 지금 가야 할 곳은 여기! **핫 플레이스 탐방**

SHOPPING
- 080 메이드 인 베트남 **필수 기념품 리스트**
- 085 착한 소비의 행복 **슈퍼마켓 가성비 쇼핑**

SLEEPING
- 090 호캉스의 행복 누리기 **럭셔리 호텔 & 리조트**

PLANNING 1

꼭 알아야 할 나트랑 · 달랏 · 무이네 여행 기본 정보

- 108 · BASIC INFO ❶ 베트남 국가 정보
- 110 · BASIC INFO ❷ 나트랑 · 달랏 · 무이네 여행 시즌 한눈에 보기
- 112 · BASIC INFO ❸ 베트남 문화, 이 정도는 알고 가자
- 114 · BASIC INFO ❹ 베트남 역사 간단히 살펴보기

PLANNING 2

나트랑 · 달랏 · 무이네 추천 일정과 예산

- 118 · BEST PLAN & BUDGET ❶ 나트랑 3박 4일 주말여행 코스
- 120 · BEST PLAN & BUDGET ❷ 나트랑 · 무이네 4박 5일 알찬 여행 코스
- 122 · BEST PLAN & BUDGET ❸ 나트랑 · 달랏 5박 6일 실속 여행 코스
- 124 · BEST PLAN & BUDGET ❹ 나트랑 · 달랏 · 무이네 7박 8일 구석구석 코스
- 126 · BEST PLAN & BUDGET ❺ 아이에게 특별한 추억을! 1일 가족 여행 코스
- 127 · BEST PLAN & BUDGET ❻ 부모님 완벽 맞춤형! 1일 효도 여행 코스
- 128 · TRAVEL BUDGET 여행 경비 절감 팁

PLANNING 3

떠나기 전에 반드시 준비해야 할 것

- 132 · GET READY ❶ 항공권 구입하기
- 133 · GET READY ❷ 베트남 비자 받기
- 134 · GET READY ❸ 나트랑 · 달랏 · 무이네 숙소 예약하기
- 138 · GET READY ❹ 현지 차량 및 여행 상품 예약하기
- 140 · GET READY ❺ 베트남 동으로 환전하기
- 142 · GET READY ❻ 포켓 와이파이 vs 심 카드 선택하기
- 143 · GET READY ❼ 베트남 여행에 유용한 앱과 사용법

007

FOLLOW CONTENTS

FAQ

알아두면 쓸모 있는 나트랑·달랏·무이네 여행 팁

- 150 · FAQ ❶ 나트랑은 물가가 저렴하다는데 하루 예산은 얼마나 잡는 것이 좋을까요?
- 150 · FAQ ❷ 베트남 화폐도 한국에서 환전 가능한가요?
- 152 · FAQ ❸ 새벽에 나트랑에 도착하는데 환전 가능한가요?
- 152 · FAQ ❹ 나트랑에서 신용카드 사용이 자유롭나요?
- 152 · FAQ ❺ 나트랑 숙소는 어디에 잡는 것이 좋을까요?
- 152 · FAQ ❻ 호텔 객실에서 외부에서 사 온 과일을 먹어도 되나요?
- 153 · FAQ ❼ 아이와 물놀이하기 좋은 숙소는 어디인가요?
- 153 · FAQ ❽ 성인 4인 여행인데, 심 카드와 포켓 와이파이 중 뭐가 나을까요?
- 153 · FAQ ❾ 나트랑에서 겨울에도 수영 가능한가요?
- 153 · FAQ ❿ 나트랑 해변에서 스노클링 할 수 있나요?
- 154 · FAQ ⓫ 베트남 건기와 우기 여행 시 옷차림은 어떻게 할까요?
- 154 · FAQ ⓬ 우기에 비가 오면 수영이나 관광은 어떻게 해야 하나요?
- 154 · FAQ ⓭ 아이와 여행 시 예방접종 해야 하나요?
- 154 · FAQ ⓮ 베트남에 팁 문화가 있나요?
- 155 · FAQ ⓯ 빈원더스 나트랑은 언제 가야 사람이 덜 붐비나요?
- 155 · FAQ ⓰ 나트랑에서 밤 비행기로 떠나는데 공항 가기 전까지 뭘 하면 좋을까요?
- 156 · FAQ ⓱ 임신 중인데 마사지 받아도 되나요?
- 156 · FAQ ⓲ 한국 음식을 구입하기 쉬우나요?
- 156 · FAQ ⓳ 베트남에서는 영어가 잘 통하나요?
- 156 · FAQ ⓴ 차량 렌털, 투어, 입장권, 마사지 등은 언제 예약해야 하나요?
- 157 · FAQ ㉑ 무이네 당일 여행이 가능할까요?
- 157 · FAQ ㉒ 달랏이나 무이네에 갈 때 슬리핑 버스를 타면 힘들까요?
- 157 · FAQ ㉓ 달랏의 날씨는 다른 곳보다 서늘하다고 하는데, 추울까요?

- 158 · 나트랑·달랏·무이네 여행 준비물 체크 리스트

2권 나트랑·달랏·무이네 실전 가이드북

- 006 · **나트랑** NHA TRANG
- 058 · **달랏** DA LAT
- 100 · **무이네** MUI NE

SOS
나트랑 · 달랏 · 무이네 여행 중 위기 탈출

- 118 · SOS ❶ 안전한 베트남 여행을 위한 주의 사항
- 119 · SOS ❷ 알고 가면 안 당한다! 가장 흔한 사기 유형과 주의 사항
- 120 · SOS ❸ 여권을 분실 또는 훼손했을 때
- 120 · SOS ❹ 현금이나 가방을 도난당했을 때
- 121 · SOS ❺ 신용카드를 잃어버렸을 때
- 121 · SOS ❻ 가벼운 복통이나 두통이 있을 때
- 122 · SOS ❼ 공항에서 짐을 잃어버렸을 때
- 122 · SOS ❽ 피부 트러블이 심각할 때(일광 화상, 햇볕 알레르기 등)
- 122 · SOS ❾ 몸이 아파서 병원에 가야 할 때
- 123 · SOS ❿ 무더위로 인한 증상이 나타났을 때(열사병, 땀띠 등)
- 123 · SOS ⓫ 휴대폰 · 카메라 · 충전기 등이 고장 났을 때
- 123 · SOS ⓬ 교통사고가 났을 때

- 124 · 베트남 화폐 환전 이모저모
- 125 · 인덱스
- 126 · 물가 시세표
- 126 · 베트남 기초 여행 회화
- 127 · 베트남 화폐
- 127 · 베트남 화폐 지갑 만들기

《팔로우 나트랑·달랏·무이네》 사용법
HOW TO FOLLOW NHA TRANG·DA LAT·MUI NE

01 일러두기

- 이 책에 실린 정보는 2024년 2월까지 수집한 자료를 바탕으로 하며 이후 변동될 가능성이 있습니다. 현지 교통편과 관광 명소, 상업 시설의 운영 시간과 비용 등은 현지 사정에 따라 수시로 바뀔 수 있으니 여행을 떠나기 전 다시 한번 확인하기 바랍니다.

- 베트남의 화폐 단위는 동(đồng)이며, 현지에서는 đ이나 VND(Vietnam Dong)로 표기합니다. 시중에서 유통되는 화폐는 1,000동, 2,000동, 5,000동, 1만 동, 2만 동, 5만 동, 10만 동, 20만 동, 50만 동 9종류가 있으며, 500동은 있으나 보기 힘듭니다. 베트남 동은 동전은 없고 전부 지폐로만 사용하고 있습니다.

- 본문에 사용한 베트남어 지명, 상호명 등은 국립국어원의 외래어표기법을 최대한 따랐습니다. 단, 현지 발음과 현저한 차이가 있거나 우리에게 잘 알려진 관광지와 음식명 등의 일부 명칭은 통상적으로 사용하는 명칭을 표기함으로써 독자의 이해와 인터넷 검색이 편리하도록 도왔습니다.

- 추천 일정의 차량 및 도보 이동 시간, 예상 경비는 현지 사정과 개인의 여행 스타일에 따라 크게 달라질 수 있다는 점을 고려하여 일정을 계획하기 바랍니다.

- 관광 명소의 요금은 대개 일반 성인 요금을 기준으로 했으며, 숙소는 성수기의 룸 타입별 요금을 기준으로 했습니다. 특히 숙소는 여행 시즌에 따라 변동 폭이 있습니다.

- 택시, 그랩, 여행사 전체 차량 등의 교통 요금은 대략적인 요금을 기준으로 제시했습니다. 현지 상황과 차이가 있는 경우가 많으므로 대략적인 선으로 참고하면 바가지요금의 걱정을 덜 수 있습니다.

02 책의 구성

- 이 책은 크게 두 파트로 나누어 분권했습니다.

  1권 베트남의 나트랑·달랏·무이네 여행을 준비하는 데 필요한 기본 정보와 알아두면 좋은 팁 정보를 세세하게 살피고, 꼭 경험해 봐야 할 테마 여행법을 제안합니다.

  2권 이 책의 핵심 여행지인 나트랑을 중심으로 함께 여행하기 좋은 달랏, 무이네의 관광, 맛집, 쇼핑 등 최신 정보를 소개했습니다.

03 본문 보는 법

• **관광 명소의 효율적인 동선**
핵심 관광 명소와 연계한 주변 명소를 여행자의 동선에 가까운 순서대로 안내했습니다. 핵심 볼거리는 매력적인 테마 여행법으로 세분화하고 풍부한 읽을거리, 사진, 지도 등과 함께 소개해 알찬 여행을 할 수 있습니다.

• **일자별로 완벽한 추천 코스**
추천 코스는 일자별 평균 소요 시간은 물론, 아침부터 저녁까지의 이동 동선과 식사 장소, 예상 경비를 꼼꼼하게 기록했습니다. 어떻게 여행해야 할지 고민하는 초보 여행자를 위한 맞춤일정으로 참고하기 좋습니다.

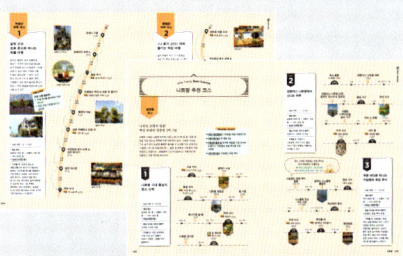

• **실패 없는 현지 맛집 정보**
현지인의 단골 맛집부터 한국인의 입맛에 맞춘 대표 맛집, 인기 카페 정보와 이용법, 실용 정보를 소개했습니다. 베트남의 식문화를 다채롭게 파악할 수 있는 지역별 특색 요리와 미식 정보도 실어 보는 재미가 있습니다.

• **한눈에 파악하는 상세 지도**
관광 명소와 맛집, 상점, 교통 정보의 위치를 한눈에 파악할 수 있는 지역별 지도를 제공합니다. 효율적인 나만의 동선을 짜고 위치 감각을 익힐 수 있도록 도와줍니다. 지도 P.016은 해당 장소 확인이 가능한 지도 페이지입니다.

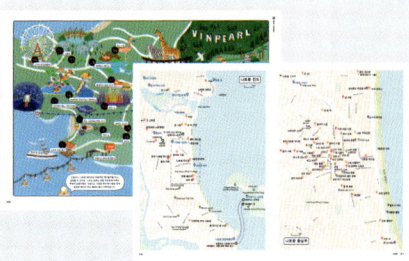

① 해당 장소와 가까운 지역
② 대표 맛집, 로컬 맛집, 신규 맛집으로 분류
③ 대표 메뉴나 인기 메뉴
④ 좋은 점과 아쉬운 점에 대한 작가의 견해

지도에 사용한 기호 종류

| 관광 명소 | 맛집 | 카페 | 쇼핑 | 나이트라이프 | 마사지 | 숙소 | 공항 | 기차역 | 버스터미널 | 선착장 | 케이블카 | 공원 |

Nha Trang·Da Lat·Mui Ne Preview

나트랑 · 달랏 · 무이네 여행 미리 보기

베트남을 대표하는 휴양지 나트랑과 달랏, 무이네는 각기 다른 매력으로 많은 여행자에게 사랑받고 있다. 가깝지만 각각의 개성 있는 풍경과 분위기로 다른 여행지를 경험하는 것 같은 색다른 기분을 느낄 수 있다. 이웃하는 지역으로 이동 거리가 비교적 짧은 편이기 때문에 일정의 여유가 있다면 같이 묶어서 둘러보면 더 알찬 여행을 즐길 수 있다.

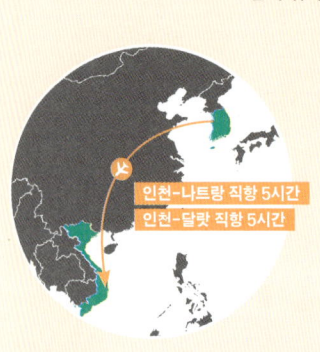

인천-나트랑 직항 5시간
인천-달랏 직항 5시간

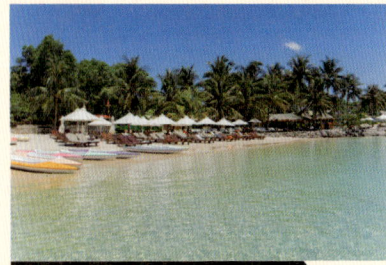

나트랑 Nha Trang ▸2권 P.006

매력 지수

- 관광 ★★★☆☆
- 미식 ★★★★★
- 체험 ★★★★☆
- 휴양 ★★★★★

아름다운 해변과 평온한 섬으로 유명한 베트남의 대표 휴양지. 1년 내내 온화한 날씨가 이어지고, 가성비 높은 대형 리조트가 경쟁하듯 모여 있어 느긋하게 휴양하기에 완벽한 곳이다. 이색 체험이 가능한 머드 스파와 해양 스포츠를 동시에 경험할 수 있는 아일랜드 호핑투어가 인기이며 바다와 접하고 있어 해산물도 풍부하다.

MUST DO! 머드 스파
MUST SEE! 나트랑 비치

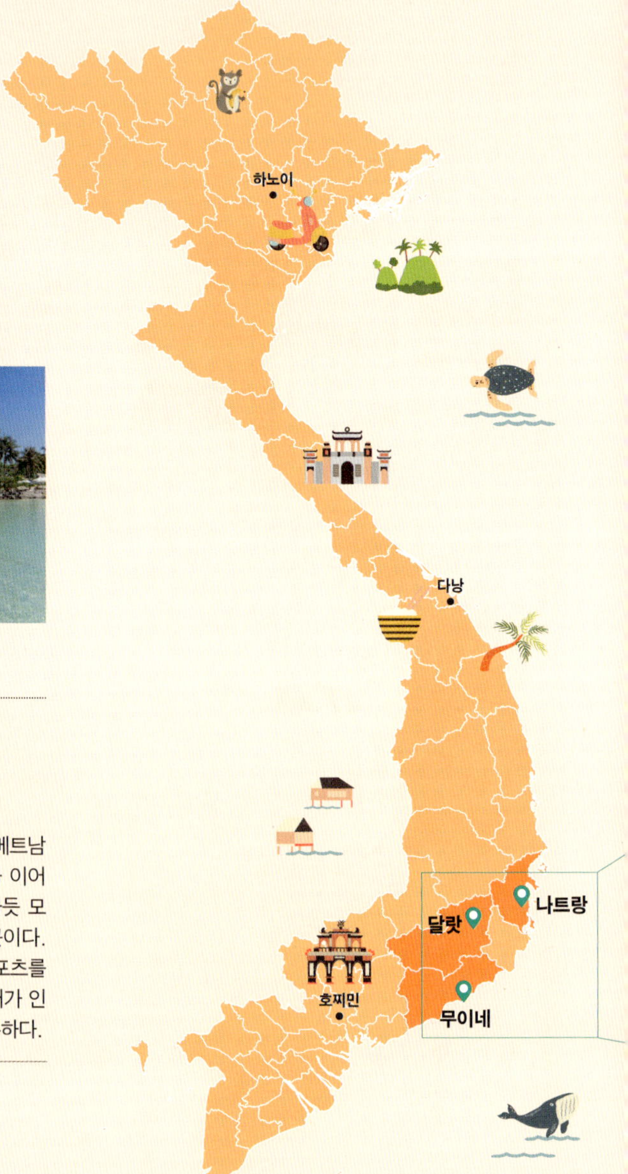
하노이
다낭
달랏
나트랑
호찌민
무이네

달랏 Da Lat ▶2권 P.058

매력 지수

- 관광 ★★★★★
- 미식 ★★★★★
- 체험 ★★★★☆
- 휴양 ★★☆☆☆

베트남 남부 랑비앙 고원의 해발 1,500m 고도에 자리하고 있는 고원지대. 날씨가 서늘하고 시원해 현지인에게도 인기가 높으며, 거대한 인공 호수와 수려한 자연 풍경을 자랑한다. 1년 내내 춥지도 덥지도 않은 날씨 덕분에 사계절 언제나 아름다운 꽃이 만발하고 싱그러운 초목이 울창해 영원한 봄의 도시로도 불린다.

MUST DO! 다딴라 폭포 액티비티
MUST SEE! 랑비앙산

무이네 Mui Ne ▶2권 P.100

매력 지수

- 관광 ★★★★★
- 미식 ★★★☆☆
- 체험 ★★★☆☆
- 휴양 ★★★★★

베트남 남동부에 위치한 작고 아름다운 바닷가 마을. 끝없이 이어지는 모래사장과 해안사구의 독특한 자연경관으로 유명하다. 이국적인 해안사구에서 지프 투어를 즐길 수 있어 인기가 많다. 또한 최적의 조건을 갖춘 해변 환경 덕분에 강한 바람을 이용한 카이트서핑의 성지로 통한다. 베트남의 순수한 매력을 느낄 수 있는 곳이다.

MUST DO! 지프 투어
MUST SEE! 무이네 비치

- ATTRACTION
- EXPERIENCE
- EAT & DRINK
- SHOPPING
- SLEEPING

ATTRACTION

☑ BUCKET LIST 01

완벽한 휴양을 원한다면
인기 해변
베스트 4

베트남 남부 지방에서 가장 사랑받는 휴양지 나트랑. 대표 해변인 나트랑 비치는 365일 바다를 앞에 두고 느긋하게 쉬려는 이들로 활기가 넘치고, 혼쫌 비치는 저마다 수려한 자태를 뽐내는 거대한 바위들과 맑고 투명한 바다가 어우러져 더없이 이국적이다. 또 무이네 비치는 세계적으로 유명한 카이트서핑의 성지로 에너제틱한 해양 스포츠에 오롯이 빠져 시간을 보내기에 제격이다. 각기 다른 매력을 뽐내는 아름다운 해변으로 떠나 보자.

선베드 빌려 해변 즐기기

해변 가까이에 있는 중·고급 호텔에서는 투숙객에게 무료 선베드를 제공한다. 유료로도 이용 가능하며 요금은 하루에 5만~10만 동. 코코넛 주스를 마시며 책도 읽고 열대의 햇살 아래 느긋한 시간을 보내자.

나트랑

나트랑 비치
Nha Trang Beach
▶ 2권 P.018

나트랑을 대표하는 만인의 해변

키 높은 야자수와 고운 모래사장, 그 너머로 푸른 바다가 넘실대는 나트랑 비치. 나트랑 시내 중심에 있으며, 새하얀 백사장이 7km 가까이 길게 이어진다. 나트랑 비치를 중심으로 호텔과 레스토랑, 비치 펍 등이 모여 있어 접근성과 편의성도 두루 갖췄다. 해변을 따라 산책로가 조성되어 있어 조깅이나 산책을 나서기에도 완벽하고, 파도가 높지 않아 수영을 하기에도 부담 없다. 햇살에 몸을 맡긴 채 느긋하게 태닝을 하거나 가족 단위로 산책하며 바다를 즐기는 현지인도 많아 언제나 활기가 넘친다.

비치 바 & 레스토랑 가기

모래사장 위에 알록달록한 빈백이 놓인 비치 바에서 시원한 맥주를 마시거나 분위기 좋은 레스토랑에서 로맨틱한 저녁 식사를 즐기며 행복한 한때를 보낼 수 있다.

짬흐엉 타워에 올라 전망 감상

나트랑 비치를 상징하는 대표 랜드마크인 짬흐엉 타워는 베트남의 국화인 연꽃 모양을 형상화했다. 내부 계단을 따라 올라가면 나트랑 비치가 시원스럽게 펼쳐진다.

`나트랑`

혼쫑 비치
Hon Chong Beach
▶ 2권 P.021

큰 바위 너머 푸른 바다가 펼쳐지는 해변
나트랑 시내에서 북쪽으로 4.5km 정도 떨어진 곳에 있는 해변. 거대한 바위와 푸른 바다가 어우러진 혼쫑 곶이 있는데, 뾰족한 모양으로 바다를 향해 돌출된 육지와 암석이 무리 지어 있어 이국적인 풍광을 자랑한다. 혼쫑 곶 너머로 아름다운 혼쫑 비치가 펼쳐진다. 주로 북미나 유럽에서 온 여행자들이 장기 체류하는 지역이라 여유로운 분위기가 느껴진다. 아주 더운 한낮보다는 이른 오전이나 해 질 무렵에 가야 쾌적하게 둘러볼 수 있다.

Enjoy the Beach

일광욕과 선셋 즐기기
파라솔과 선베드(하루 10만 동)를 빌려 여유롭게 시간을 보내 보자. 간단히 씻을 수 있는 샤워 부스도 마련되어 있다. 일몰 무렵의 신비로운 풍경도 매혹적이다.

`나트랑`

바이다이 비치
Bai Dai Beach

여유가 넘치는 아름다운 바다
나트랑에서 대형 리조트가 많이 모여 있는 깜라인 지역을 대표하는 해변으로 잘 관리된 모래사장, 하늘 높이 솟은 야자수, 그 너머의 맑은 바다가 조화로운 곳이다. 리조트에서 전용 선베드를 갖추고 다양한 해양 스포츠 프로그램을 운영해 바다에서 더 많은 시간을 보내기 좋은 환경이다. 겨울에는 파도가 강한 편이라 서핑을 즐기기도 한다. 깜라인 국제공항과 가까워 바다 위로 닿을 듯 낮게 지나가는 비행기가 자주 보인다.

Enjoy the Beach

서핑 도전하기
서핑을 경험하고 싶다면 바이다이 비치를 추천한다. 초보자를 위한 서핑 스쿨이 있다. 간단한 교육 후에 바다에 들어가 강사의 지도를 받으며 파도타기에 도전할 수 있다.

BUCKET LIST

`무이네`

무이네 비치
Mui Ne Beach
▶ 2권 P.105

열대 감성이 충만한 해변
약 15km에 달하는 무이네 메인 거리를 따라 길게 이어지는 해변. 주변이 많이 개발되지 않아 대형 호텔이나 리조트가 별로 없는 편이고, 중급 규모의 숙소와 레스토랑이 드문드문 있다. 이 덕분에 때 묻지 않은 순수한 사람들을 만나고 해변의 낭만을 느낄 수 있다는 점이 매력이다. 하늘을 향해 쭉 뻗은 야자수와 파랗게 빛나는 바다를 따라서 해변을 산책하고, 오렌지 빛깔로 물드는 황홀한 노을을 볼 수 있는 해넘이도 놓치지 말자.

Enjoy the Beach

카이트서핑 도전하기

무이네 비치는 강하게 부는 바람 덕분에 세계적으로도 손꼽히는 카이트서핑의 메카다. 카이트서핑은 난이도가 상당해 초보자가 타기에 어려움이 있으나, 운동신경이 발달한 편이라면 도전해 볼 만하다. 카이트서핑 스쿨도 있어 숙련된 강사에게 직접 배울 수 있다.

여유가 넘치는 비치 바 즐기기

무이네 비치를 따라 몇몇 비치 바와 레스토랑이 모여 있다. 모래사장에 아무렇게나 던진 듯 놓인 빈백, 바다를 향해 설치한 그네, 야자수 아래 해먹 등 낭만적인 해변의 정취가 느껴지는 매력적인 곳이 많다.

ATTRACTION

☑ BUCKET LIST 02

인스타그래머블한 인생 샷 한 컷
최고의 포토 스폿

TIP! 촬영 꿀팁
- 앞모습뿐 아니라 옆모습, 뒷모습 등 다양하게 포즈를 취할 것.
- 멋진 자연 풍광이나 건축물을 배경으로 뒷모습을 찍으면 무조건 화보!
- 이국적인 휴양지에 어울리는 드레스 코드는 필수! 하얀색이나 주변 풍경과 어울리는 선명한 원색 원피스 등을 준비할 것.
- 분위기 있는 저녁 풍경을 사진에 담으려면 시간에도 신경 쓰자. 보통 오후 5시 30분을 전후로 급격하게 어두워진다.

여행의 순간을 추억으로 남길 수 있는 인증 샷 촬영도 놓칠 수 없는 즐거움이다. 나트랑·달랏·무이네 지역에서 사진을 꼭 남겨야 하는 포토제닉한 스폿과 촬영 꿀팁을 소개한다.

#뽀나가르 #나트랑 #이국적인 사원

거대한 붉은 사원을 배경으로
뽀나가르 참 탑 ▶ 2권 P.019

고대 참파 왕국의 유적지로 유명한 나트랑의 명소로 최근에는 이국적인 풍광을 배경으로 인증 샷을 남기는 것이 유행이다. 붉은 벽돌을 견고하게 쌓아 올린 사원의 계단 앞에 앉아 사원을 배경으로 사진을 찍어 보자.

#테마파크 #타타 쇼 #환상의 섬 #플라밍고

최고의 인기 플라밍고와 함께
빈원더스 나트랑 ▶ 2권 P.024

동화 속 세상으로 초대받은 것 같은 기분이 드는 빈원더스 나트랑은 홀린 듯 카메라셔터를 누르게 되는 포토 존이 곳곳에 자리한다. 그중에서도 빈원더스 나트랑의 로고가 보이는 바위와 분홍빛 플라밍고들이 한가로이 노니는 플라밍고 레이크는 최고의 포토 존이다.

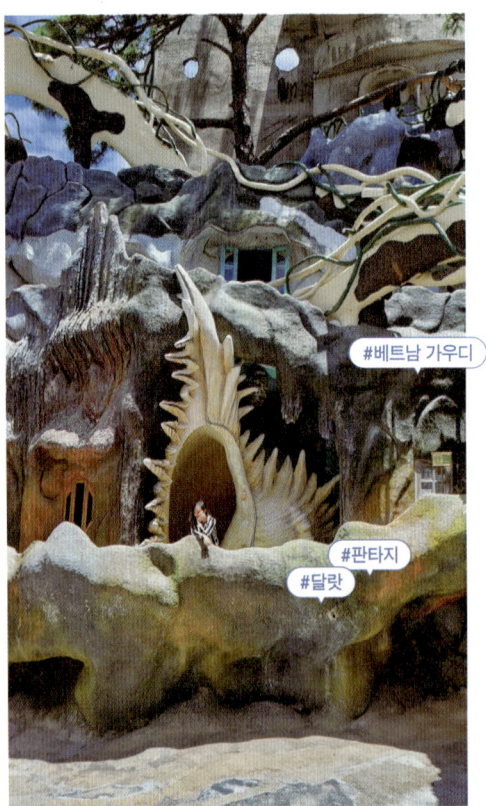

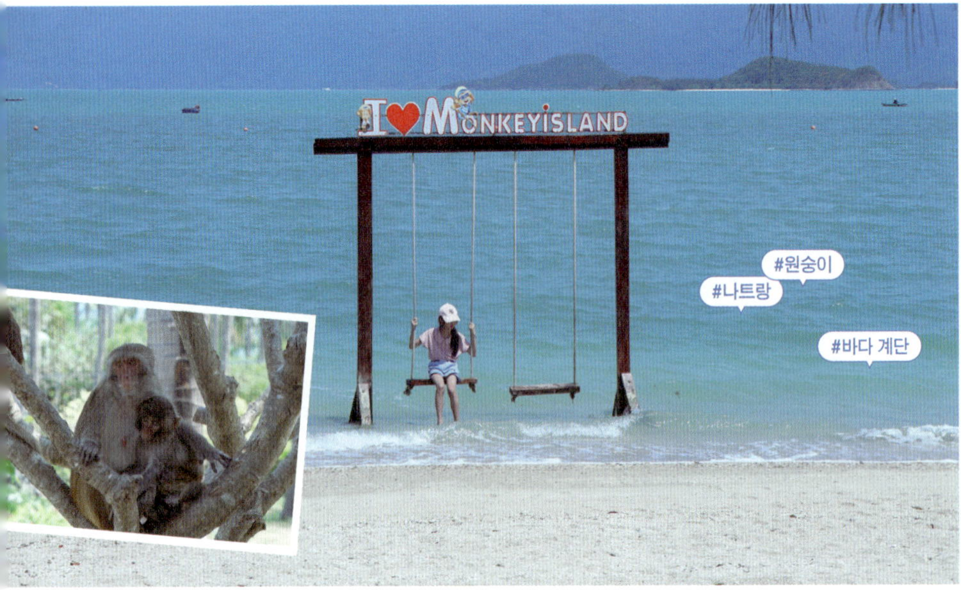
I ♥ MONKEYISLAND
#원숭이
#나트랑
#바다 계단

바다 위 그네를 타고 하늘로

원숭이섬

► 2권 P.023

나트랑에서 배를 타고 가는 원숭이섬도 포토 존으로 인기 있다. 섬에 사는 귀여운 원숭이들과 사진을 찍거나 섬 곳곳에 마련된 포토 존에서 다채로운 사진을 남길 수 있다.

#베트남 가우디
#판타지
#달랏

독특한 건축물과 이색 포즈로

크레이지 하우스

► 2권 P.078

독특하다 못해 기이하게 느껴지는 건축미가 시선을 압도하는 달랏의 명소. 미로처럼 연결되는 계단과 비대칭 구조가 특징이다. 세상 어디에도 없을 이색적인 건축물 앞에서 특별한 인증 샷을 남겨 보자.

달랏 최고의 핑크빛 명소에서
도멘 드 마리 성당
▶ 2권 P.076

SNS에서 달랏의 사진 명소로 더 유명한 곳. 현지인들도 화보를 찍기 위해 찾을 정도로 명성이 자자하다. 화사하게 빛나는 핑크색 성당과 예쁜 꽃을 배경으로 찍은 사진은 오래도록 달랏의 추억을 기억하게 할 것이다.

두 얼굴의 조각상을 사이에 두고
클레이 터널
▶ 2권 P.079

드넓은 부지에 클레이로 만든 오브제가 산재한 곳. 포토 존이 꽤 많은데 단연 첫손에 꼽히는 것이 거대한 남녀의 석상이다. 인기가 많은 만큼 인증 샷을 찍으려는 사람들로 이 석상 앞은 늘 붐빈다. 물 위에 떠 있는 느낌으로 멋진 사진을 남겨 보자.

100년 역사의 시간 속으로
달랏역 ▶ 2권 P.071

베트남에서 가장 오래된 기차역으로 클래식하고 아날로그적인 사진을 남길 수 있다. 달랏역 앞에서 한 장, 멈춰 있는 기차 앞에서 한 장, 물이 콸콸 나오는 대형 수도꼭지 앞에서도 한 장 멋지게 찍어 보자.

지프 위에 올라 멋진 인생 샷
무이네 지프 투어
▶ P.042

무이네 주요 명소를 도는 지프 투어의 하이라이트는 지프차에서 찍는 인증 샷이다. 지프 위로 올라가 멋진 사진을 남기는 것이 필수! 투어 기사가 이색적인 포토 존에 세우고 사진까지 열정적으로 찍어 주어 근사한 사진을 남길 수 있다.

#무이네 #커플 샷 #지프 투어

 생애 가장 환상적인 감성 사진
화이트 샌듄 ▶ 2권 P.106

무이네 최고의 사진 명소로 통하는 곳. 이국적인 해안사구를 배경으로 그야말로 인생 샷을 남길 수 있다. 샌듄과 잘 어울리는 강렬한 원색이나 새하얀 원피스를 입고 사막 감성을 가득 담아 사진을 찍어 보자.

#무이네 #사막 투어 #화보 맛집

베트남의 그랜드캐니언에서
요정의 샘 ▶ 2권 P.108

이름에서도 알 수 있듯이 신비로운 자연을 만날 수 있는 곳. 붉은 사암 절벽과 초록의 숲 사이로 물줄기가 흐르는 풍광이 미국 그랜드캐니언을 연상시켜 베트남의 작은 그랜드캐니언으로 불린다. 흐르는 샘을 거니는 장면은 필수!

#무이네
#작은 그랜드캐니언
#붉은 사암

끝도 없이 펼쳐지는
아름다운 해변
무이네 비치
▶ 2권 P.105

무이네 비치에는 야자수에 그네나 해먹 등을 매달아 놓은 비치 바나 레스토랑이 있어 이국적인 열대 감성이 넘쳐흐른다. 해먹에 눕거나 그네를 타며 야자수와 바다를 배경으로 멋진 사진을 남길 수 있다.

#바다 그네
#열대 감성

물 위에서 나를 위한 예쁜 시간
플로팅 애프터눈 티

풀 빌라에서 투숙한다면 플로팅 애프터눈 티를 경험하는 것도 특별한 추억이 된다. 먹음직스러운 디저트와 음료를 트레이에 가득 담아 물 위에 띄워주어 사진을 찍으면 아주 예쁘게 나온다.

#플로팅
#인생 화보
#풀 빌라

나트랑 · 달랏 · 무이네 여행 버킷 리스트   025

ATTRACTION

☑ BUCKET LIST 03

로컬의 일상 속으로
나트랑
하루 여행

리조트에서 느긋하게 휴양하며 지내다 하루쯤 산책하는 기분으로 시내 관광에 나서는 건 어떨까. 아침나절에 재래시장을 거닐며 우연히 마주친 식당에서 맛있는 쌀국수 한 그릇으로 배를 채우고, 푸른 바다가 출렁이는 해변을 거닐며 사색에 젖고, 신비스러운 건축물을 둘러보며 색다른 문화를 경험하는 하루. 복잡한 도시의 삶에 치여 고단한 일상을 보내던 나를 토닥이는 시간이 되어 줄 것이다.

- ④ 뽀나가르 참 탑
- ⑤ 덤 시장
- 롯데마트
- Yersin
- 나트랑 대성당
- ®퍼 63
- Lý Tự Trọng
- ③ ⓒ카페 호앙 뚜언
- Nguyễn Chánh
- ⑥ 나트랑 비치
- ① 쏨머이 시장
- ② 미보 쪼론
- ⑨ 나트랑 야시장
- Nguyễn Thị Minh Khai
- ⓒ꽁 까페
- ⑦ 응온 갤러리
- 블루시 비치
- ⑧ 루이지애나

Morning
09:00~12:00

**소소한 풍경으로
여는 아침**

로컬 시장에서 부지런히 살아가는 현지인의 모습을 보며 에너지를 얻고, 영혼까지 살찌울 듯한 쌀국수 한 그릇으로 든든하게 배를 채운 뒤 하루를 시작하자.

Pick!
미보 쪼론
➡ 2권 P.035
퍼 63
➡ 2권 P.037

① 쏨머이 시장 ➡ 2권 P.053

나트랑 사람들의 삶을 생생하게 지켜보고 싶다면 쏨머이 시장으로 가자. 아침나절에 가면 아침거리를 사러 온 현지인들로 북적인다. 신선한 열대 과일을 비롯해 온갖 먹거리를 파는 시장 사람들의 활기찬 모습이 기운을 북돋우는 듯하다.

② 쌀국수로 아침 식사

베트남 사람들이 가장 즐겨 먹는 아침 메뉴는 바로 소고기 쌀국수, 퍼보. 더운 날씨 때문에 낮보다는 이른 시간에 뜨끈한 국물이 속을 풀어 주는 쌀국수 한 그릇을 즐긴다. 진한 육수와 부드러운 면발에 고기까지 듬뿍 들어 있어 든든한 아침으로 제격이다.

Afternoon
14:00~18:00
핵심 명소를 알차게 둘러보는 오후

오후에는 나트랑의 주요 명소들을 둘러보고 덤 시장으로 가서 알뜰 쇼핑에 나서 보자. 더위에 지칠 때쯤에는 시원한 바다 풍경을 바라보며 잠시 쉬어 가자.

③ 나트랑 대성당
▶ 2권 P.020

이국적인 고딕 양식의 건축미를 뽐내는 나트랑 대성당. 화려한 종탑, 아치형 천장, 성당 내부 중앙의 아름다운 스테인드글라스까지 마치 유럽의 성당을 연상시키는 고풍스러운 모습에 감탄이 절로 나온다.

④ 뽀나가르 참 탑
▶ 2권 P.019

힌두교의 영향을 받은 고대 왕국의 유적지로 11세기 참파 왕국 건축의 걸작으로 꼽힌다. 붉은 벽돌로 지은 이국적인 건축양식이 돋보이며 언덕 위에 있어 이곳에서 내려다보는 경관 또한 탄성을 자아낸다.

⑤ 덤 시장
▶ 2권 P.048

없는 거 빼고 다 있는 나트랑에서 제일 큰 재래시장인 덤 시장으로 가자. 나트랑의 특산품인 건어물과 건과일이 다양하고, 저렴한 의류나 가방, 신발 등도 많으니 알뜰 쇼핑에 나서 보자. 단, 흥정은 필수!

⑥ 나트랑 비치
▶ 2권 P.018

나트랑 하면 역시 바다를 빼놓을 수 없다. 길게 이어진 새하얀 모래사장과 푸른 바다가 어우러진 해변은 아침부터 밤까지 활기가 넘친다. 맨발로 모래사장을 걸으며 바닷물에 발을 적셔도 좋고, 선베드에 누워 느긋하게 일광욕을 즐겨도 더없이 만족스럽다.

길 건너편에 있는 카페 호앙 뚜언 창가에서 아름다운 대성당의 전경을 장애물 없이 한눈에 담을 수 있어요. ▶ 카페 정보 2권 P.044

Night
18:00~23:00
미식과 쇼핑으로 푸짐하게 채우는 저녁

해가 지면 낮보다 화려한 나트랑의 밤이 시작된다. 느긋하게 식사를 마친 뒤 야시장을 둘러보며 쇼핑하고 이국의 정취에 흠뻑 취해 보자.

⑦ 해산물로 푸짐한 저녁 식사
해산물이 풍부한 나트랑에서 해산물 만찬은 필수 코스. 한국보다 싼값에 싱싱하고 맛있는 해산물 요리를 즐길 수 있다. 랍스터부터 새우, 오징어 등을 원 없이 먹다 보면 진수성찬이 부럽지 않다.

Pick! 응온 갤러리 ▶ 2권 P.031

⑧ 해변에서 술 한잔!
낭만적으로 변신해 낮과는 또 다른 얼굴을 보여 주는 나트랑 비치를 거닐며 마음에 드는 비치 바를 골라 보자. 모래사장에 기대어 앉을 수 있는 빈백이 잔뜩 놓인 비치 바, 분위기 좋은 브루어리 등 선택지가 많다. 취향대로 골라 기분 좋게 취해도 좋지 않을까.

Pick! 루이지애나 ▶ 2권 P.046 블루시 비치 ▶ 2권 P.046

⑨ 나트랑 야시장 ▶ 2권 P.047
나트랑 야시장은 여행의 끝에 하루를 마무리하기에 완벽하다. 다채로운 기념품과 특산품을 팔아 소소한 쇼핑을 하기에 그만이다. 왁자지껄한 분위기 속에서 시원한 생과일주스도 마시면서 야시장을 구경해 보자.

ATTRACTION

☑ BUCKET LIST 04

루프톱 바에서 야시장까지
나이트라이프 명소

나트랑에 어둠이 깔리면 하루의 제2막이 시작된다. 멋진 야경을 보면서 기분 좋게 한잔할 수 있는 루프톱 바부터 파도 소리를 들으며 흥겨운 분위기에 취할 수 있는 비치 바, 나트랑의 바다 위를 유유히 유영하며 로맨틱한 시간을 보낼 수 있는 크루즈에 매일 밤 불야성을 이루는 야시장까지. 나트랑에는 늦은 밤까지 즐길 거리가 넘친다.

관광파를 위한
야간 명소

나트랑의 밤마실을 책임지는 나트랑 야시장은 필수 관광 코스로 통한다. 황홀한 노을을 감상하며 바다 위를 유람하는 선셋 크루즈는 럭셔리한 코스 요리까지 즐길 수 있어 특별한 추억으로 남는다.

 PLACE 01 **나트랑 야시장**
Nha Trang Night Market
➡ 2권 P.047

Type 야시장
Best Time 20:00~

TIP!
나트랑 야시장은 아쉽게도 먹거리는 다양하지 않다. 초입에 있는 신선한 생과일주스와 철판 아이스크림이 인기 먹거리다. 그 건너편에 베트남 디저트를 파는 가게가 모여 있어 야시장 구경 후 시원한 아보카도 디저트 깸버Kem Bơ나 달콤한 코코넛 아이스크림을 먹으며 더위를 식히기에 좋다.

매일 밤 불야성을 이루는 나트랑 야시장은 나트랑의 밤을 즐길 때 빼놓을 수 없는 명소다. 무엇보다 시내 중심에 있어 쉽게 찾아갈 수 있다는 것이 큰 장점이다. 건과일과 견과류를 비롯해 각종 기념품, 의류, 잡화 따위를 파는 작지만 알찬 상점이 나란히 쭉 이어진다. 인기 있는 아이템은 말린 망고와 캐슈너트 같은 견과류로, 원하는 만큼 무게를 달아 파는데 흥정만 잘 하면 마트보다 훨씬 싸다. 나트랑 비치까지 연결되므로 야시장을 구경하고 밤바다 산책으로 하루를 알차게 마무리할 수 있다.

Type 크루즈
Best Time 17:30~

 PLACE 02 **나트랑 선셋 디너 크루즈**
Nha Trang Sunset Dinner Cruise
➡ 2권 P.022

나트랑에서 조금 더 특별한 추억을 만들고 싶다면 크루즈에 올라 보자. 선상에서 나트랑 특유의 밤 풍경과 건너편 빈원더스 나트랑의 화려한 야경까지 감상할 수 있다. 꽤 고급스러운 럭셔리 크루즈라 앙증맞은 핑거푸드 뷔페부터 랍스터, 스테이크로 이루어진 코스 요리도 즐길 수 있다. 특히 부모님과 함께 하는 여행이라면 한 번쯤 누려볼 만한 호사다.

핫한 분위기의
루프톱 바 & 비치 바

나트랑 비치 주변의 고층 호텔에는 대부분 루프톱 바가 있고, 해변 쪽에도 가볍게 한잔하기 좋은 펍이나 브루어리 등이 있다.

스카이라이트
Skylight
▶ 2권 P.045

Type 루프톱 바
Best Time 21:00~

나트랑에서 독보적인 핫플로 통한다. 아바나 호텔 45층에 있어 아찔한 높이에서 야경을 감상하며 음악과 술에 취하기 좋은 곳이다. 디제잉과 함께 팝, 케이팝, EDM 등 다양한 음악과 신나는 퍼포먼스까지 펼쳐 기분을 한껏 고조시켜 준다. 사방이 탁 트인 공간에 바닥이 유리로 된 스카이워크가 있어 야경을 보러 오는 이들도 많다. 캐주얼한 분위기라 부담 없이 즐기기 좋은 것도 큰 장점이다.

앨티튜드 루프톱 바
Altitude Rooftop Bar
▶ 2권 P.045

Type 루프톱 바
Best Time 21:00~

야경과 나이트라이프를 즐기고 싶지만 지나치게 시끌시끌한 분위기는 꺼려진다면 이곳이 제격이다. 쉐라톤 호텔 28층에 자리한 루프톱 바로 멋진 전망을 볼 수 있는 핫플로 알려져 있다. 밤바람이 기분 좋게 몸에 와닿는 야외 자리에 앉으면 화려하게 반짝이는 야경을 감상할 수 있다. 호텔 루프톱 바답게 폭넓은 와인 리스트와 칵테일 메뉴를 갖춘 덕분에 나트랑의 야경을 감상하며 여행지의 밤이 주는 흥취에 한껏 젖을 수 있다.

PLACE 03 · 세일링 클럽 *Sailing Club*
▶ 2권 P.046

Type 비치 펍
Best Time 20:00~

코앞에 나트랑 비치를 품고 있는 레스토랑 겸 비치 바. 식사 메뉴부터 음료, 칵테일까지 전천후 메뉴를 갖추고 있다. 실내 자리도 꽤 넓고 여심을 저격하는 포토 존도 곳곳에 있어 핫플로 통한다. 낮에는 화사한 분위기의 레스토랑이지만 해가 진 후에는 디제잉과 라이브 공연, 불 쇼 같은 퍼포먼스가 곁들여지면서 핫한 바로 변신한다.

PLACE 04 · 블루시 비치 *Bluesea Beach*
▶ 2권 P.046

Type 비치 펍
Best Time 17:30~

나트랑 비치의 모래사장에 아무렇게나 던진 듯 놓인 알록달록한 빈백이 시선을 끄는 곳. 푹신한 빈백에 편하게 기대어 파도 소리를 배경음악 삼아 시원한 맥주를 마시며 여행지의 밤 분위기에 젖기 그만이다. 모래사장 위에 간이매점처럼 지어진 소박한 곳이라 메뉴는 간단한 스낵과 맥주, 칵테일 정도지만 비싸지 않아 부담 없이 맥주를 마실 수 있다.

EXPERIENCE

☑ BUCKET LIST 05

나트랑의 필수 힐링 코스
머드 스파 즐기기

1990년대 초에 지질학 연구소에서 온천수와 진흙을 발견해 이를 활용한 나트랑의 특별한 스파가 탄생했다. 진흙을 욕조 가득 채워 즐기는 머드 배스는 건조한 피부를 촉촉하게 달래고, 여행하느라 쌓인 피로를 풀기에도 그만이다. 머드 스파는 대부분 나트랑 시내를 벗어난 곳에 있어 그랩이나 택시를 타고 이동하게 된다. 멀펄르 혼땀 리조트는 섬에 있기 때문에 보트를 타고 이동한다.

어떻게 받을까?
머드 스파 과정

머드 스파에는 대부분 리조트나 워터 파크처럼 수영장과 온수풀, 슬라이드 같은 즐길 거리도 있다. 보통 머드 스파용 수영복을 빌려주므로 간단한 세면도구만 챙겨 가면 된다.

STEP 01
머드 스파 입장권 구매

머드 스파 리조트를 직접 방문해서 입장권을 구매하거나 클룩, 마이 리얼 트립 같은 여행 플랫폼에서 미리 예매하면 된다.

STEP 02
수영복으로 갈아입기

머드 스파 숍에서는 대부분 전용 수영복을 빌려준다. 보통 내부에 로커와 샤워실이 있고 타월도 유료 또는 무료로 제공한다.

STEP 03
머드 배스 체험하기

입장권을 구매할 때 머드 배스를 포함한 상품을 선택하면 빈 욕조에 깨끗한 새 머드를 가득 채워준다.

STEP 04
다른 온천수와 물놀이 즐기기

머드 스파를 운영하는 곳은 대부분 머드 스파 이외에 온천수 풀, 인공폭포, 수영장 같은 시설을 갖추고 있다. 이곳저곳 누비면서 여러 시설을 알차게 즐겨 보자.

STEP 05
매점에서 간식 먹기

스파 시설 내에 간단한 먹을거리를 파는 식당을 갖추고 있다. 온천수에 삶은 달걀부터 베트남 요리까지 메뉴가 다양해 물놀이 후 허기를 달래기 좋다.

TIP! 머드 스파 제대로 즐기는 법
- 배스에 따라 1~6인이 함께 할 수 있어 커플이나 가족 단위로 즐기기에 알맞다. 머드 스파는 피로 해소와 통증 완화, 피부 미용에 효과적이다. 머드 스파나 허브 스파는 보통 20분 정도 이용할 수 있다.
- 머드 스파에서는 수영복을 빌려주는 곳이 많다. 본인의 수영복을 챙겨가도 되지만 진흙이 묻으면 잘 빠지지 않는 경우도 있어 수영복을 대여해 입는 편이 낫다.
- 머드 스파는 대부분 샤워 시설과 로커를 갖추고 있으며 타월 등은 유료 또는 무료로 대여해 준다. 간단한 세면도구는 챙겨 가면 더 편하다.

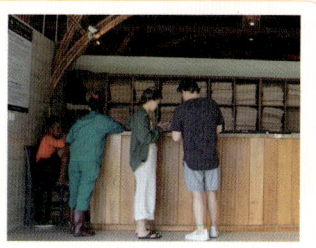

가장 인기 있는
머드 스파 리조트

머드 스파를 테마로 한 리조트가 있어 입장권을 구매해 찾아갈 수 있으며 머드 스파 외에도 온수풀과 수영장 등을 갖추고 있어 반나절 정도 신나게 즐기기에 그만이다. 특히 우기에 따뜻한 머드 온천과 온수풀에서 몸을 풀 수 있어 더 많이 찾는다.

나트랑 인기 No.1 머드 스파

아이 리조트
I-Resort

나트랑의 머드 스파 중 가장 인기 높은 곳으로 머드 스파는 물론 미네랄 허브 스파를 비롯해 건강에 이로운 이색 스파를 즐길 수 있는 레저 워터 파크다. 스파 외에도 따뜻한 온수풀과 신나는 슬라이드, 보기만 해도 시원해지는 인공 폭포, 미네랄 온천수 등의 즐길 거리가 다양해 반나절 정도 물놀이를 하기에 안성맞춤이다. 울창한 숲속에 수영장과 스파 시설이 있어 휴양지에 온 듯 느긋하게 시간을 보내기에도 완벽한 환경이다. 머드 스파와 미네랄 허브 스파는 입장료 외에 추가 요금이 붙지만, 1~6인용 배스를 단독으로 이용할 수 있어 더 오붓하고 위생적이다. 또한 온수풀이 있어 추운 날씨에도 뜨끈한 물속에서 수영을 즐길 수 있어 날씨가 쌀쌀한 우기에 특히 인기를 끈다. 간단히 식사할 수 있는 매점도 있고 온천수에 삶은 달걀 등 먹거리도 판매한다. 수영복과 세면도구는 챙겨 가는 편이 좋다.

가는 방법 나트랑 시내에서 차로 22분
운영 08:00~17:30
요금 입장권 일반 17만 동, 어린이 8만 동, 머드 배스 일반 26만 동~, 어린이 15만 동
홈페이지 www.i-resort.vn

> **TIP!**
> 조금 더 프라이빗하게 시설을 이용하고 싶다면 한적한 곳에 마련된 머드 하우스 옵션을 선택하면 된다.

이국적인 섬에서 즐기는 머드 스파

멀펄르 혼땀 리조트
MerPerle Hòn Tằm Resort

혼땀섬에 있는 대형 리조트로 방갈로와 객실은 물론 머드 배스 시설까지 갖춘 곳이다. 배를 타고 이동해야 한다는 점이 단점이자 장점이다. 이동을 번거롭게 생각하지 않는다면 섬으로 떠나는 색다른 여행의 기분을 만끽할 수 있다. 리조트에 머무르지 않아도 입장권을 끊고 머드 스파와 자쿠지 풀, 인피니티 풀 등의 시설을 이용할 수 있으며 샤워 시설과 로커 등을 갖추고 있다. 열대의 매력이 가득한 섬에서 이색적인 머드 스파와 함께 바다 풍경, 멋진 수영장, 해양 스포츠까지 두루 누리며 만족스러운 시간을 보낼 수 있다. 아일랜드 호핑 투어와 연계한 투어 상품도 있다.

가는 방법 나트랑의 멀펄르 혼땀 리조트 선착장Cảng Hòn Tằm MerPerle에서 배로 약 25분 **운영** 08:00~18:00
요금 입장권 일반 40만 동, 어린이 28만 동(왕복 보트 이동, 머드 스파 포함)
홈페이지 www.merperle.vn

> **TIP!**
> 멀펄르 혼땀 리조트는 머드 스파와 수영장만 이용하는 것도 좋지만 호핑 투어 또는 나트랑 베이 크루즈를 함께 경험할 수 있는 투어 상품이 인기가 있다. 반나절 정도 호핑 투어에 참여해 스노클링을 비롯한 신나는 물놀이를 즐긴 후 리조트로 이동해 따뜻한 머드 스파로 피로를 푸는 투어가 제격이다. 이왕이면 두 가지를 함께 즐기는 것이 일석이조. 클룩이나 마이리얼 트립 같은 여행 플랫폼에서 예약 가능하다.

제대로 된 진한 머드 스파

탑 바 머드 온천
Thap Ba Mud Bath

나트랑에서 손꼽히는 유명 머드 스파로 오랜 시간 꾸준히 사랑받는 곳. 프라이빗 미네랄 머드 배스와 허브 배스 등 단독으로 사용할 수 있는 배스부터 공용 수영장까지 두루 갖추고 있다. 초목이 울창한 정원 속에 있어 자연 친화적인 분위기에서 스파를 만끽할 수 있다. 다른 곳보다 오래된 편이라 시설은 다소 허름해도 이곳의 머드는 농도가 짙고 미네랄이 풍부해 다녀온 이들의 만족도가 높다. 따뜻하고 진한 머드 스파에 몸을 담그면 그간 쌓인 여독이 눈 녹듯 사라진다.

가는 방법 나트랑 시내에서 차로 20분
운영 07:30~17:00
요금 입장권 일반 12만 동, 어린이 6만 동, 머드 배스 일반 23만 5,000동~, 어린이 15만 동
홈페이지 tambunthapba.vn

EXPERIENCE

▱ BUCKET LIST 06

열대의 섬으로 떠나는
아일랜드 호핑

나트랑 인근에는 10여 개의 크고 작은 섬이 있으며 호핑 투어가 가능한 섬도 있다. 섬을 돌며 바다에서 스노클링을 비롯한 해양 스포츠를 즐기기에 제격이다. 대표적인 섬으로는 혼문섬 Hòn Mun, 혼미에우섬 Hòn Miễu, 혼째섬 Hòn Tre, 혼못섬 Hòn Một, 혼땀섬 Hòn Tằm 등이 있으며 예약할 때 투어 포함 사항과 시간, 비용 등을 꼼꼼히 비교해 보자.

TIP!
- 유료 옵션으로 스킨스쿠버, 제트스키, 시워킹 같은 해양 스포츠도 즐길 수 있다.
- 보통 타월이나 스노클링 도구 등을 제공하며 수영복은 미리 옷 안에 입고 가는 것이 편하다.
- 배로 이동하는 코스가 많으므로 평상시에 차나 배를 탈 때 멀미 증세가 나타날 경우 미리 멀미약을 먹고 보트를 타기 바란다.
- 기상과 기온에 따라 투어가 취소되는 경우도 있으므로 투어 전날이나 당일 출발 전 예약 상황을 다시 확인하도록 한다.

신나는 바닷속 탐험
호핑 투어 과정

아일랜드 호핑 투어는 보통 아침에 숙소에서 차량으로 픽업해 선착장에서 전용 보트를 타고 이동한다. 대부분 점심 식사가 포함되어 있으며 추가 옵션으로 해양 스포츠를 즐길 수 있는 곳도 있다.

STEP 01 →
픽업 후 선착장으로 이동
대부분의 호핑 투어 상품에 숙소 픽업과 드롭 서비스가 포함되어 있다. 예약 시간에 맞춰 숙소에서 차량에 탑승한 후 호핑 투어가 시작되는 선착장으로 이동한다.

STEP 02 →
보트에서 선상 파티
스노클링 포인트로 이동하는 동안 보트 안에서 작은 파티가 열린다. 대부분 투어 스태프들이 신나는 음악에 맞춰 춤을 추며 흥겨운 분위기로 이끈다.

STEP 03 →
바다에서 스노클링 즐기기
업체에서 제공하는 스노클링 장비와 구명조끼를 갖추고 바다에서 물놀이를 즐긴다. 보트에 설치된 슬라이드를 타고 바다로 풍덩 빠지는 짜릿한 경험도 할 수 있다.

STEP 04 →
점심 식사
투어에는 대부분 점심 식사가 포함된다. 기본으로 해산물 요리와 열대 과일을 제공하며, 유료로 랍스터, 새우 요리 등을 추가할 수도 있다.

STEP 05 →
해양 스포츠 또는 머드 스파
점심 식사 후 다른 포인트나 섬으로 이동해서 스킨스쿠버, 제트스키, 시 워커 등 다양한 해양 스포츠를 유료로 추가해 즐길 수 있다.

STEP 06 →
자유 시간 또는 머드 스파
해변에서 느긋하게 자유 시간을 즐기거나 혼땀섬의 리조트에서 머드 스파를 체험할 수 있다. 투어 상품마다 포함 사항이 다르므로 내용을 잘 확인해야 한다.

✓ 아일랜드 호핑 투어 비교하기

업체	클룩	나트랑 도깨비	베나자
상품명	나트랑 스노클링 투어 + 멀펄르 혼땀 머드 배스	럭셔리 호핑 투어	YOLO 호핑 투어
요금	1인 약 4만 6,000원	예약금 1만 원 + US$65	예약금 1만 원 + US$20
시간	07:45~15:30	09:00~15:00	08:00~15:00
특징	혼땀섬의 머드 스파가 포함된 투어	한국어 가이드가 함께 이동, 레이 비치Ray Beach 포함	가성비 높은 호핑 투어
예약	www.klook.com	cafe.naver.com/zzop	cafe.naver.com/mindy7857

EXPERIENCE

☑ BUCKET LIST 07

달랏에서 이것만은 꼭!
다딴라 폭포 액티비티

다딴라 뉴 알파인 코스터
Datanla New Alpine Coaster

난이도 하
소요 시간 약 1시간 30분~

달랏의 대표적인 관광지인 다딴라 폭포에서는 울창한 자연 속을 벗 삼아 다양한 액티비티에 도전하는 색다른 체험이 가능하다. 숲속을 가로지르며 짜릿한 스릴을 만끽할 수 있는 알파인 코스터와 집라인은 남녀노소 누구나 만족한다. 익스트림 액티비티로 꼽히는 캐니어닝에도 도전할 수 있으므로 본인의 취향과 체력에 맞게 선택해 보자.

▶ 다딴라 폭포 정보 2권 P.073

다딴라 폭포를 찾는 이들에게 필수 코스로 통하는 인기 액티비티다. 남녀노소 누구나 신나게 탈 수 있는 알파인 코스터로 온통 초록빛에 물든 싱그러운 숲속을 시원하게 내달리는 기분은 말로 형언하기 어려울 정도다. 1~2인승으로 왕복 운행하는데 내려갈 때는 양옆에 있는 손잡이를 이용해 속도 조절이 가능하다. 내 마음대로 스피드를 바꿀 수 있어 더 짜릿하고 재미있다. 올라갈 때는 자동으로 천천히 올라가서 울창하게 우거진 주변의 숲과 폭포 풍경을 발아래 두고 감상할 수 있다.

집라인
Zip Line

난이도 중
소요 시간 약 1시간~

다딴라 폭포에서 선호도 높은 액티비티인 집라인. 울창한 숲에서 줄 하나에 의지해 하늘을 나는 듯한 쾌감을 느낄 수 있다. 다양한 높이의 코스가 있으며 최대 길이 1,000m, 높이 300m에 달하는 코스가 가장 고난이도다. 간단한 안전 교육을 받은 후 바로 도전하는데 초보자도 어렵지 않게 완주할 수 있다.

하이 로프 코스
High Rope Course

난이도 중
소요 시간 약 1시간~

조금 더 색다른 액티비티를 즐겨 보고 싶다면 하이 로프 코스에 도전하자. 하이 로프 코스는 해군 장교 출신의 설립자가 해군 복무 경험을 바탕으로 만든 챌린지 액티비티다. 나무 계단을 따라 그물처럼 이어지는 로프를 오르고 밧줄로 된 다리를 건너는 식으로 미션의 난이도가 다양하다. 초보자도 가능하며 키즈 코스, 가족 코스, 전문가 코스 등으로 나뉘어 있어 자신에게 맞는 코스를 선택하면 된다.

캐니어닝
Canyoning

난이도 상
소요 시간 약 4시간~

캐니어닝은 우리에게는 다소 생소하지만 북미나 유럽에서 온 여행자 사이에서는 유명한 액티비티. 달랏의 다딴라 폭포는 세계적으로 이름난 캐니어닝 명소 중 하나로 손꼽힌다. 캐니어닝은 울창하게 우거진 숲과 폭포의 험준한 지형을 탐험하는 익스트림 스포츠로 폭포를 내려가는 라펠링, 슬라이딩, 점프 등 다양한 도전을 하게 된다. 구명조끼나 헬멧은 업체에서 제공하므로 편한 신발과 복장으로 참여하면 된다. 8세 이상, 70세 이하로 연령 제한이 있는데, 난이도가 꽤 높은 익스트림 액티비티지만 체력과 담력이 강하다면 도전할 만하다.

EXPERIENCE

☑ BUCKET LIST 08

베트남에서 유일무이한 경험
무이네 사막 투어

전 세계 여행자들이 무이네로 모여드는 가장 큰 이유는 이국적이고 신비로운 풍광을 이룬 해안사구 때문이다. 화이트 샌듄, 레드 샌듄이라 불리는 해안사구는 무이네 최고의 관광 명소. 해안사구 자체도 이색적이지만 두 곳의 샌듄과 주요 관광 코스, 포토 존을 도는 지프차까지 포함된 완벽한 무이네 투어가 특히 인기다.

화이트 샌듄 ▶ 2권 P.106

`인생 사진` `ATV` `일출`

하얗게 빛나는 고운 모래가 쌓여 만들어진 해안사구로 무이네 최고의 명소다. 모래언덕에서 한눈에 내려다보이는 푸른 호수는 마치 오아시스처럼 신비롭다. 화이트 샌듄 입구에서부터 사구 꼭대기까지 ATV를 타고 이동하는데, 놀이 기구를 탄 것처럼 스릴이 넘친다. 돌아올 때도 모래언덕에서 굴러 떨어지듯이 ATV가 급하강을 할 때 아드레날린이 폭발하는 짜릿함을 느낄 수 있다. 워낙 풍경이 아름답고 이국적이라 찍기만 하면 인생 사진을 남길 수 있다.

> **MUST DO IT!**
> ☑ 화이트 샌듄을 배경으로 인생 사진 남기기
> ☑ 미끄러지듯 달리는 ATV를 타고 스릴 만끽하기

광활한 모래사막을 질주하는 짜릿한 시간

레드 샌듄
▶ 2권 P.107

`일몰` `모래 미끄럼 타기` `샌드 보드`

이름처럼 붉게 빛나는 해안사구. 화이트 샌듄보다 규모가 작지만 모래언덕에 올라 푸른 바다를 볼 수 있어 특별하다. 최고의 순간은 역시 일몰이다. 해 질 무렵 도착하면 붉은 노을이 드라마틱하게 물드는 장관을 목격할 수 있다. 노을보다 더 붉게 타오르는 레드 샌듄의 풍광이 탄성을 자아낸다. 붉은 모래를 미끄러지듯 타고 내려갈 수 있는 샌드 보드도 놓치지 말자.

> **MUST DO IT!**
> ☑ 온 세상이 붉게 타오르는 듯한 선셋 감상하기
> ☑ 샌드 보드에 올라 신나게 모래 미끄럼 타기

비교해 보고 선택하자!
선라이즈 투어 vs 선셋 투어

무이네 여행의 정취를 돋우는 투박한 지프차를 타고 화이트 샌듄, 레드 샌듄과 함께 요정의 샘, 피싱 빌리지와 포토 존까지 돌아보는 투어는 필수 코스로 통한다. 개별적으로 이동하는 것보다 효율적이고 비용도 저렴해서 투어를 이용하는 편이 실속 있다. 투어에 포함되는 코스는 동일하지만 일출을 볼 것인지, 일몰을 볼 것인지에 따라 선라이즈 투어, 선셋 투어로 나뉜다. 무이네 내의 숙소와 버스 정류장 등에서 무료 픽업 & 드롭 서비스를 제공한다.

	선라이즈 투어	선셋 투어
요금	무이네 출발 기준 50만 동~(지프차 1대 가격, 2~3인 가능)	
시간	04:30~09:00	13:30~18:00
포함 코스	화이트 샌듄 – 포토 존 – 피싱 빌리지 – 레드 샌듄 – 요정의 샘	요정의 샘 – 피싱 빌리지 – 화이트 샌듄 – 용과 농장 또는 포토 존 – 레드 샌듄
장점	• 이른 새벽에 출발해 하루가 길다. • 아름다운 일출을 감상할 수 있다. • 오전 시간에 투어를 진행해 덜 덥다.	• 여유롭게 오후부터 시작한다. • 신비로운 노을로 물든 레드 샌듄의 풍광을 눈에 담을 수 있다.
주의 사항	• 이른 새벽부터 이동해 다소 피곤할 수 있다. • 새벽녘이라 쌀쌀할 수 있으므로 스카프, 카디건 등을 준비한다.	• 가장 더운 낮에 움직이는 일정이라 더위를 견뎌야 한다. • 자외선 차단을 위한 모자와 선글라스 등은 필수

✓ 어떻게 예약할까?

	현지 업체	클룩, 마이 리얼 트립
특징	• 요금이 저렴한 편 • 카카오톡 등으로 소통 가능하고 무이네 내의 숙소는 무료 픽업 & 드롭 서비스 포함 • 1인이 아니라 지프차 1대 가격이며 보통 2~3명이 타기에 적당하다.	• 여행 플랫폼으로 무이네 투어 상품도 예약 가능하며 단독 투어, 조인 투어 등 상품이 다양한 편이다.
예약 문의	카카오톡 ID: Bet18092014 카카오톡 ID: 0925944037	클룩 www.klook.com 마이 리얼 트립 www.myrealtrip.com
예산	지프 차량 1대 50만 동~(2~3명 가능)	1인 2만 8,000원~
불포함	ATV 체험을 하려면 별도 요금을 내야 한다. 정찰제로 1인당 30만 동.	

> **TIP!**
> • 투어 자체가 포토 존을 돌며 인증 샷을 남기는 목적이 커 대부분 원하는 지프 차량의 색깔을 고를 수 있다. 원하면 예약 시 컬러도 미리 정해 보자.
> • 셔터를 누르기만 해도 그림 같은 인생 샷이 나오는 곳인 만큼 사막과 잘 어울리는 드레스 코드까지 맞추어 가서 근사한 사진을 남기자. 특히 하얀색이나 강렬한 원색 원피스를 입으면 화보 같은 사진을 얻을 수 있다.
> • 나트랑에서 당일치기로 무이네 투어를 다녀올 수도 있다. 이동 시간이 길어 다소 피곤하기는 하지만 짧고 굵게 무이네 투어를 할 수 있어 인기 있다. 한인 여행사, 여행 플랫폼 등에서 예약 가능하다.

미리 보는 선라이즈 투어

❶ 화이트 샌듄에서
아름다운 일출 감상

❷ 동이 튼 화이트 샌듄에서
ATV 즐기기

❸ 포토 존에서 인생 샷 남기기

❻ 요정의 샘을 마지막으로
투어 끝

❺ 레드 샌듄에서
황홀한 풍경 감상하기

❹ 피싱 빌리지의
소박한 풍경 감상하기

미리 보는 선셋 투어

※방문 순서는 투어에 따라 바뀔 수 있다.

❶ 요정의 샘 물길을 따라 걸으며
산책하기

❷ 피싱 빌리지 둘러보기

❸ 용과 농장 또는 더블 로드
포토 존에서 인증 샷

❻ 레드 샌듄에서 로맨틱한 일몰
감상하며 마무리

❺ 짜릿한 ATV를 타며
화이트 샌듄 만끽하기

❹ 화이트 샌듄 도착,
이국적인 풍광을 담아 기념사진

EAT & DRINK

☑ BUCKET LIST 09

종류별로 맛보자

베트남 명물 요리 베스트

베트남은 요리의 종류가 다양하고 지역별로 요리법과 스타일이 달라서 폭넓게 즐기기 좋다. 우리 입맛에도 잘 맞는 요리가 많아 그야말로 식도락을 만끽할 수 있다. 흔히 먹는 쌀국수나 반미 외에도 다채로운 요리가 오감을 자극하는 베트남 미식의 세계로 빠져 보자.

누구나 입에 잘 맞는
베트남 대표 음식

베트남 요리가 낯선 초행자라면 한국인의 입맛에 잘 맞는 난이도 낮은 요리부터 도전해 보자. 향신료나 향채가 많이 들어가지 않아 호불호가 갈리지 않고 누구나 좋아하는 맛있는 베트남 요리를 소개한다.

For Beginner

------ 애피타이저 ------

고이꾸온 Gỏi Cuốn

우리가 흔히 아는 월남쌈. 돼지고기, 새우, 채소, 쌀국수 면을 라이스페이퍼로 감싸서 만 롤이다. 식감이 촉촉해 먹기 편하고 같이 나오는 땅콩 소스나 느억맘 Nước Mắm 소스에 찍어 먹으면 맛있다.

짜조 Chả Giò

우리가 흔히 아는 스프링 롤. 새우, 다진 돼지고기, 버섯, 당면, 채소를 라이스페이퍼로 말아서 튀겨 낸다. 같이 나오는 느억맘 소스나 칠리소스를 찍어 먹는다. 북부 지방에서는 냄Nem 혹은 냄란Nem Rán이라고 부른다.

고이두두 Gỏi Đu Đủ

베트남에서 가장 즐겨 먹는 샐러드. 얇게 채 썬 파파야에 땅콩, 새우, 돼지고기 등을 넣고 버무려서 만든다. 상큼하고 아삭한 파파야와 채소에 새콤달콤한 양념이 어우러져 입맛을 돋운다.

고이브어이 Gỏi Bưởi

상큼한 포멜로로 만든 샐러드. 포멜로 과육과 양파, 당근, 향채, 삶은 돼지고기, 데친 새우, 땅콩 등을 느억맘 소스에 버무려 만든다. 입에서 톡톡 터지는 포멜로 맛이 상큼해 입맛을 돋운다.

라우무옹싸오또이 Rau Muống Xào Tỏi

공심채 또는 모닝글로리라고 부르는 채소로 만든 볶음 요리. 마늘과 기름, 간장을 넣고 센 불에 빠르게 볶아서 만드는 베트남의 대표적인 반찬이다. 쌀밥이나 볶음밥에 곁들여 먹으면 맛있다.

반콧 Bánh Khọt

베트남 남부 붕따우Vũng Tàu 지역에서 즐겨 먹는 향토 요리. 동그란 틀에 쌀가루 반죽을 부어 얇게 부치다가 오징어, 돼지고기, 채소 등을 넣고 튀기듯이 굽는다. 느억맘 소스에 찍어 채소를 곁들여 먹는다.

냄루이 Nem Lụi
베트남 중부 후에의 향토 요리. 다진 돼지고기를 레몬그라스 줄기에 꼬치처럼 꽂아 숯불에 구워서 만든다. 같이 나오는 채소를 라이스 페이퍼에 쌈처럼 싸서 땅콩 소스에 찍어 먹는다.

반호이 Bánh Hỏi
얇은 쌀국수를 촘촘하게 엮어서 찐 반에 구운 돼지고기, 오리고기 등과 채소를 함께 비벼 먹는 요리다. 짭짤하면서도 달콤한 느억맘 소스를 듬뿍 뿌려 먹으면 더욱 맛있다.

반꾸온 Bánh Cuốn
쌀가루 반죽에 고기와 버섯 등을 넣고 찐 요리로 주로 아침에 먹는다. 촉촉하고 부드러운 맛이 매력적이며 달콤하면서도 짭짤한 느억맘 소스, 튀긴 설롯을 곁들여 먹는다.

--------- 밥 ---------

껌스언 Cơm Sườn
숯불에 맛있게 구운 갈비를 밥과 곁들인 요리. 우리나라의 백반처럼 베트남 사람들이 평소에 즐겨 먹는다. 달콤한 돼지갈비 맛이며 달걀이나 절인 채소를 곁들여 낸다.

껌찌엔 Cơm Chiên
베트남에서 가장 흔하게 먹을 수 있는 볶음밥으로 누구나 맛있게 먹을 수 있는 메뉴. 볶음밥 종류에 따라 달걀, 해산물, 채소 등을 넣어 만드는데 찰기가 없는 밥으로 볶아 밥알이 살아 있다.

껌가 Cơm Gà
베트남식 치킨라이스로 중국의 영향을 받은 요리다. 찹쌀과 멥쌀을 섞어 밥을 짓고 그 위에 잘게 찢은 닭고기나 튀긴 닭 다리를 얹어서 덮밥처럼 나온다.

--------- 면 ---------

분보남보 Bún Bò Nam Bộ
일종의 비빔국수로 부드러운 쌀국수 위에 갖은 채소와 허브, 소고기, 땅콩을 듬뿍 올린 후 느억맘 소스를 뿌려서 비벼 먹는다. 샐러드처럼 상큼해 입맛을 살려 준다.

미싸오하이산 Mì Xào Hải Sản
오징어나 새우 같은 해산물과 채소를 듬뿍 넣고 팬에 볶아 낸 볶음국수. 라면 같은 면발이 한국인 입맛에도 잘 맞아 호불호가 갈리지 않고 누구나 맛있게 먹을 수 있다.

---------------- 메인 ----------------

팃코띠에우 Thịt Kho Tiêu
간장에 조린 달짝지근한 돼지고기 조림으로 우리의 돼지갈비찜과 비슷한 맛이다. 보통 흰쌀밥이나 볶음밥과 함께 메인 요리로 먹는다.

보룩락 Bò Lúc Lắc
베트남식 찹스테이크. 네모반듯하게 썬 소고기를 양파, 피망, 토마토 등 갖은 채소를 넣고 간장으로 간을 하며 팬에 볶은 요리다.

까코토 Cá Kho Tộ
베트남 가정에서 반찬으로 즐겨 먹는 생선조림이다. 생선을 설탕과 후추, 고추, 토마토 등을 넣고 조려서 만들고 보통 뚝배기 같은 그릇에 담아낸다.

반미 Bánh Mì
프랑스의 영향을 받은 베트남식 샌드위치. 바게트 안에 절인 무를 비롯한 갖은 채소, 치즈, 고기 등을 넣고 소스를 뿌려 먹는다. 담백한 바게트와 속이 꽉 찬 재료의 맛이 조화롭다.

분짜 Bún Chả
숯불에 구운 돼지고기와 다진 완자를 쌀국수, 향채, 채소와 함께 새콤달콤한 소스에 푹 찍어 먹는 요리. 우리의 돼지갈비 연탄 구이와 비슷한 맛이라 한국인의 입맛에 잘 맞는다.

BEST PICK 추천 맛집

바또이
Bà Tôi
나트랑 ▶ 2권 P.031
주메뉴 베트남 가정식 요리
영업 10:00~14:00, 17:00~21:00

껌냐 곡 하노이
Cơm nhà Góc Hà Nội
나트랑 ▶ 2권 P.032
주메뉴 분짜, 냄란
영업 10:00~21:00

짜오 마오
Chao Mao
나트랑 ▶ 2권 P.036
주메뉴 반쌔오, 분짜
영업 11:00~15:00, 17:00~21:00

곡 하 탄
Góc Hà Thành
달랏 ▶ 2권 P.084
주메뉴 냄란, 냄루이
영업 11:00~21:30

이곳에서만 먹을 수 있는
남부 명물 음식

나트랑과 달랏에서 즐길 수 있는 베트남 남부 요리를 소개한다. 나트랑은 해산물을 이용한 요리가 많고, 달랏은 베트남의 다른 지역보다 서늘한 날씨 덕분에 따뜻한 국물 요리가 발달했다.

Local Special

냄느엉 Nem Nướng
간 돼지고기를 사탕수수 막대에 붙여 구운 후 라이스페이퍼에 그린 망고, 갖은 채소와 같이 싸서 느억맘 소스를 찍어 먹는 요리. 튀긴 라이스페이퍼가 같이 나오기도 한다. 잘 구운 소시지 맛이 난다.

분팃느엉 Bún Thịt Nướng
베트남식 비빔국수. 국수를 뜻하는 '분', 구운 고기를 뜻하는 '팃느엉'을 조합한 이름처럼 잘 구운 돼지고기와 채소, 쌀국수에 느억맘 소스를 넣고 비벼 먹는다. 바삭하게 튀긴 짜조를 넣어 먹기도 한다.

분까 Bún Cá
베트남식 어묵인 '까'를 넣은 국수로, 담백한 국물에 탱글탱글한 어묵이 듬뿍 들어 있다. 우리의 어묵탕과 비슷하며 시원하고 깔끔한 국물 맛이 일품이다. 튀긴 생선과 토마토를 비롯한 갖은 채소를 넣어 먹기도 한다.

반쌔오 Bánh Xèo
달걀에 찹쌀가루와 쌀가루, 강황 가루를 풀어 반죽한 후 얇게 부친 요리. 베트남의 다른 지역에서는 속 재료로 숙주나 돼지고기 등을 넣는데, 나트랑에서는 오징어를 넣은 반쌔오믁Bánh Xèo Mực도 즐겨 먹는다.

> 향이 강해서 호불호가 나뉘는 고수는 베트남어로 '라우응오rau ngò'라고 해요. 고수를 빼달라고 하려면 "콩쪼라우응오Không cho rau ngò"라고 하면 돼요.

반짱느엉 Bánh Tráng Nướng
달랏 피자라고도 부른다. 화로에 라이스페이퍼를 올리고 쪽파, 건새우, 메추리알, 치즈 등의 재료를 넣고 구워서 먹는 달랏의 별미 간식. 매콤한 양념과 마요네즈를 뿌려 먹는데 바삭한 식감과 잘 어우러진다.

라우보 Lẩu Bò
다른 지역보다 서늘한 달랏의 날씨 덕분에 발달한 전골 요리. 냄비에 육수와 채소, 소고기, 해산물 등을 넣고 보글보글 끓이면서 먹는다. 라면이나 쌀국수 등 사리를 넣어 먹거나 반미를 곁들이기도 한다.

반깐 Bánh Căn
동그란 틀에 쌀가루와 새우, 오징어, 고기 등을 넣어 만드는 우리의 풀빵 같은 음식이다. 씨우마이 Xiu Mai라 불리는 베트남식 미트볼이 들어 있는 소스와 그린 망고를 곁들여 먹는다.

바비큐 BBQ
추운 겨울에 즐겨 먹는 음식. 작은 화로에 양념한 고기, 해산물, 채소 등을 구워서 먹는다. 새콤하면서도 매콤한 맛이 나는 초록색 라임 소스인 무오이 엇싼 Muối ớt Xanh에 찍어 먹으면 맛있다.

BEST PICK 추천 맛집

당 반 꾸옌 Đặng Văn Quyên 나트랑 ▶ 2권 P.033 주메뉴 냄느엉, 분팃느엉 영업 07:30~20:30	**분까 하이까** Bún Cá Hai Cá 나트랑 ▶ 2권 P.036 주메뉴 분까 영업 06:00~21:30	**꽌 느엉 쭈** Quán Nướng Chu 달랏 ▶ 2권 P.083 주메뉴 바비큐 영업 24시간	**반깐 07 땅밧호** Bánh Căn 07 Tăng Bạt Hổ 달랏 ▶ 2권 P.084 주메뉴 반깐 영업 06:00~18:00

미식가를 위한
이색 음식

베트남 음식을 많이 먹어 본 마니아라면 조금 더 난이도 높은 요리에 도전해 보자. 재료와 비주얼이 생소하지만 독특한 풍미를 느낄 수 있는 베트남의 이색적인 음식을 소개한다.

쯩빗론 Trứng Vịt Lộn
한국인에게는 생소한 음식으로 부화가 덜 된 오리 알을 쪄서 양념에 버무려 먹는다. 베트남 사람들에게는 영양식으로 인기가 많다. 야시장이나 길거리에서 주로 팔며 맛은 삶은 달걀과 비슷하다.

옥뇨이팃 Ốc Nhồi Thịt
우렁이(달팽이)를 이용한 찜 요리. 우렁이 껍데기 안에 다진 고기를 넣고 각종 양념과 레몬그라스를 올려 푹 찐다. 보통 항아리에 담아내며 상큼한 레몬그라스 향과 쫄깃한 우렁이 살의 조화가 매력적인 별미다.

분더우맘똠 Bún Đậu Mắm Tôm
삭힌 홍어만큼이나 강렬한 향 때문에 현지인들 사이에서도 호불호가 나뉘는 요리. 새우를 절여서 만드는 젓갈 소스인 맘똠Mắm Tôm에 설탕, 라임, 고추 등을 넣고 잘 저어서 섞은 다음 튀긴 두부, 국수, 고기 등을 찍어 먹는다.

분까스어 Bún Cá Sứa
해파리 국수라고도 부르는 나트랑의 별미 국수. 생선 살로 만든 어묵과 고등어, 해파리가 듬뿍 들어 있다. 쫄깃한 해파리의 식감이 매력적이며, 비린 맛보다는 담백하고 시원한 국물 맛을 느낄 수 있다.

맘똠Mắm Tôm 소스를 즐겨보세요. 맘똠은 새우를 발효시킨 액젓으로 베트남 사람들이 즐겨 먹는 별미 소스예요. 코를 찌르는 냄새가 무척 역겹지만 여기에 설탕, 고추, 라임 등을 듬뿍 넣고 거품이 날 정도로 잘 섞으면 새콤달콤하면서도 톡 쏘는 듯한 매력적인 맘똠 소스가 완성된답니다. 맘똠을 맛있게 즐기려면 최대한 잘 섞어주는 것이 포인트이니 잊지 마세요.

짜깔라봉 Chả Cá Lã Vọng
민물 생선에 딜이나 바질 같은 허브와 채소를 넣어 기름에 튀기듯이 볶은 후 쌀국수를 곁들이는 요리로 베트남 북부 지방에서 즐겨 먹는다. 볶은 땅콩과 맘똠에 찍어서 먹는데 특유의 생선 향과 비린 소스 맛 때문에 호불호가 나뉜다.

미엔르언 Miến Lươn
뱀장어를 넣고 끓인 국수로 베트남 사람들이 기력 충전을 위해 즐겨 먹는 보양식이다. 장어 뼈를 오래 끓인 육수에 당면과 뱀장어를 넣어 만든다. 국물 없이 비빔 당면처럼 나오는 장어 볶음면 미엔싸오르언지온 Miến Xào Lươn Giòn도 있다.

BEST PICK 추천 맛집

분까응우엔로안
Bún Cá Nguyên Loan

로안 아주머니가 운영하는 해파리 국수인 분까스어를 파는 집. 나트랑의 별미 분까스어 맛집으로 유명하다. 생선 살로 만든 어묵과 해파리를 넣고 끓인 맛있는 국수를 맛볼 수 있다. 향채와 채소를 곁들여 먹으면 되고 국물에 매콤한 소스를 풀어 얼큰하게 즐겨도 맛있다. 담백한 어묵과 쫄깃한 해파리를 건져 먹는 재미가 있다.

위치 나트랑
가는 방법 VP 뱅크 맞은편
주소 123 Ng. Gia Tự, Phước Tiến
문의 093 555 6588
영업 05:00~22:00
예산 분까스어 4만 동

분더우미미
Bún Đậu My My

강렬한 향의 젓갈 소스 맘똠을 경험하고 싶다면 추천한다. 쌀국수와 튀긴 두부, 돼지 부속 고기 등과 맘똠이 같이 나온다. 맘똠에 설탕, 라임, 마늘, 고추 등을 넣은 후 충분히 섞어 먹는 것이 비법이다. 이 집은 맘똠 맛이 순화된 편이라 비위가 약한 사람도 도전해 볼 만하다.

위치 나트랑
가는 방법 브이 프루트 맞은편
주소 72 Đồng Đa, Tân Lập
문의 0935 774 445
영업 05:00~21:00
예산 분더우 5만 5,000동, 볶음밥 4만 동

꽌옥뇨이팃 33 달랏
Quán Ốc Nhồi Thịt 33 Đà Lạt

달랏에서 즐겨 먹는 우렁이(달팽이) 찜인 옥뇨이팃으로 유명한 현지 맛집이다. 다진 고기를 우렁이 껍데기 안에 넣고 레몬그라스를 꽂아 만든 요리로 하나씩 빼 먹는 재미가 있다. 레몬그라스 특유의 향이 잡내를 잡아 주고, 담백하면서도 쫄깃한 우렁이의 식감을 느낄 수 있다.

위치 달랏
가는 방법 달랏 시장에서 도보 12분
주소 197 Đường Hai Bà Trưng, Phường 2
문의 0394 015 093
영업 10:00~22:00
예산 옥뇨이팃 16만 동

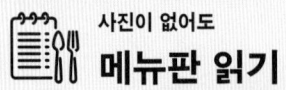

사진이 없어도 메뉴판 읽기

베트남 요리 이름에는 주재료나 조리법이 포함된 것이 많아 자주 쓰이는 단어만 알아도 메뉴판을 보고 어떤 요리가 나올지 예상할 수 있다. 현지인이 즐겨 찾는 식당에는 영어 메뉴판이나 음식 사진이 없는 경우가 많으므로 자주 쓰이는 단어만 알아 두어도 큰 도움이 된다.

이름 속에 재료가 보인다

Bò
[보] 소고기

분**보**남보

Heo/Thịt
[해오/팃] 돼지고기

껌**해오**

Gà
[가] 닭고기

껌**가**

Vịt
[빗] 오리고기

짜오**빗**

Xíu Mại/Viên
[씨우마이/비엔] 미트볼

반미**씨우마이**

Hải Sản
[하이산] 해산물

껌찌엔**하이산**

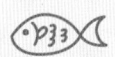
Cá
[까] 생선

분짜**까**

Tôm
[똠] 새우

반**똠**

Cua
[꾸어] 게

반다**꾸어**

Mực
[믁] 오징어

꼬이**믁**

Trứng
[쯩] 달걀

껌승**쯩**

Phở/Bún
[퍼/분] 쌀국수

퍼보/**분**짜

Mì/Miến
[미/미엔] 국수

미꽝

Cơm
[껌] 밥

껌찌엔

Bánh Mì
[반미] 바게트

반미팃

조리법을 나타내는 말

Nướng	**Kho**	**Luộc**	**Hầm**	**Chả**
[느엉] 굽다	[코] 조리다	[루옥] 데치다, 삶다	[험] 푹 고다	[짜] 완자
Gói	**Hấp**	**Muối**	**Thái**	**Cuộn**
[고이] 무치다(샐러드)	[헙] 찌다	[무오이] 소금에 절이다	[타이] 얇게 썰다	[꾸온] 말이
Xào/Chiên/Rang		**Rán/Chiên**		**Nước Canh**
[싸오/찌엔/랑] 볶다		[란/찌엔] 튀기다		[느억깐] 국물 요리

메뉴명 제대로 알고 먹기

BUCKET LIST

Menu

Pho / Bun
쌀국수

Phở Gà 퍼가
쌀국수[퍼] + 닭고기[가] =
닭고기 쌀국수

Bún Chả Cá 분짜까
쌀국수[분] + 완자[짜] + 생선[까] =
어묵 국수

Phở Bò 퍼보
쌀국수[퍼] +
소고기[보] =
소고기 쌀국수

Bún Tôm 분뜸
쌀국수[분] + 새우[뜸] =
새우 국수

Banh Mi
반미

Banh Mì Thịt 반미팃
바게트[반미] + 돼지고기[팃] =
돼지고기가 들어간 바게트 샌드위치

Bánh Mì Xíu Mại 반미씨우마이
바게트[반미] + 미트볼[씨우마이] =
미트볼이 들어간 바게트 샌드위치

Bánh Mì Đậu Hũ 반미더우후
바게트[반미] + 두부[더우후] =
두부가 들어간 바게트 샌드위치

Gỏi Cuốn 고이꾸온
샐러드[고이] + 말이[꾸온] =
샐러드 말이(월남쌈)

Gỏi
샐러드

Cơm
밥

Cơm Trắng 껌짱
밥[껌] + 흰[짱] = 흰쌀밥(공깃밥)

베트남 쌀국수
맛있게 먹기

베트남 사람들의 솔 푸드인 쌀국수. 최근에는 우리나라에도 베트남 음식이 보편화되면서 마니아가 많다. 현지에서는 한국과 비교하면 차원이 다른 원조의 맛을 놀랄 만큼 싼값에 즐길 수 있다. 다양한 종류의 쌀국수와 더 맛있게 먹는 비법을 공개한다.

인기 쌀국수 TOP 6

01 퍼보 Phở Bò
베트남의 쌀국수 중 단연 인기 1위는 소고기 쌀국수 퍼보. 진한 소고기 육수에 쌀국수, 고기, 채소, 향채를 듬뿍 넣어서 먹는다. 소고기의 부위와 익히는 정도에 따라 여러 종류로 나뉜다.

02 퍼가 Phở Gà
'가'는 닭고기를 뜻하며 퍼가는 퍼보만큼이나 현지인들이 즐겨 먹는 닭고기 국수다. 닭을 푹 고아서 만드는 닭 육수에 닭고기를 곁들여 내오는데 담백하고 깔끔한 맛이 매력이다.

03 후띠에우 Hủ Tiếu
베트남 남부 지역에서 즐겨 먹는 국수로 돼지고기와 오징어, 새우 같은 해산물을 이용하는 경우가 많다. 국물이 깔끔하고 맑으면서 시원해서 가벼운 한 끼로 먹기에 좋다.

04 분보후에 Bún Bò Huế
후에 지역에서 발달한 국수. 소뼈로 우린 진한 육수에 소의 특수 부위, 내장, 선지 등이 듬뿍 들어간다. 여기에 레몬그라스, 토마토, 고추 등을 넣어 살짝 매콤하면서도 진한 국물 맛이 일품이다.

05 분짜까 Bún Chả Cá
베트남의 중부와 남부 지역에서 즐겨 먹는 국수. 해산물이 풍부한 지역답게 생선 살로 만든 어묵을 듬뿍 넣어 끓인다. 탱탱한 어묵의 식감과 맑고 깔끔한 국물 맛이 개운해 우리 입맛에도 잘 맞는다.

06 반깐 Bánh Canh
베트남 남부 지역에서 특히 즐겨 먹는 국수로 쌀가루에 타피오카 가루를 넣어 만든 국수 면발의 쫀득쫀득한 식감이 특이하다. 생선, 새우, 오징어, 돼지고기 등 다양한 재료를 넣어서 만든다.

퍼는 베트남에서 가장 흔하게 먹을 수 있는 국민 국수다. 쌀국수의 유래는 여러 설이 있으나 19세기에 프랑스가 베트남을 식민 지배할 당시 소고기와 뼈를 채소 등과 함께 고아서 만든 프랑스식 스튜 포토푀 Pot-au-feu에 영향을 받았고, 여기에 베트남의 쌀로 만든 국수를 접목했다는 설이 유력하다. 퍼가 가장 유명한 지역은 북부의 하노이인데, 지역에 따라 재료와 맛에 차이가 있다. 파를 많이 넣고 국물이 진한 북부식, 숙주를 많이 넣고 국물이 깔끔한 남부식으로 나눌 수 있다.

베트남 쌀국수 어디까지 먹어 봤니

반퍼 Bánh Phở
우리가 보통 베트남 쌀국수 하면 떠올리는 국수 면발로 반퍼 또는 퍼라고 한다. 쌀가루로 만들며 평평하면서 가는 형태가 특징이다. 식감이 부드러워 후루룩 먹기 좋다.

반깐 Bánh Canh
쌀가루에 타피오카 가루를 넣어 식감이 쫀득하다. 게나 새우 같은 해산물을 넣는 국수에 주로 사용하는 면발로 투명하고 짧은 모양이다. 게살 국수인 반깐꾸어, 어묵을 넣은 반깐짜까 등이 대표적이다.

분 Bún
퍼보다 면발이 더 얇고 가늘어 식감이 부드럽고 가벼운 쌀국수 면이다. 육수가 가볍고 맑은 국수에 주로 사용하며 분보후에, 분짜까, 분팃느엉 등이 분을 사용하는 대표적인 국수다.

쌀국수 더 맛있게 즐기는 법

STEP 01
고추와 라임으로 매콤하고 상큼하게!

베트남에서 웬만한 요리에 빠지지 않고 같이 나오는 것이 라임(짜인Chanh)이다. 레몬과 비슷한데 음식에 라임즙을 뿌리면 새콤한 맛이 더해져 느끼함을 줄여 주고 입맛을 돋운다. 또 매콤하기로 유명한 베트남 고추를 적당히 넣어도 칼칼하게 즐길 수 있다. 이 밖에 절인 마늘, 샬롯, 양파가 함께 나오기도 한다.

STEP 02
각종 소스를 입맛에 맞게 넣기

식당마다 테이블 위에 다양한 소스를 준비해 두었다. 칠리소스 뜨엉엇Tương Ớt, 짭짤하면서도 단맛이 나는 검은색의 해선장 소스 뜨엉댄Tương Đen, 베트남 간장 느억뜨엉Nước Tương, 고추를 갈아서 만든 고추기름 뜨엉엇사떼Tương Ớt Sa Tế, 절인 마늘 정도는 기본적으로 갖추고 있으니 조금씩 추가하면서 입맛에 맞게 만들어 보자.

STEP 03
반꾸어이를 국물에 불려 먹는 맛

쌀국수에 빠질 수 없는 별미 반꾸어이Bánh Quẩy는 밀가루 반죽을 길게 튀긴 것인데 쌀국수 국물에 푹 불려 먹으면 색다른 맛을 느낄 수 있다. 보통 1인분을 시키면 접시에 넉넉하게 담겨 나온다. 이미 테이블 위에 놓여 있는 경우에는 먹은 개수만큼 밥값에 추가하기도 한다. 집집마다 차이가 있는데 보통 5,000~1만 동으로 값이 싸다.

STEP 04
숙주와 향채를 넣어 풍미 살리기

가게마다 조금씩 다르지만 보통 접시 한가득 향채와 살짝 데친 숙주가 함께 나와 쌀국수에 푸짐하게 넣어서 먹으면 풍미를 더할 수 있다. 향채는 종류마다 향과 맛이 다르고 사람에 따라 거부감이 들 수 있으므로 조금씩 맛을 본 후 쌀국수에 넣는 것이 좋다.

쌀국수의 맛을 더욱 살리는 향채 종류

라우응오 Rau Ngò
우리가 흔히 고수라고 부르는 향채로 향의 호불호가 극명히 나뉜다. 꽤 수위 높은 강렬한 향으로 역겹게 느끼는 사람도 있고, 그 향을 좋아하는 사람도 있다.

라우무이따우 Rau Mùi Tàu
쌀국수를 시키면 가장 흔하게 곁들여 나오는 향채로 길쭉하고 끝이 뾰족한 잎이 특징이다. 고수와 비슷한 향이 나서 호불호가 살짝 갈린다.

훙꾸에 Húng Quế
바질과 비슷한 향채로 쌀국수에 빠지지 않으며 줄기가 약간 보랏빛이 돈다. 향은 그리 강하지 않아서 외국인도 거부감 없이 먹을 수 있다.

알면 도움 되는
로컬 식당 이용법

관광객 입맛에 맞추지 않은 진정한 로컬 음식을 맛보고 싶을 때, 현지인이 꽉 들어찬 식당에 자신 있게 들어가자. 현지 식당 문화를 미리 알아 두면 기본 예의를 지키는 데 도움이 된다.

STEP 01 　　　　　　　공짜가 아닌 것들

테이블 위에 기본 소스를 제외한 물티슈, 빵, 요거트, 바나나 잎으로 싸 놓은 주전부리가 세팅되어 있는 경우 서비스로 착각하기 쉽지만 대부분 유료다. 로컬 식당에서 무료로 주는 물이나 얼음은 배탈이 날 수 있으므로 유료 생수를 주문해 마시는 편이 안전하다.

STEP 02 　　　　　　　종업원을 부를 때

한국인 여행자 중에 '앰어이Em ơi'를 '여기요'로 잘못 알고 실수하는 경우가 많은데 '앰Em'은 나보다 나이가 어린 사람을 부르는 말로 직역하자면 '동생'이라는 뜻이다. 종업원을 부를 때 여자라면 '찌어이Chi ơi', 남자라면 '안어이Anh ơi'로 부르는 것이 맞다.

STEP 03 　　　　　　　꼭 지켜야 할 식사 예절

베트남 음식 문화에서 면 요리를 먹을 때 그릇에 입을 대고 국물을 마시는 것은 자칫 예의 없는 행동으로 보일 수 있다. 국물은 숟가락으로 떠서 먹자. 또 젓가락으로 밥그릇을 두드리면 주변에 있는 배고픈 귀신을 불러 모은다는 뜻이니 이런 행동을 하지 않도록 주의하자.

STEP 04 　　　　　　현금 준비, 팁은 생략해도 OK

로컬 식당은 카드 결제가 되지 않는 곳이 더 많고, 카드 결제가 가능하더라도 수수료 3~5%가 추가되므로 현금을 준비하자. 대부분은 팁을 주지 않아도 되지만, 관광객을 상대하는 고급 레스토랑은 음식값에 부가가치세(VAT) 10%와 서비스 요금 5%를 추가로 요구하기도 한다.

로컬 식당에는 테이블마다 칠리소스, 간장, 식초 등의 각종 소스와 고추, 라임, 절인 마늘 등이 준비되어 있어요. 입맛에 맞게 첨가하면 음식을 훨씬 맛있게 먹을 수 있답니다.

EAT & DRINK

☑ BUCKET LIST 10

싱싱한 해산물 푸짐하게 먹기
나트랑 해산물 베스트

바다와 접한 나트랑은 해산물이 풍부한 것은 물론이고 값도 저렴해서 싱싱한 해산물을 원 없이 먹을 수 있다. 로컬 해산물 식당부터 랍스터 무제한 호텔 레스토랑까지 선택의 폭도 넓다. 해산물의 종류도 다양하고 조리법도 원하는 방식으로 선택 가능하니 입맛대로 푸짐하게 즐겨 보자.

해산물 추천 메뉴

똠씨엔느엉 Tôm Xiên Nướng
꼬치에 꿴 새우를 소금 또는 양념을 발라서 숯불에 구운 요리. 거부감 없이 누구나 좋아하는 메뉴다.

극껌솟타이 Mực Cơm Sốt Thái
베트남에서 흔히 먹는 몸집이 작은 오징어를 태국식 소스로 볶은 요리. 매콤하면서도 달콤한 소스가 맛있다.

응헤우싸오사엇 Nghêu Xào Sả Ớt
신선한 조개를 레몬그라스, 갖은 채소와 함께 매콤하면서도 달콤한 양념에 볶은 요리로 술안주로 제격이다.

똠찌엔또이 Tôm Chiên Tỏi
새우와 마늘을 튀기듯이 볶은 요리로 짭짤한 마늘 양념과 고소한 새우 맛이 잘 어우러진다.

똠느엉포마이 Tôm Nướng Phô Mai
새우 위에 치즈를 듬뿍 올려서 구운 요리로 짭조름한 치즈와 새우 맛이 조화롭고 술안주로도 일품이다.

응헤우헙사 Nghêu Hấp Sả
조개에 레몬그라스를 넣고 푹 끓인 베트남식 조개찜. 담백하고 시원한 국물에 향긋한 레몬그라스 향이 매력적이다.

소디엡느엉모한
Sò Điệp Nướng Mỡ Hành
가리비 위에 볶은 파, 샬롯, 땅콩 등을 듬뿍 올려 구운 요리로 담백한 조개 맛과 토핑이 잘 어울린다.

옥몽따이싸오또이
Ốc Móng Tay Xào Tỏi
맛조개에 마늘을 넣고 센 불에 볶은 요리로 탱글탱글한 조개 맛과 마늘 향이 잘 어울린다.

똠훔느엉보또이
Tôm Hùm Nướng Bơ Tỏi
마늘과 버터를 섞어 만든 소스를 발라서 구운 랍스터 구이로 가장 많이 먹는 랍스터 요리다.

베트남어로 해산물은 하이산Hải Sản 이라고 해요.

해산물 메뉴판 이해하기

재료

Tôm
[똠] 새우

Tôm Sú
[똠수] 타이거새우

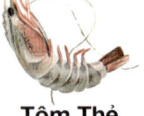

Tôm Thẻ
[똠테] 흰다리새우

Ốc Móng Tay
[옥몽따이] 맛조개

Sò Điệp
[소디엡] 가리비

Ốc
[옥] 달팽이

Cua/Ghẹ
[꾸어/게] 게

Vẹm
[벰] 홍합

Bạch Tuộc
[박뚜옥] 문어

Tôm Hùm
[똠훔] 랍스터

Mực
[믁] 오징어

Hàu
[하우] 굴

Lươn
[르언] 장어

조리법

Hấp
[헙] 찜

Nướng
[느엉] 구이

Lẩu
[라우] 전골

Rán/Cháy
[란/짜이] 튀김

소스

Muối
[무오이]
소금

Sốt Ớt
[솟엇]
칠리소스

Sốt Me
[솟매]
타마린드 소스

Tỏi
[떠이]
마늘

Bơ
[버]
버터

Bơ Tỏi
[버떠이]
버터 마늘

Phô Mai
[포마이]
치즈

해산물 주문하는 법

해산물 전문 식당에서는 대부분 재료와 조리법을 직접 고를 수 있다. 원하는 무게만큼 선택할 수 있으며 크기에 따라 값이 달라지기도 한다. 취향에 맞는 조리법과 소스 등을 주문하면 된다.

해산물 시세 참고
- 굴 1kg 8만 동~
- 맛조개 1kg 15만 동~
- 조개 1kg 17만 동~
- 새우 1kg 40만 동~
- 랍스터 1kg 120만 동~
- 게 1kg 45만 동~

STEP 01 수족관에서 재료 고르기
해산물은 가게마다 가격 차이가 큰 편이므로 주문 전 꼭 무게와 값을 정확하게 확인하자.

STEP 02 무게와 가격 확인하기
같은 새우라고 해도 시기와 종류, 크기에 따라 가격 차이가 있는 편이다.

STEP 03 주문하기
원하는 조리법과 소스를 선택할 수 있으므로 입맛대로 주문하자. 마늘 버터, 칠리소스가 한국인 입맛에 무난하다.

해산물 요리 이름 이해하기

Lẩu Tôm [라우똠]
전골 + 새우 = 새우전골

Tôm Sú Cháy Tỏi [똠수짜이떠이]
타이거새우 + 튀김 + 마늘 = 타이거새우 마늘 소스 튀김

Tôm Hùm Nướng Bơ Tỏi [똠홈느엉버떠이]
랍스터 + 구이 + 버터 + 마늘 = 버터 마늘 랍스터 구이

Tôm Hùm Sốt Ớt [똠홈솟엇]
랍스터 + 칠리소스 = 칠리소스 랍스터

Hàu Nướng Bơ Tỏi [하우느엉버떠이]
굴 + 구이 + 버터 + 마늘 = 버터 마늘 굴 구이

EAT & DRINK

☑ BUCKET LIST 11

달달하고 진한 맛
이색 베트남 커피

베트남이 커피 강국이라는 건 커피 마니아들 사이에서는 익히 잘 알려진 사실이다. 1857년 프랑스 선교사들에 의해 처음 들어왔고 이후 베트남의 가장 큰 수출원이 되었다. 핀을 이용해서 천천히 내려 마시는 베트남만의 독특한 커피 문화가 발달해 있고, 곳곳에 크고 작은 카페도 많으니 이색적인 베트남 커피의 향과 맛에 흠뻑 취해도 좋겠다.

대표적인 베트남 커피

까페 스우다 Cà Phê Sữa Đá
베트남에서 가장 대중적인 커피다. 카페 핀에 로부스타 원두를 적당량 넣고 뜨거운 물을 부은 다음 컵 아래로 떨어지는 진한 커피에 달콤한 연유를 섞고 얼음을 넣어서 차갑게 마신다. 양이 적어도 맛과 향이 매우 진하다. 따뜻하게 마시고 싶다면 까페 스어농 Cà Phê Sữa Nóng을 주문하면 된다.

박씨우 Bạc Xỉu
베트남 커피와 연유 조합에 우유를 더한 커피. 연유 라테와 비슷한 맛으로 로부스타 원두로 내린 커피라 향과 맛이 더 강하다. 박Bạc은 '하얗다'라는 뜻으로 화이트 커피라고도 불린다. 부드러운 우유 거품을 올려 주기도 하며 차가운 아이스커피로만 먹는다.

꽃즈어 까페 Cốt Dừa Cà Phê
흔히 코코넛 커피라 불리며 한국인 여행자 사이에서 단연 인기 있다. 코코넛 밀크와 연유를 넣고 얼음을 갈아 스무디를 만든 다음 진한 베트남 커피를 살짝 부어 섞어 먹는다. 코코넛 향에 진한 커피가 조화롭게 어우러지며 더위에 지쳤을 때 먹으면 몸이 살아난다.

까페 쯩 Cà Phê Trứng
에그 커피로 통하는 베트남의 이색 커피다. 보통 달걀노른자를 풍성한 거품을 내서 커피에 올려 준다. 달걀의 신선도가 맛의 핵심으로 잘하는 집은 비린 맛이 없고 풍미 짙은 커스터드 크림을 올린 카푸치노를 마시는 느낌이 든다. 커피가 식으면 비린 맛이 날 수 있어서 따뜻한 물이 담긴 그릇에 담아낸다.

까페 댄농 Cà Phê Đen Nóng
베트남식 따뜻한 블랙커피라고 생각하면 된다. 양이 적어 보여도 우리나라에서 흔히 마시는 블랙커피보다 맛이 훨씬 진하고 강하기 때문에 조금 맛을 본 후 입맛에 맞게 물이나 설탕을 더 넣어서 먹으면 된다. 차가운 블랙커피는 까페 댄다 Cà Phê Đen Đá라고 한다.

BEST PICK 추천 카페

안 카페 AN Cafe
나트랑 ▶ 2권 P.041
주메뉴 베트남 핀 커피
영업 06:30~22:00

라 비엣 커피 Lá Việt Coffee
달랏 ▶ 2권 P.089
주메뉴 베트남 전통 커피
영업 07:00~22:00

라티카 LATICA
달랏 ▶ 2권 P.091
주메뉴 베트남 커피, 칵테일
영업 06:30~23:00

EAT & DRINK

☑ BUCKET LIST 12

동남아시아 맥주 소비 1위
맥주 천국 베트남

베트남은 지역별로 맥주의 종류가 다양하고 전통술도 발달해 있다. 물가가 워낙 저렴한데 맥줏값 역시 놀랄 만큼 싸다. 현지 식당에서는 마트 가격과 별반 차이가 없을 정도로 싸게 팔아 애주가에게는 천국 같은 곳이다.

대표적인 베트남 맥주

비아 사이공 Bia Saigon
베트남을 대표하는 맥주로 대중적으로 가장 많이 마신다. 순하면서도 뒷맛이 약간 쓰다.
`4.3%`

비아 하노이 Bia Hà nội
베트남 북부 하노이를 대표하는 맥주로 단맛이 적고 뒷맛이 쌉싸래하다.
`4.2%`

비비나 Bivina
푸꾸옥 지역에서 만들기 시작한 맥주로 탄산이 강해 청량감 있다. 베트남 남부 지방에서 즐겨 마신다.
`4.3%`

333 333
'바바바'라고 부르는 맥주로 비아 사이공과 함께 인기가 높다. 쓴맛이 적고 자극적이지 않아 목 넘김이 부드럽다.
`5.3%`

라루 Larue
다낭을 대표하는 라거 스타일의 맥주. 도수에 비해 알코올 향이 적은 편이라 가볍게 마시기 좋다.
`4.2%`

후다 Huda
유럽식 양조 기술로 만든 맥주로 보편적인 맛이 특징이며 후에 지역을 대표한다.
`4.7%`

비아 비엣 Bia Việt
베트남의 라거 브랜드로 하이네켄의 베트남 공장에서 제조한다. 남부 지역에서 주로 마시며 가볍고 청량하다.
`4.3%`

다이 비엣 블랙 Dai Viet Black
베트남 북부의 타이빈 지역의 대표 맥주로 라거 맥주와 흑맥주가 있다. 쌀이 첨가되어 은은한 단맛도 느껴진다.
`5.8%`

BEST PICK 안주가 맛있는 추천 맥주집

옥뀐짬 Ốc Quỳnh Trâm
나트랑 ▶ 2권 P.040
주메뉴 해산물 요리
영업 14:30~21:30

꽌 옥 응온 Quán Ốc Ngon
나트랑 ▶ 2권 P.037
주메뉴 해산물 요리
영업 10:00~23:00

락깐 Lạc Cảnh
나트랑 ▶ 2권 P.033
주메뉴 바비큐
영업 10:00~22:00

베트남에서 만든 특별한 술

달랏 와인 Rượu Vang Đà Lạt
베트남은 프랑스의 지배를 받은 영향으로 와인 산업이 발달했다. 포도 재배에 기후가 알맞은 달랏 지역이 특히 와인으로 유명하다.

11~14%

르어우데 고댄 Rượu Đế Gò Đen
쌀로 만든 곡주로 우리의 청주와 비슷한 술이다. 도수가 높은 편이며, 달짝지근해서 먹다 보면 은근히 취한다.

40%

넵머이 Nếp Mới
찹쌀로 만든 곡주로 도수가 무척 높고 누룽지처럼 구수한 맛이 난다. 베트남 서민들이 즐겨 마시며, 약간 단맛이 나서 칵테일을 만들 때도 사용한다.

40%

보드카 하노이 Vodka Hánội
쌀을 주원료로 만든 증류식 보드카. 하노이 지역에서 시작되어 100년 넘는 역사를 이어온 전통 깊은 보드카 브랜드. 맛과 향이 깔끔해 인기 있다.

29.5%, 39.5%

멘 보드카 Men' Vodka
보드카 하노이와 함께 베트남 증류주 판매량 순위를 다투는 대표적인 보드카. 쌀이 주원료로 목에서 넘어갈 때 부드럽고 깔끔하다.

29.5%, 39.5%

루아 머이 Lúa Mới
햅쌀을 증류해서 만든 보드카로 하노이 지역에서 생산한다. 쌀 향이 은은하게 퍼지며 감미롭고 깔끔한 맛이 좋다.

40%, 45%

르어우 산딘 따오매오
Rượu Sân Đình Táo Mèo
베트남 북부 지역에서 주로 나는 사과의 한 종류인 따오매오Táo Mèo로 만든 술로 달콤한 사과 향이 향기롭다. 얼음을 섞어 시원하게 즐기기 좋다.

29.5%

르어우 쭈오이 홋
Rượu Chuối Hột
벤째Bến Tre 지역의 푸레Phú Lễ라는 곳에서 생산하는 전통주다. 쭈오이Chuối는 바나나를 뜻하는데 달콤한 향이 매력적이다.

25%, 35%

현지인의 술 문화
가맥 즐기기

베트남은 노점 앞 길에 앉아 맥주를 마시는 '가맥' 문화가 발달했고, 기본적으로 맥주에 얼음을 넣어 먹는 걸 좋아한다. 베트남의 음주 문화를 미리 알아 두면 더 재미있고 맛있게 여행지의 밤 문화와 술자리를 즐길 수 있다.

STEP 01 플라스틱 의자에 앉기

길거리에 플라스틱 의자를 빼곡히 깔아 놓고 영업하는 노점 가맥집이 많다. 베트남 사람들은 이곳에서 밥도 먹고 디저트도 먹고 술도 마신다. 플라스틱 의자는 더 많은 사람을 앉게 하려는 의도도 있고, 경찰이 단속할 때 재빨리 포개 치우기 편해 많이 사용한다는 이야기가 있다. 이 또한 여행자 입장에서는 이색 체험이다.

STEP 02 맥주에 얼음을 넣는다

맥주를 주문하면 보통 얼음 컵이 같이 나온다. 맥주에 얼음을 넣어서 타 마시는 것은 날씨가 더운 베트남에서는 더 시원하게 먹기 위한 보편적인 방법이다. 또한 전력이 부족해 맥주를 냉장고에 보관하기 어려운 것도 얼음을 넣어 마시는 이유다. 얼음이 녹으면서 맥주 맛이 밍밍해지지만 그래서 더 부담 없이 즐긴다.

STEP 03 "못, 하이, 바, 요!"

현지 식당이나 술집에 가면 곳곳에서 "못, 하이, 바, 요!Một, Hai, Ba, Dzô!"를 외치는 소리가 들릴 것이다. 우리의 '건배'처럼 베트남 사람들이 술을 마실 때 외치는 말로 '하나, 둘, 셋, 건배!'라는 뜻이다. 그 밖에 '원샷'을 의미하는 베트남어 "못쨈펀쨈Một Trăm Phần Trăm"도 자주 들린다.

STEP 04 맛깔나는 안주 실컷 먹기

음식 문화가 발달한 베트남은 술맛을 극대화하는 안주가 많다. 그중 해산물 요리는 술맛을 더욱 살려 준다. 새우, 생선, 오징어 등을 바삭하게 튀겨낸 튀김부터 짭짤하게 볶은 요리, 노릇하게 구운 꼬치구이까지 골라 먹는 재미가 쏠쏠하다. 무엇보다 비싸지 않아 술값 걱정 없이 실컷 먹을 수 있다.

STEP 05 짝으로 먹는 맥주

동남아시아 맥주 소비량 1위 국가답게 베트남 사람들은 술을 마실 때 화끈하게 마신다. 여럿이 맥주를 마실 경우 술집에서 짝으로 가져다주는 풍경을 흔하게 볼 수 있다. 아이스 버킷에 얼음을 가득 담아 주고 술은 먹은 만큼 개수를 세어 계산한다. 맥주가 워낙 저렴해 짝으로 먹어도 부담 없다.

☑ BUCKET LIST 13

싸고 맛있다
제철 열대 과일 실컷 먹기

동남아시아 여행의 즐거움 중 하나는 맛있는 열대 과일을 싼값에 실컷 먹을 수 있다는 점이다. 베트남도 망고, 망고스틴, 두리안 등 열대 과일의 종류가 다양하고 값은 한국과 비교해 깜짝 놀랄 만큼 저렴하니 과일을 좋아하는 사람에게는 그야말로 신세계다.

대표적인 열대 과일

제철 4~7월, 11~12월 **시세** 3만 동~

쏘아이 Xoài
열대 과일 중 단연 인기가 많은 망고. 한국에 비해 훨씬 값이 싸고 맛있어 마트나 시장에서 구입하는 이들이 많다. 너무 크지 않고 향이 강한 망고가 대체로 맛도 좋다. 크기와 종류에 따라 가격 차이가 있는데, 시장에서 사면 먹기 좋게 잘라 포장해 주기도 하며 주스로도 많이 마신다.

제철 6~9월 **시세** 8만 동~

망꿋 Măng Cụt
과일의 여왕이라고 불리는 망고스틴은 인기 1위 자리를 놓고 망고와 자웅을 겨룬다. 두꺼운 껍질을 벗기면 부드럽고 하얀 과육이 나오는데 달콤한 향기만큼이나 달고 맛있다. 단, 제철이 아니면 가격도 비싸지고 맛도 떨어진다. 초록색 꼭지 부분이 선명한 것이 신선하다.

제철 3~8월 **시세** 5만 동~

밋 Mít
겉으로 보기에는 두리안과 비슷하지만 크기가 더 크고 뾰족한 가시는 더 작은 것이 잭프루트다. 두꺼운 껍질을 벗기면 노란 과육이 나오는데, 약간 쿰쿰한 냄새와 달리 설탕에 절인 듯 달콤하고 쫄깃한 식감이 매력적이다. 결이 있어서 찢어 먹으며, 말려서 과자처럼 먹기도 한다.

제철 연중 **시세** 2만 2,000동~

두두 Đu Đủ
열대지방에서 나는 커다란 열매로 모양이 길쭉하고 통통하며 과육은 주황색이다. 열량이 낮고 베타카로틴과 비타민이 풍부하며 덜 익어 녹색을 띨 때는 채소처럼 샐러드 같은 요리에도 종종 활용한다.

제철 5~9월 **시세** 3만 7,000동~

짜인저이 Chanh Dây
백향과라고도 불리는 과일로 두꺼운 껍질 안에 개구리알 같은 씨와 황금빛 과육이 꽉 차 있다. 숟가락으로 씨앗과 과육을 퍼 먹어도 되는데, 과일로 먹기에는 신맛이 강해서 보통 음료나 디저트에 주로 사용한다.

제철 4~10월 **시세** 4만 동~

타인롱 Thanh Long
우리말로는 용과라고 부르는 과일이다. 분홍색의 두꺼운 껍질을 자르면 작은 씨가 박힌 과육이 나온다. 과육은 하얀색과 분홍색이 있으며 부드럽고 수분이 많아 더위에 지쳤을 때 먹으면 좋다. 상큼하고 달콤한 향이 매력적이다.

제철 8~10월 **시세** 8만 동~

망꺼우따 Mãng Cầu Ta
우리나라에서 보기 어려운 열대 과일로 모양이 독특하고 겉이 울퉁불퉁한 솔방울 모양으로 생겼다. 손으로 쉽게 벌려서 먹을 수 있다. 과육이 달콤해 맛있고 씨가 많은 편이다.

제철 5~8월 **시세** 5만 6,000동~

쫌쫌 Chôm Chôm
겉은 빨간색에 털이 난 것 같은 모양이 다소 생소하지만 껍질을 벗기면 투명한 속살이 드러난다. 껍질에 살짝 칼집을 내면 쉽게 벗길 수 있으며 부드럽고 촉촉한 과육 맛이 좋다.

제철 4~9월 **시세** 4만 동~

롱냔 Long Nhãn
작은 열매가 주렁주렁 달린 나뭇가지를 통째로 무게를 재서 판다. 껍질을 손으로 쉽게 벗겨서 과육을 먹을 수 있으며 달콤한 맛이 은은하게 나서 부담 없이 먹기 좋다.

제철 4~6월 **시세** 4만 동~

꽈 바이 Quả Vải
빨간 껍질 속에 투명한 과육을 품고 있는 열대 과일로 특유의 달콤한 향과 탱글탱글한 식감이 매력적이다. 주로 시원한 차에 넣거나 디저트를 만들 때 쓴다.

제철 4~8월 **시세** 5만 9,000동~

버 Bơ
베트남의 아보카도로 우리가 아는 길쭉한 모양과 달리 사과처럼 동그란 것이 특징이다. 영양이 풍부하며 스무디로 갈아 먹거나 아이스크림과 함께 먹기도 한다.

제철 연중 **시세** 2만 동~

즈어 Dừa
과육과 즙 모두 식용 가능해 음료, 디저트, 음식 등에 널리 쓴다. 꼭지 부분을 잘라서 빨대를 꽂아 마실 수도 있고 숟가락으로 과육을 파서 먹을 수도 있다.

제철 4~8월 **시세** 10만 동(껍질 포함 무게)

서우리엥 Sầu Riêng
과일의 왕이라고 불리는 두리안은 독특한 향 때문에 호불호가 극명히 나뉘는 과일이다. 뾰족한 껍질을 가르면 놀랍도록 부드러운 노란색 과육이 나온다. 일단 향을 참고 맛을 보면 부드럽고 풍부한 맛에 빠지게 된다.

> 두리안은 열량이 높아 도수 높은 술과 함께 먹지 않는 것이 좋다고 알려져 있어요. 냄새가 워낙 강해서 일부 호텔이나 공공장소에서 반입을 금지하는 경우가 있으니 주의하세요. 또한 망고스틴의 붉은 껍질도 호텔 침구나 타월에 묻으면 잘 지워지지 않으니 오염되지 않도록 조심하세요.

열대 과일로 만든 음료 & 디저트

아보카도

깸버 Kem Bơ
부드럽게 간 아보카도 스무디 위에 달콤한 코코넛 아이스크림을 올리고 말린 코코넛을 뿌린 디저트로 베트남 사람들이 특히 사랑한다. 아보카도의 부드러운 과육과 코코넛 향이 썩 잘 어울린다.

리치

짜탁바이 Trà Thạch Vải
차를 즐겨 마시는 베트남에서 가장 흔하게 차와 블렌딩해서 먹는 과일이 바로 리치. 맑고 향기로운 차에 리치의 맛과 식감이 잘 어울리며 여기에 젤리나 크림 따위를 추가해서 먹기도 한다.

망고

쏘아이 락 Xoài Lắc
락Lắc은 베트남어로 강하게 흔드는 것을 뜻하는데 말 그대로 망고를 새우 소금과 함께 마구 흔들어 먹는 별미. 덜 익은 새콤한 그린 망고로 만들며 시큼하면서도 짭짤한 맛에 묘하게 중독된다.

두리안

째타이 Chè Thái
째는 베트남 사람들이 가장 좋아하는 디저트로 우리의 빙수처럼 간 얼음에 팥, 녹두, 젤리, 코코넛 밀크 등을 섞어서 먹는다. 쿰쿰한 두리안이 들어 있어 묘하게 중독적인 맛이다.

패션프루트

반포마이짜인저이 Bánh Phô Mai Chanh Dây
베트남 스타일의 치즈 케이크다. 진하고 부드러운 풍미를 지닌 치즈 케이크에 새콤한 패션프루트를 올려 달콤하면서도 상큼하다.

코코넛

꼿즈어 까페 Cốt Dừa Cà Phê
코코넛 스무디 커피로 코코넛 밀크와 얼음, 연유를 넣고 갈아 스무디로 만든 후 여기에 진한 베트남 커피를 부어 섞어 먹는다. 달콤한 코코넛 향과 진한 커피 향이 조화롭게 어우러진다.

코코넛

반플란즈어 Bánh Flan Dừa
베트남식 코코넛 푸딩으로 프랑스 영향을 받은 디저트다. 연유와 코코넛 크림을 넣어서 만든 푸딩 위에 코코넛 슬라이스를 올린 후 캐러멜이나 커피를 뿌려서 먹기도 한다.

망고

쏘아이 신또 Xoài Sinh Tố
신또는 과일과 연유, 얼음을 갈아서 만든 과일 스무디를 뜻한다. 그중에서도 망고로 만든 신또가 가장 인기 있다. 카페, 식당, 길거리에서 흔히 팔며 1만~1만 5,000동으로 저렴하다.

> 베트남에서 가장 사랑받는 디저트인 째Chè는 콩, 녹두, 우뭇가사리, 땅콩 등의 다양한 곡물과 과일, 젤리, 코코넛 밀크를 섞어 먹는다. 얼음을 넣어 시원하게 즐기며 죽처럼 만들어 따뜻하게 먹기도 한다. 녹두, 팥, 젤리가 들어 있는 째바마우Chè Ba Màu, 옥수수로 만든 달콤한 째밥Chè Bắp, 두리안을 넣은 째타이 등이 있다.

생과일 구입은 여기서

쏨머이 시장 Chợ Xóm Mới ▶ 2권 P.053

나트랑 시내와 가까운 재래시장으로 현지인이 많이 이용한다. 신선한 과일을 파는 가게가 시장 주변에 모여 있어 시세만 알고 가면 싼값에 푸짐하게 살 수 있다. 무게를 달아 원하는 만큼 구입 가능하며 요청하면 먹기 좋게 잘라서 포장해 준다.
가는 방법 브이 프루트에서 도보 7분
주소 49 Ngô Gia Tự, Phước Tiến **영업** 06:00~17:00

반 프루트 스토어 Vân Fruit Store ▶ 2권 P.044

나트랑의 중심, 여행자들이 많이 오가는 명당에 자리한 과일 가게. 비슷한 과일 가게 세 곳이 모여 있는데 중간에 있는 이 가게가 평이 가장 좋다. 온갖 과일을 비교적 싼값에 판다. 과일 가격을 적은 메뉴판이 있어 바가지 쓸 일이 적다는 것이 장점이다. 그 자리에서 갈아 주는 망고 주스가 단돈 1만 5,000동.
가는 방법 버고 호텔에서 도보 1분
주소 19 Nguyễn Thiện Thuật, Lộc Thọ **영업** 07:00~22:00

윈마트 WinMart ▶ 2권 P.051

빈 그룹에서 운영하는 체인 슈퍼마켓으로 베트남 전역에 있다. 망고, 수박, 파인애플 등 생과일을 먹기 좋게 잘라서 냉장 보관했다가 판매하기 때문에 신선하다. 대량으로 구입하기 부담스러울 때 안성맞춤이다. 현지 물가에 가까운 정찰제 가격이라 흥정할 필요도 없다.
가는 방법 세일링 클럽에서 도보 1분, 빈콤 플라자 내
주소 78-80 Trần Phú, Lộc Thọ **영업** 09:30~22:00

미미 프루츠 mymy Fruits

한국인 여행자들 사이에서 나트랑 과일 맛집으로 통하는 배달 전문점이다. 카카오톡에서 원하는 과일과 양을 골라서 주문하면 호텔까지 배달해 주어 편리하다. 과일을 무척 깨끗하게 손질해 포장해 주어 먹어 본 이들의 만족도가 높다. 20만 동어치부터 주문할 수 있으며 나트랑 시내는 물론 깜라인까지 배송이 가능하다. 배송비로 5만 동이 추가된다.
카카오톡 ID 나트랑미미프루츠 **인스타그램 ID** @mymyfruit_nhatrang
영업 10:00~22:00

과일 주스 & 디저트 맛집 체인점

브이 프루트 *V Fruit* ▶ 2권 P.042

오래전부터 나트랑의 과일 디저트 맛집으로 유명한 곳. 간판 메뉴는 깸버로 부드럽게 간 아보카도 스무디 위에 코코넛 아이스크림과 코코넛을 올려 주는데 부드러우면서도 은은한 단맛에 미소가 절로 지어진다. 다양한 베트남의 과일을 즐기고 싶다면 잭프루트, 망고, 딸기 등의 여러 가지 과일을 소금과 함께 한 접시에 담아내는 모둠 과일 지아짜 이까이Dĩa Trái Cây를 추천한다. 망고를 소금과 함께 버무려 먹는 베트남의 별미 간식 쏘아이 락도 맛볼 수 있다.

비부 쨰 *Vivu Chè* ▶ 2권 P.043

쨰는 베트남 사람들이 사랑하는 로컬 디저트다. 이곳은 쨰 전문 카페로 녹두, 강낭콩, 과일, 푸딩, 옥수수, 타피오카 등 다양한 재료와 코코넛 밀크를 넣고 섞어 먹는 쨰의 종류가 다양하다. 재료에 따라 메뉴가 달라지는데 현지인들은 잭프루트, 두리안 같은 쿰쿰한 열대 과일을 넣어 먹는 것을 좋아한다. 부드럽고 달콤하며 수저로 후루룩 퍼먹기 좋아 무더위에 지쳤을 때 당 충전을 책임진다.

카페 띠엔 니엔 *Cafe Thiên Nhiên* ▶ 2권 P.043

여행자들은 잘 모르는 과일 디저트 맛집. 특히 저녁이 되면 달콤한 생과일주스 신또Sinh Tố와 아보카도 스무디 깸버가 불티나게 팔린다. 이 집의 인기 비결은 진한 맛에 있다. 신선한 재료를 아낌없이 넣어 준다. 열대 과일과 각종 토핑을 섞어 먹는 디저트 쨰 종류도 다양하니 취향대로 골라보자.

> **TIP! 과일 맛있게 즐기는 법**
> - 보통 미리 썰어서 랩에 싸 둔 과일보다는 그 자리에서 골라서 손질해 달라고 요청하는 편이 훨씬 신선하다.
> - 망고는 종류와 크기에 따라서 가격 차이가 나므로 잘 골라야 한다.
> - 드물지만 간혹 포장하는 과정에서 고른 과일이 아니라 비슷한 다른 과일로 바뀌치기하는 경우도 있어 포장하는 과정도 꼭 지켜보아야 한다.
> - 노점에서는 바가지를 씌우는 경우가 많으므로 과일 시세를 미리 파악해 두는 편이 유리하다.
> - 망고스틴은 철에 따라 가격이나 맛의 차이가 무척 크다. 제철이 아니면 비싸기도 하지만 속이 상한 경우가 많고 맛도 떨어진다.

EAT & DRINK

☑ BUCKET LIST 14

지금 가야 할 곳은 여기!
핫 플레이스 탐방

나트랑에서 하루 정도는 한껏 꾸미고 분위기 좋고 전망이 빼어난 곳이나 사진이 잘 나오는 곳에서 색다른 기분을 내 보자. 인생 샷을 남겨줄 멋진 인테리어와 뷰, 먹기조차 아까운 테이블 세팅 등으로 여심을 저격하는 핫 플레이스를 소개한다.

 PLACE 01 세일링 클럽 *Sailing Club* ➤ 2권 P.046

바다 바로 앞에 위치한 핫플

나트랑을 대표하는 해변인 나트랑 비치 바로 앞에 자리 잡고 있다. 낮에는 레스토랑이다가 저녁이면 핫한 클럽으로 변신한다. 모래사장에서 연결되는 구조로 시원한 바다 풍경을 감상하며 요리와 술을 즐기기 좋다. 곳곳에 포토 존이 있어 사진 찍는 재미도 쏠쏠하고 저녁이 되면 화려한 퍼포먼스, 신나는 음악과 함께 해변의 나이트라이프를 만끽할 수 있다.

Location 나트랑
Type 비치프런트 레스토랑 & 바
View 오션 뷰
Menu 칵테일, 피자, 베트남 요리

Location 나트랑
Type 핫플 카페
View 시티 뷰
Menu 커피, 티

 PLACE 02 올라 카페 *Ola Café* ➤ 2권 P.042

SNS에서 핫한 핑크 카페

화사한 핑크빛 외관, 사막의 정취가 느껴지는 모래 바닥과 선인장, 곡선으로 미로처럼 이어지는 구조까지 구석구석 둘러보는 재미가 있는 카페다. 마치 중동의 어느 나라에 온 것 같은 이국적인 분위기 덕분에 SNS 사진 명소로 소문이 자자하다. 2층 테라스에서 내려다보는 풍경도 압권이니 놓치지 말 것. 정성스러운 데커레이션에 감탄이 절로 나오는 시그니처 음료도 즐기며 핑크빛 매력에 빠져 보자.

PLACE 03 테이스티 달랏 *TASTY Đà Lạt* ▶ 2권 P.088

파노라마 뷰로 즐기는 달랏 풍경

365일 북적이는 달랏 시장의 지붕 위에 조용히 숨어 있는 핫플이다. 특히 여심을 저격하는 세련된 인테리어와 탁 트인 전망을 즐길 수 있는 야외 자리가 매력적이다. 달랏 시내 정중앙에 있어 달랏의 풍광을 파노라마 뷰로 내려다볼 수 있다. 베트남 스타일의 아침 메뉴부터 달콤한 디저트, 열대 과일 주스까지 다채로운 메뉴가 있다.

Location 달랏
Type 루프톱 카페
View 시티 뷰
Menu 커피, 디저트, 아침 식사

Location	달랏
Type	전망 좋은 카페
View	마운틴 뷰
Menu	커피, 티

 PLACE 04 티엠 카페 피아 떠이 맛 쩌이
Tiệm Cafe Phía Tây Mặt Trời ▶ 2권 P.089

골목 안에 깃든 초록빛에 둘러싸인 동화 속 집

일부러 찾아가야 하는 외딴곳에 비밀스레 자리한 카페. 마치 동화에 나오는 집처럼 귀여운 건물 안으로 들어가면 초록빛 세상이 나타난다. 창 밖으로는 파란 하늘과 울창한 숲의 풍경이 펼쳐지고, 실내에는 온갖 열대 식물이 가득하다. 어디에서 찍어도 인생 사진을 남길 수 있을 만큼 예쁘지 않은 구석이 없다. '태양의 서쪽에 있는 카페'라는 이름처럼 노을이 아름답기로 유명하니 이왕이면 해 질 무렵에 가 보자.

 PLACE 05 파인애플 *Pineapple* ▶ 2권 P.112

아일랜드 감성 가득한 핫플

무이네 비치에 새롭게 문을 연 신생 핫플이다. 모래사장에 놓인 컬러풀한 빈백, 야자수 아래 흔들리는 해먹, 바다를 향해 날아가듯 탈 수 있는 그네. 모든 것이 휴양지 감성 그 자체다. 원하면 언제든 바다에서 수영을 하고 맨발로 걷다가 맛있는 요리와 음료를 즐길 수 있다. 해 질 무렵이면 은은한 조명까지 더해져 한층 더 낭만적으로 변신하니 트로피컬 무드에 흠뻑 취하기만 하면 된다.

Location	무이네
Type	비치프런트 레스토랑 & 바
View	오션 뷰
Menu	칵테일, 피자, 베트남 요리

SHOPPING

☑ BUCKET LIST 15

메이드 인 베트남
필수 기념품 리스트

베트남 필수 쇼핑 아이템으로 꼽히는 라탄 소품과 라탄 가방을 비롯해 저렴한 의류, 잡화, 기념품 등을 어디에서 얼마에 사야 하는지 고민하는 이들을 위해 준비했다. 특산품으로 유명한 달랏에서는 질 좋은 농수산물로 만든 이색 특산품이 다양하니 알찬 쇼핑을 즐겨 보자.

덤 시장
Dam Market
나트랑
▶ 2권 P.048

나트랑을 대표하는 시장. 규모가 제법 크고 기념품을 비롯해 의류, 잡화, 아오자이, 액세서리 같은 다양한 물건을 판다. 1층에서는 건과일과 견과류, 건어물 등을 대량으로 판매한다. 단, 정찰제가 아니어서 바가지를 쓰기 쉬우니 주의할 것.

TIP! 쇼핑 고수의 시장 쇼핑 팁
- 덤 시장에서는 정직하게 파는 가게도 있지만 바가지를 씌우는 가게도 많아 시세를 미리 알고 가는 것이 중요하다.
- 건과일은 같은 과일이라고 해도 종류와 크기에 따라 가격 차이가 있다. 시식이 가능하니 이것저것 맛본 후 원하는 상품으로 고르자. 포장하면서 상품을 바꿔치기하는 경우도 있으므로 잘 지켜보아야 한다.

덤 시장의 인기 아이템

- 농 3만 동~ 
- 컵 받침 3만 동~ 
- 라탄 소품 6만 동~
- 라탄 가방 15만 동~ 
- 라탄 트레이 10만 동~ 
- 라탄 슬리퍼 8만 동~ 
- 모자 6만 동~ 
- 마그넷 2만 동~

키사 수비니어
Kissa Souvenirs
나트랑
➡ 2권 P.052

베트남 전역에서 수집한 아기자기한 소품과 그릇, 아오자이, 베트남 특색이 강한 기념품을 취급한다. 시장에서 파는 제품에 비해 퀄리티가 뛰어나고 종류도 다양하다. 무엇보다 정찰제라 흥정하느라 스트레스 받을 일도 없다. 베트남에서도 도자기로 유명한 밧짱 지역에서 생산한 그릇도 눈여겨보자.

키사 수비니어의 인기 아이템

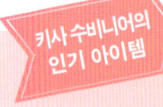

베트남 그릇 8만 동~

밧짱 면기 19만 동~

밧짱 컵 받침 6만 동~

베트남 아이콘 브로치 5만 5,000동~

밧짱 컵 9만 동~

핀 & 커피 잔 세트 21만 동~

라탄 가방 26만 동~

수저받침 3만 5,000동~

디오라마 34만 4,000동~

랑팜
L'angfarm
➡ 2권 P.096 `달랏`

달랏을 넘어 베트남을 대표하는 특산품 브랜드. 달랏에서 생산한 질 좋은 특산품을 예쁜 패키지에 담아 판매한다. 달랏은 물론 호찌민, 나트랑, 다낭 등 베트남 주요 도시의 롯데마트에 단독 입점할 정도로 인정받는 달랏의 인기 브랜드이며, 달랏 곳곳에 매장이 있다. 기념품으로도 좋고 선물용으로도 그만인 랑팜의 베스트 아이템을 소개한다.

랑팜의 인기 아이템

- 아티초크 티 11만 9,000동
- 건과일 7만 5,000동~ 
- 견과류 3만 3,000동~ 
- 꽃차 9만 5,000동~ 
- 그래놀라 7만 6,000동~ 
- 캔들 13만 5,000동~ 
- 젤리 4만 동~ 
- 비스코티 9만 9,000동~ 
- 달랏 와인 11만 8,000동~

응온 라 달랏
Ngon Lạ Đà Lạt
달랏

▶ 2권 P.097

새롭게 뜨는 달랏의 로컬 브랜드. 달랏에서 재배한 농수산물로 만드는 특산품을 비롯해 아기자기한 소품과 기념품을 판매한다. 달랏을 대표하는 아티초크 티부터 꽃차와 견과류, 건과일, 꿀 등 다양한 달랏 특산품을 살 수 있다.

응온 라 달랏의 인기 아이템

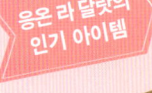

꽃차 큐브 8만 5,000동~

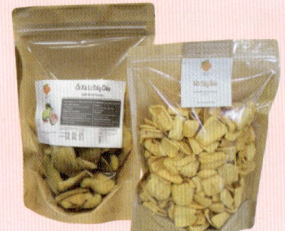
건과일 6만 5,000동~

마카다미아 19만 9,000동~

과일청 5만 9,000동~

꿀 8만 9,000동~

말린 고구마 4만 9,000동~

과일 젤리 5만 9,000동~

달랏 커피 원두 12만 9,000동~

SHOPPING

어디서 살까?

롯데마트 Lotte Mart ▶▶ 2권 P.050
나트랑 여행의 쇼핑 필수 코스로 통하는 곳이다. 시내 중심에 있어 접근성이 좋고 여행자 눈높이에 잘 맞춰진 상품으로 진열해 둬서 최적의 쇼핑을 즐길 수 있다. 열대 과일을 비롯해 간식, 커피, 술, 생활용품 등 다양하며 한국 식품도 종류별로 있다. 나트랑 시내 안의 숙소는 배달도 가능하다.

고 나트랑 GO! Nha Trang ▶▶ 2권 P.051
현지인이 애용하는 대형 마트. 각종 과일과 채소, 육류와 해산물 등 식재료가 다양하며 신선도도 좋은 편이고 가격도 롯데마트보다 조금 더 저렴한 편이다. 단, 시내와 거리가 있는 편이라 교통비가 추가된다는 점을 알아두자.

☑ BUCKET LIST 16

착한 소비의 행복
슈퍼마켓 가성비 쇼핑

베트남은 한국보다 훨씬 물가가 저렴하기 때문에 쇼핑의 즐거움을 만끽할 수 있다. 싼 가격에 베트남 기념품을 비롯해 식자재, 간식, 커피, 차 등을 살 수 있어 여행자들도 마트 쇼핑의 즐거움에 푹 빠지게 된다. 대표적으로는 롯데마트와 고 나트랑, 고 달랏이 있으니 주변 지인이나 가족에게 줄 기념품, 간식 등을 저렴하게 구입하고 싶다면 꼭 방문해보자.

베트남 특산품

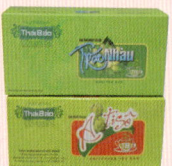

차
1팩 2만 5,000동~

베트남의 차는 종류도 다양하고 가격도 저렴하다. 재스민과 로터스(연잎), 아티초크 등이 유명하다. 마트에서 살 때는 타이바오 Thái Bảo와 푹롱 Phuc Long 브랜드의 제품을 추천한다.

젤리
300g 2만 동~

달콤한 열대 과일 맛이 나는 젤리도 다양하다. 체리시 Cherish 브랜드의 망고 맛 젤리, 뉴 초이스 New Choice 브랜드의 리치 맛 젤리가 인기가 많다.

캐슈너트
250g 11만 5,000동~

베트남은 견과류가 저렴하고 질도 좋다. 캐슈너트가 특히 인기인데 껍질이 있는 것과 없는 것으로 나뉜다. 견과류는 최근에 만든 것을 사야 맛이 좋고 건강에도 이로우니 제조일자를 꼭 확인할 것.

건과일 칩
100g 3만 6,000동~

잭프루트, 바나나, 두리안 등 과일을 건조해 만든 칩도 간식거리로 좋다. 보라색 봉지에 든 비나밋 Vinamit 브랜드가 대표적이고 잭프루트 칩이 가장 유명하다.

코코넛 칩
50g 1만 5,000동~

코코넛 과육을 얇게 저며 말린 코코넛 칩도 인기 아이템이다. 코코넛의 달콤한 향에 식감도 바삭바삭해 과자처럼 집어 먹어도 좋고 요거트에 뿌려 먹어도 맛있다.

베트남 술
700ml 10만 2,000동~

베트남의 인기 보드카 냅모이 Nep Moi. 붉은 현미로 만든 증류주 리엔호아응으뜨우 Liên Hoa Ngư Tửu는 고급스러운 도자기에 담겨 있어 선물용으로 좋다.

꿀
110g 3만 9,000동~

꿀도 베트남 특산품 중 하나로 가성비 높은 꿀이 예쁜 병에 담겨 있어 기념품으로도 좋다. 허니랜드 Honey Land 브랜드의 꿀이 가격 대비 훌륭하다. 야생화꽃꿀, 들꽃꿀 등 종류도 다양하다.

계피
200g 1만 동~

베트남은 계피 생산량이 세계 3위다. 계피는 혈관 건강 증진과 면역력 강화에 좋다고 알려진 만큼 쌀 때 구입할 만하다. 가루 타입과 스틱 타입이 있으며 스틱은 차처럼 끓여 마시기도 한다.

후추
30g 1만 5,000동~

베트남은 세계 최대 후추 생산국이다. 한국보다 저렴한 가격에 품질 좋은 후추를 살 수 있다. 흑후추, 백후추, 적후추가 있으며 분쇄하지 않은 통후추를 많이 구입한다.

베트남 과자

커피 조이 Coffee Joy
1만 5,000동~

이름처럼 커피에 곁들이기 알맞은 비스킷. 커피 향이 은은하게 나면서 많이 달지 않아 자꾸 손이 간다. 얇고 바삭바삭해서 식감도 매력적이다.

리치즈 아 Richeese Ahh'
2만 동~

길쭉하게 생긴 막대 과자로 강렬한 치즈 맛이 난다. 진하고 짭짤한 치즈 맛 때문에 호불호가 갈리는데, 바삭해서 술안주로 잘 어울린다.

티포 Tipo
7,000동~

작은 식빵 모양에 에그 크림이 코팅되어 있는데, 우리의 계란 과자와 비슷한 맛이 난다. 러스크처럼 식감이 바삭하며 화이트 초콜릿, 에그 크림, 두리안 맛 등이 있다.

코코넛 크래커 Dừa Nướng
1만 5,000동~

여행자들 사이에서 인기가 많은 코코넛 과자로 여러 브랜드에서 나온다. 브랜드마다 조금씩 다른데, 단맛은 적으며 코코넛 슬라이스가 아삭아삭 씹히는 맛이 좋다.

나바티 웨이퍼 Nabati Wafer
6,500동~

바삭바삭한 웨이퍼 안에 치즈, 초콜릿 등이 들어 있는 과자. 진한 치즈 맛과 달콤한 초콜릿 맛이 특히 인기다. 크래커 사이에 초콜릿이 든 나바티 크래커도 있다.

솔라이트 판단 Solite Pandan
5만 동~

촉촉한 롤케이크 같은 빵 안에 동남아시아에서 디저트를 만들 때 많이 쓰는 판단 Pandan 크림이 들어 있다. 촉촉하고 달콤하며 우유와 잘 어울린다.

칼 치즈 Cal Cheese
2만 5,000동~

웨하스와 비슷한 식감에 진한 치즈 크림이 겹겹이 발려 있다. 단짠단짠의 매력이 중독성 있어 꾸준히 인기가 많다.

카로 Karo
2만 8,000동~

와플 모양 과자로 빵 같은 식감이 특징이다. 고기를 말려서 가루처럼 만든 짜봉 Cha Bong 맛과 치즈 맛이 있다.

세봉 C'est Bon!
4만 8,000동~

촉촉한 카스텔라 같은 빵 안에 고기를 말려서 만드는 짜봉이 들어 있다. 은은한 치즈 향과 독특한 식감이 매력적이다.

식재료와 커피

간장 Hàng Việt
200ml 1만 6,000동~

간장은 종류가 다양한데 최근 우리나라 TV 프로그램에 소개되면서 관심이 많아졌다. 달걀 프라이에 뿌리면 맛있는 마지Maggi 간장, 남드엉 항비엣Nam Dương Hàng Việt 간장이 유명하다.

칠리소스 Tương Ớt
200ml 8,000동~

베트남의 식당 테이블에 준비되어 있는 칠리소스. 뜨엉엇이라는 베트남 칠리소스로 달콤하면서도 매콤해 국수, 볶음밥, 튀김 등에 두루두루 잘 어울린다.

라이스페이퍼 Bánh Tráng Việt Nam
2만 동~

한국에서도 쉽게 구입할 수 있지만 훨씬 다양한 제품을 싸게 살 수 있다. 물에 담그지 않고 바로 먹을 수 있는 라이스페이퍼는 한국에 흔하지 않아 사 가면 좋다.

육수 큐브 Phở Bò
1만 7,000동~

베트남 소고기 쌀국수의 국물 맛을 쉽게 낼 수 있는 큐브. 퍼보, 보코, 퍼가 등 다양한 종류가 있고 부피도 작아서 부담 없이 살 만하다.

향신료 키트 DH Natural
1만 3,000동~

이국적인 베트남의 요리를 만들어 보고 싶을 때 알맞다. 퍼보, 보코, 퍼가 등 다양한 맛을 낼 수 있는 향신료 키트로, 필요한 양념이 소분되어 있어 간편하다.

느억맘 소스 Nước Mắm
290ml 1만 9,000동~

베트남 요리의 맛을 살려 주는 소스. 튀김 요리나 볶음밥 등에 곁들여 먹으면 맛있다. 액젓에 마늘, 고추, 설탕, 식초 등을 넣어서 만드는데 양념이 다 되어 있다.

베트남 고춧가루
60g 1만 8,000동~

엇봇Ớt Bột이 고춧가루라는 뜻으로 아담한 사이즈의 고춧가루는 기념품으로 좋다. 말린 베트남 고추도 밀봉해서 파는데 매운맛을 좋아한다면 살 만하다.

하오하오 라면 Hảo Hảo
9,000동~

핑크색 라면으로도 유명한 하오하오 라면. 여러 가지 색이 있는데, 그 중 새우 맛이 나는 핑크색 라면이 베스트셀러. 우리의 새우탕 컵라면과 비슷한데 감칠맛이 더 강하다.

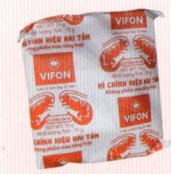

비폰 새우 라면 Mi Chính Hiệu Hai Tôm
3,000동~

우리나라 TV 프로그램에 소개되면서 한국인 여행자들 사이에서 유명해졌다. 새우 맛이 나는 라면으로 값도 무척 싸다. 찌개나 전골에 사리처럼 넣어 먹기 좋다.

비폰 퍼팃보 Vifon Phở Thịt Bò
`1만 8,000동~`

간편한 인스턴트 라면인데도 베트남 소고기 쌀국수 맛을 제대로 느낄 수 있다. 컵라면으로도 나와 있고, 여기에 소고기와 숙주 등을 넣으면 더 맛있다.

그린 칠리소스 Tương Ớt Xanh
`1만 7,000동~`

해산물과 잘 어울리는 소스로 초록 고추 소스 또는 라임 고추 소스라고 불린다. 라임, 고추, 소금 등을 넣어 만드는데, 해산물과 궁합이 좋아 한번 맛보면 계속 생각난다.

반쌔오 파우더 Bánh Xèo
`400g 1만 6,000동~`

베트남식 부침개인 반쌔오를 간편하게 만들 수 있는 파우더. 물에 개어 취향대로 재료를 추가해서 부치면 그럴싸한 반쌔오를 만들 수 있다.

까페 핀 Cà Phê Phin
`3만 동~`

베트남 커피를 홈 카페로 즐기기 위한 필수품. 가격이 저렴해 기념품이나 선물용으로 구입하기 좋다. 마트나 베트남 카페 체인점에서 살 수 있다.

로부스타 원두
`5만 동~`

특유의 진한 맛과 향기가 매력적인 로부스타 원두를 놓치지 말자. 베트남 까페 핀에 올리고 뜨거운 물을 부어서 내리면 카페 부럽지 않은 맛있는 커피를 즐길 수 있다.

콘삭 커피 Con Sóc Coffee
`1박스(10개) 5만 5,000동~`

일회용 드립 커피로 내려 먹을 수 있게 낱개로 포장되어 있어 간편하다. 색깔별로 맛이 다르며 포장도 고급스러워 선물용으로 제격이다.

생활용품

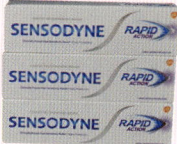  

센소다인 치약
`100g 6만 동~`

기념품으로 많이 구입하는 것 중 하나가 치약이다. 한국보다 저렴하고 한국에서 팔지 않는 종류도 있다. 마트나 약국 등지에서 쉽게 살 수 있다.

모기 퇴치제
`60ml 3만 6,000동~`

베트남 현지에서 뿌리기 좋은 모기 퇴치제로 보라색의 레모스 Remos가 가장 인기 있다. 스프레이 형태라 사용이 간편하다.

비누
`2만 5,000동~`

베트남 특산품으로 만드는 비누. 망고나 파인애플처럼 달콤한 향이 나는 열대 과일 비누와 노니 비누, 코코넛 비누 등 종류가 무척 다양하다.

SLEEPING

☑ BUCKET LIST 17

호캉스의 행복 누리기
럭셔리 호텔 & 리조트

숙소 한눈에 비교하기

	뫼벤픽 리조트 깜라인	래디슨 블루 리조트 깜라인	윈덤 가든 깜라인
숙소 유형	대형 리조트	대형 리조트	대형 리조트
위치	나트랑	나트랑	나트랑
주변 해변	바이다이 비치	바이다이 비치	바이다이 비치
요금	$$$	$$$	$$$
추천 동행	가족, 커플	가족, 커플	가족, 커플
공항까지 거리	나트랑 공항까지 차로 8분	나트랑 공항까지 차로 7분	나트랑 공항까지 차로 6분
객실 종류	스튜디오, 주니어 스위트, 1~3베드룸 풀 빌라	딜럭스, 주니어 스위트, 1~2베드룸 풀 빌라	1~4베드룸 풀 빌라
풀 빌라	있음	있음	있음
객실 뷰	오션	오션	가든, 오션
수영장	총 2개 계단식 메인 풀(오션 뷰) + 키즈 풀, 워터 슬라이드 등	총 3개 메인 풀, 비치프런트 풀, 키즈 풀	총 1개 계단식 오션 뷰 해수 풀
키즈 클럽	있음	있음	있음
루프톱 시설	없음	없음	없음
숙소 내 추천 레스토랑	트로피카나 Tropicana	블루 랍스터 Blu Lobster	브리즈 비스트로 & 바 Breeze Bistro & Bar
조식	뷔페	뷔페	뷔페
무료 이용 시설 및 프로그램	피트니스센터, 워터 슬라이드, 초콜릿 아워	피트니스센터, 사우나	피트니스센터, 키즈 카페
주변 편의 시설	★☆☆	★☆☆	★☆☆
셔틀 차량	숙소-나트랑 시내	숙소-나트랑 시내, 숙소-공항	숙소-나트랑 시내
해당 페이지	P.092	P.094	P.096

어느 호텔에 묵을지 결정하기 어렵다면 각 숙소의 주요 특징을 비교해 보자. 자신의 취향과 예산, 함께 가는 동행, 원하는 위치와 셔틀 차량 운영 등을 바탕으로 자세한 정보를 살펴보며 비교하면 숙소를 선택하는 데 도움이 될 것이다.

주로 휴양을 목적으로 찾는 나트랑에서 숙소 선택은 여행의 만족도를 좌우하는 가장 중요한 요소다. 다행히 나트랑은 숙소가 다양하고 저렴한 데다 신축 리조트와 가성비 높은 호텔도 많아 동남아시아 휴양지 중에서도 가격 대비 만족도로는 최고 수준이다. 자신이 지향하는 숙소 스타일과 비용, 위치 등을 고려해 취향에 꼭 맞는 숙소를 고르고 숙소 내의 온갖 즐길 거리도 빠짐없이 체험하며 호사스러운 휴양을 누려 보자.
달랏은 고원지대에 위치하고 있는 지형적인 특성 때문에 대형 호텔보다는 중급 규모의 호텔이 대부분이며 서늘한 날씨 덕분에 수영장이 있는 곳은 거의 없다. 한편 무이네는 해변과 얼마나 가까운지가 선택의 중요한 요소 중에 하나로 꼽힌다. 무이네 비치를 따라서 열대의 감성이 가득한 중급 규모의 리조트들이 밀집해 있다.

※아래 표에서 요금과 주변 편의 시설은 다음과 같은 기준으로 표기했다. 주변 편의 시설은 숙소 주변에 음식점, 카페, 상점 같은 편의 시설이 어느 정도 분포하는지에 대한 평가를 나타낸다.

요금 $ US$10~80 | $$ US$81~300 | $$$ US$201~ 주변 편의 시설 ☆☆☆ 없음 | ★☆☆ 조금 있음 | ★★☆ 많음 | ★★★ 아주 많음

알마 리조트 깜라인	포티크 호텔	호텔 콜린	호앙 응옥 비치 리조트	센타라 미라지 리조트 무이네
대형 리조트	중형 호텔	대형 호텔	중형 리조트	대형 리조트
나트랑	나트랑	달랏	무이네	무이네
바이다이 비치	나트랑 비치	없음	무이네 비치	무이네 비치
$$$	$$	$$	$$	$$$
가족, 커플, 친구	커플, 친구, 나 홀로	가족, 커플, 나 홀로	가족, 커플	가족, 커플
나트랑 공항까지 차로 10분	나트랑 공항까지 차로 50분	달랏 공항까지 차로 45분	없음	없음
슈피리어 스위트, 파빌리온 2~3베드룸	딜럭스, 스위트, 클럽 스위트	딜럭스, 프리미어, 주니어 스위트 등	슈피리어, 딜럭스, 패밀리, 방갈로	딜럭스, 프리미어 풀 액세스, 1~3베드룸 풀 빌라
있음	없음	없음	없음	있음
마운틴, 오션	시티, 오션	레이크, 시티	가든, 오션	가든, 오션
총 12개 + 워터 파크 계단식 풀	총 1개 루프톱 풀	없음	총 1개 메인 풀	총 3개 인피니티 풀, 워터 슬라이드
있음	있음	없음	있음	있음
없음	수영장	레스토랑	없음	없음
아틀란티스 Atlantis	인도차이나 레스토랑 Indochine Restaurant	소이 Soy	워터 릴리 레스토랑 Water Lily Restaurant	문도 Mundo
뷔페	뷔페	뷔페	뷔페	뷔페
피트니스센터, 워터 파크	피트니스센터	피트니스센터	피트니스센터, 키즈 센터	피트니스센터, 키즈 파크
★☆☆	★★★	★★★	★★☆	★★☆
없음	없음	있음(유료)	없음	없음
P.098	P.099	P.100	P.102	P.104

뫼벤픽 리조트 깜라인
Mövenpick Resort Cam Ranh

깜라인 지역의 쟁쟁한 대형 리조트 중에서도 독보적 인기를 구가하는 곳. 세계적인 호텔 브랜드 아코르Accor 계열의 숙소로 전용 풀을 갖춘 풀 빌라와 일반 호텔 객실 동으로 나뉘며 전 객실이 오션 뷰가 가능하다. 모던하면서도 세련된 스타일을 자랑하는 객실 컨디션도 탁월하고 전용 해변과 수영장은 물론 부대시설도 풍부해 리조트 안에서 하루 종일 호캉스를 즐기기에도 완벽하다. 총 2개의 메인 풀이 있고 그 사이를 연결해 주는 아이들을 위한 키즈 풀과 워터 슬라이드가 있어 신나게 놀 수 있다. 인기 비결 중 으뜸은 뭐니 뭐니 해도 풀 빌라. 전용 프라이빗 풀을 갖춘 1~3베드룸 풀 빌라까지 고루 갖추고 있으며 공간이 특히 넓고 여유롭다. 풀 빌라는 주방과 거실, 침실, 욕실이 모두 분리되어 있고 프라이빗 풀도 넓은 편이라 여럿이 함께 하는 가족 여행에 안성맞춤이다.

Location	나트랑
With	가족, 커플
Cost	$$$
Shuttle	숙소-나트랑 시내

가는 방법 나트랑 공항에서 차로 8분
주소 ABC, Plot D12, Nguyễn Tất Thành
문의 018 0057 7745
예산 오션 뷰 스튜디오 US$110~, 1베드룸 오션 뷰 풀 빌라 US$250~
홈페이지 movenpick.accor.com

Don't Miss!

워터 슬라이드
바다를 한눈에 내려다볼 수 있는 인피니티 풀은 물론이고 해변으로 연결되는 곳곳에 워터 슬라이드가 있어 아이들은 물론 어른들까지 남녀노소 모두 신나게 물놀이를 즐길 수 있다.

풀 빌라의 특별한 플로팅 트레이
SNS 인증 샷으로 유행하는 플로팅 트레이도 특별한 추억이 된다. 샌드위치와 열대 과일, 디저트에 주스와 홍차까지 트레이 가득 차려지는데 모양이 예쁘고 양도 많다. 플로팅 애프터눈 티는 매일 오전 11시부터 오후 5시까지 주문 가능하고 가격은 120만 동.

셔틀버스
깜라인 지역은 나트랑 시내에서 멀어서 셔틀버스가 있으면 유용하다. 1일 1회(오전 10시) 나트랑 시내로 셔틀버스를 운행한다. 왕복 5만 동. 사전 예약은 필수다.

초콜릿 아워
매일 오후 3~4시에 로비에서 초콜릿 아워를 진행해 초콜릿을 무료로 나누어 준다. 초콜릿, 브라우니, 초콜릿 퐁뒤 등을 마련해 물놀이 후 당 충전용으로 충분하다.

스위스 빌리지
미니 마트와 물놀이용품을 파는 상점, 탁구·당구·포켓볼·로프 체험 공간이 있다. 독일식 요리와 맥주를 파는 추벨 비어 하우스Chubell Beer House도 있어 반갑다.

래디슨 블루 리조트 깜라인
Radisson Blu Resort Cam Ranh

Location	나트랑
With	가족, 커플
Cost	$$$
Shuttle	숙소-나트랑 시내

깜라인을 대표하는 대형 리조트 중 하나로 세련된 스타일과 여유 넘치는 분위기 덕분에 커플 여행자, 허니무너에게 특히 사랑받는 곳이다. 바다가 내려다보이는 멋진 전망의 수영장이 두 곳 있으며 아이들을 위한 키즈 풀이 따로 마련되어 있다. 로비 앞으로 보이는 메인 풀은 바다 전망이 환상적인 인피니티 풀이고, 해변 쪽으로 느긋하게 즐기기 좋은 풀이 하나 더 있다. 총 292개 객실과 풀 빌라를 갖추고 있으며 모든 객실에서 오션 뷰가 가능해 더욱 특별하다. 모든 룸이 모던하고 세련된 스타일에 베트남 감성도 적절하게 녹아 있으며 쾌적하다. 1~2베드룸 풀 빌라는 단독으로 사용할 수 있는 프라이빗 풀이 있어 허니무너나 가족 여행객에게 제격이다.

가는 방법 나트랑 공항에서 차로 7분
주소 D12 Slot A, Nguyễn Tất Thành
문의 0258 3993 666
예산 딜럭스 룸 US$150~, 1베드룸 풀 빌라 US$350~
홈페이지 www.radissonhotels.com

Don't Miss!

무료 셔틀버스

리조트에서 나트랑 시내의 나트랑 센터와 나트랑 공항을 각각 오가는 셔틀버스를 정해진 시간에 운영한다. 사전 예약은 필수.

운행 시간표
리조트 → 나트랑 시내(골드 코스트) 12:10, 16:15
나트랑 시내(골드 코스트) → 리조트 17:30
나트랑 공항 픽업 01:00, 09:00, 11:30, 13:30, 15:00, 17:00
나트랑 공항 드롭 08:30, 11:00, 13:00, 14:30, 16:00, 22:00

피트니스 센터와 사우나

어느 호텔이나 기본적으로 피트니스 센터를 운영하지만 이곳의 피트니스센터는 특히 시설이 훌륭해 여행지에서도 운동을 포기할 수 없는 사람들 사이에서 인기 있다. 각종 운동기구는 물론 단독 샤워 부스와 건식 사우나, 습식 사우나, 냉탕까지 마련되어 있다. 샤워에 필요한 어메니티와 타월도 마음껏 사용할 수 있다. 바다를 바라보며 러닝머신을 할 수 있어 더욱 특별하다.

호사스러운 스파

대형 리조트답게 단독으로 운영하는 스파의 규모와 시설도 남다르다. 조개 모양을 본떠서 지은 ESC 스파는 다양한 스파와 트리트먼트 프로그램을 갖추고 있다. 사우나, 얼음 동굴, 소금방도 완비되어 있어 마사지를 즐긴 후 힐링의 시간을 보내기 좋다.

공식 홈페이지 예약 특전

이그제큐티브 스위트룸 이상의 객실을 공식 홈페이지에서 예약할 경우 공항 무료 프라이빗 픽업 및 센딩, 1일 2벌 무료 세탁, 라운지에서 애프터눈 티와 해피 아워 등의 혜택을 제공하니 예약 전에 체크하자.

윈덤 가든 깜라인
Wyndham Garden Cam Ranh

Location	나트랑
With	가족, 커플
Cost	$$$
Shuttle	숙소-나트랑 시내

윈덤 가든 깜라인은 2022년 7월 오픈해 최근 가장 주목받는 신생 풀 빌라 숙소다. 모든 객실이 전용 풀을 갖춘 독채 풀 빌라라는 점이 가장 큰 장점이다. 넓은 거실과 주방 공간을 갖춘 풀 빌라임에도 숙박비가 합리적이라 뛰어난 가성비로 환영받고 있다.
객실 전망에 따라서 가든 뷰, 오션 뷰, 비치프런트 등으로 나뉘며 1베드룸부터 4베드룸까지 있어 대가족이 여행할 때도 완벽하다. 계단식으로 연결되는 넓은 수영장은 해수 풀로 운영하며 바로 앞 해변으로 연결되어 물놀이나 일광욕에도 최적이다. 깨끗하고 시설이 완비된 풀 빌라 리조트를 합리적인 비용에 이용하려는 여행자에게 제격이다.

가는 방법 나트랑 공항에서 차로 6분
주소 Lot D14B, Nguyễn Tất Thành
문의 0258 3996 888
예산 1베드룸 풀 빌라 US$140~, 2베드룸 풀 빌라 US$220~
홈페이지 www.wyndhamhotels.com

Don't Miss!

넓은 규모의 빌라

빌라는 3~4베드룸이 기본으로 1베드룸을 예약할 경우 사용하지 않는 침실을 잠근 채 제공한다. 따라서 1베드룸이라고 해도 3~4베드룸 규모의 거실, 주방, 테라스를 이용하는 셈이라 공간이 무척 여유롭다. 넓은 주방에 전자레인지, 세탁기까지 갖추어 장기 투숙에도 편리하다.

인 빌라 바비큐

깜라인 지역의 리조트는 대부분 리조트 내에서 식사를 해결해야 하는데, 이곳에서 묵는다면 바비큐를 선택해 보자. 육해공을 아우르는 풍성한 재료를 빌라 테라스에서 구워 주는데 맛과 양이 모두 만족스럽다. 바비큐는 재료에 따라 세 가지 종류가 있으며, 가격은 1인 75만 동, 95만 동, 135만 동이다.

셔틀버스

나트랑 시내의 AB 센트럴 스퀘어를 오가는 셔틀버스를 운행한다. 리조트에서 나트랑 시내로 아침 9시 30분, 시내에서 리조트로 오후 3시 30분에 운행한다. 시간 변동이 있을 수 있으므로 사전 문의와 예약은 필수다.

키즈 카페

무료로 운영하는 키즈 카페가 있어 아이들이 신나게 놀기 좋다. 마음껏 뛰어놀기 그만인 볼 풀과 미끄럼틀이 있고 보드게임과 온라인 게임을 즐길 수 있는 시설도 완비되어 있다.

알마 리조트 깜라인
Alma Resort Cam Ranh

대형 리조트의 격전지인 깜라인 지역에서 수영장으로만 따지면 이곳을 따라올 곳이 없다. 인피니티 풀을 포함해 수영장이 계단식으로 무려 12개나 있고 워터 파크도 별도로 운영 중이다. 물론 투숙객은 무료로 이용할 수 있어 물놀이를 좋아하는 여행자나 아이를 동반한 가족 여행객에게는 천국이 따로 없다. 580개의 스위트룸과 빌라로 구성돼 있으며 객실은 침실과 거실이 분리되는 구조로 공간이 넓은 편이며 주방이 있어 간단한 취사도 가능하다. 리조트 내에 다채로운 레스토랑이 있고 푸드 코트와 마트까지 운영해 바깥으로 나가지 않고도 고급스러운 식사와 간단한 먹을거리 구매도 가능하다. 부대시설이 워낙 다양해서 리조트에만 콕 박혀 있어도 하루 종일 알차게 호캉스를 즐길 수 있다.

Location	나트랑
With	가족, 커플, 친구
Cost	$$$
Shuttle	없음

가는 방법 나트랑 공항에서 차로 10분
주소 Nguyễn Tất Thành, Cam Hải Đông
문의 0258 3991 666
예산 1베드룸 슈피리어 스위트 US$140~, 2베드룸 프리미엄 스위트 US$210
홈페이지 www.alma-resort.com

 Don't Miss!

워터 파크
어른과 아이 모두 신나게 즐길 수 있는 스플래시 워터 파크Splash Water Park를 운영하며 투숙객은 무료다. 파도 풀과 짜릿한 스릴을 선사하는 워터 슬라이드도 있어 물놀이를 마음껏 즐길 수 있다. 버기를 타고 이동 가능하며 간단한 로커 시설도 있다.

부담 없이 즐기는 푸드 코트
레스토랑 외에도 부담 없는 가격대의 푸드 코트가 있어 인기다. 디저트와 커피, 베트남 쌀국수, 일식 등 종류가 다양하고 가격도 적당한 편이라 가성비 면에서 엄지를 치켜세울 만하다. 단, 오전 11시부터 오후 5시까지만 운영한다.

포티크 호텔
Potique Hotel

Location	나트랑
With	커플, 친구, 나 홀로
Cost	$$
Shuttle	없음

나트랑 중심에 위치한 부티크 호텔. 콜로니얼풍의 화려하면서도 세련된 스타일과 세심한 서비스로 다녀온 이들의 만족도가 매우 높다. 총 객실 수는 151개로 나트랑 야시장과 나트랑 비치가 가까워 나트랑 시내를 관광하기에 완벽한 위치. 베트남의 전통적인 아름다움을 적절하게 담은 객실 분위기도 이색적이며 룸 컨디션도 훌륭하다. 특히 욕실이 무척 크고 고급스럽게 꾸며져 있고 투숙객을 위한 어메니티도 부족한 것 없이 준비되어 있다. 수영장은 루프톱에 위치하며 규모는 작지만 나트랑 도심과 나트랑 비치를 발아래 두고 내려다볼 수 있다. 시내 중심에 있는 호텔답게 규모는 크지 않지만 1층의 카페와 스파, 피트니스 센터 등 부대시설을 알차게 갖추고 있다.

가는 방법 나트랑 야시장에서 도보 2분
주소 22 Đường Hùng Vương, Lộc Thọ
문의 0258 3556 999
예산 클래식 룸 US$90~ 딜럭스 룸 US$100~
홈페이지 www.potiquehotel.com

 Don't Miss!

맛있는 조식 뷔페
조식 뷔페는 가짓수가 엄청나게 많은 편은 아니지만 맛있기로 유명하다. 쌀국수와 반미, 반쌔오 등 즉석 코너의 메뉴도 날마다 조금씩 바뀌며 전체적으로 맛있고 정성스럽게 나온다.

우아하게 즐기는 애프터눈 티
세련된 로비에 위치한 포티크 카페에서 매일 오후 3~5시에 애프터눈 티를 선보인다. 3단 트레이에 담아내는 달콤한 디저트와 과일을 차와 함께 즐길 수 있으며 2인 세트가 19만 9,000동이다.

나트랑 비치의 전용 선베드
나트랑 비치가 가까워 언제든 바다를 즐길 수 있다. 해변에 호텔에서 운영하는 전용 파라솔과 선베드를 무료로 제공해 일광욕과 물놀이를 할 때도 불편한 점이 전혀 없다.

호텔 콜린
Hôtel Colline

달랏에 새롭게 문을 연 호텔로 이 일대에서는 보기 드문 큰 규모에 달랏의 중심인 명당자리에 지어 화제가 된 곳이다. 규모나 시설 모두 이 주변에서는 독보적이며 달랏 시장이나 달랏 센터와 바로 연결되는 구조라 위치 또한 탁월하다. 달랏 시내를 도보로 여행하기에 최적의 입지를 갖추었다. 새로 지은 호텔답게 스타일도 모던하고 세련되며 달랏 시내가 내려다보이는 뷰 또한 환상적이다. 조식은 테라스가 멋진 루프톱에서 즐기는데, 야외 자리에서 내려다보는 달랏의 전경이 감탄을 자아낸다. 호텔 내에 피트니스센터와 스파 등의 시설도 있어 편리하게 이용 가능하다. 달랏에서 최신 시설을 갖춘 세련되고 고급스러운 호텔을 찾는 이들에게 제격이다.

Location	달랏
With	가족, 커플, 나 홀로
Cost	$$
Shuttle	있음(유료)

가는 방법 달랏 센터에서 도보 1분
주소 10 Phan Bội Châu, Phường 1
문의 0263 3665 588
예산 슈피리어 룸 US$70~, 딜럭스 룸 US$80
홈페이지 www.hotelcolline.com

 Don't Miss!

피트니스센터
최신식 기구를 갖춘 피트니스센터가 있어 투숙객의 만족도가 높다. 무동력 러닝머신을 비롯해 다양한 기구가 있어 여행 중에도 편하게 운동할 수 있다.

투어 프로그램
달랏 시티 투어를 나설 때는 호텔의 투어 프로그램을 이용해도 좋다. 4시간, 8시간 단위로 투어에 참여할 수 있고 다딴라 폭포, 커피 농장 등 달랏 외곽에 위치한 관광 명소를 둘러볼 수 있다. 7개 코스 중 원하는 코스로 선택 가능하며 요금은 4시간 110만 동, 8시간 160만 동이다.

유료 셔틀 서비스
호텔에서 달랏 공항은 물론이고 나트랑, 호찌민, 판티엣Phan Thiết(무이네)으로 가는 프라이빗 차량 서비스를 제공한다. 유료지만 따로 알아보고 요금을 흥정할 필요 없이 리셉션에서 예약할 수 있어 편리하다.
공항 픽업 편도/7인승 50만 동~
달랏-나트랑 편도/7인승 240만 동~

호앙 응옥 비치 리조트
Hoang Ngoc Beach Resort

Location	무이네
With	가족, 커플
Cost	$$
Shuttle	없음

때 묻지 않은 무이네의 열대 풍경과 해변을 즐기기에 완벽한 리조트로 오랜 시간 동안 무이네를 찾는 여행자들에게 사랑받고 있다. 잘 정돈된 울창한 정원과 고운 모래사장이 있는 전용 해변이 이어지고 야자수로 둘러싸인 수영장도 느긋한 휴가를 즐기기에 완벽하다. 무이네 메인 거리에 위치해 주변 편의 시설을 이용하기에도 불편한 부분이 없다. 리조트에서 연결되는 무이네 비치에서는 일광욕을 하거나 바다에서 물놀이를 하며 시간을 보내기에도 그만이다. 객실은 최근 리노베이션을 거쳐 한층 더 쾌적하고 안락해졌으며, 모든 객실에 테라스가 있어 아름다운 정원과 바다 풍경을 내다보기 좋다. 패밀리 룸은 침실 2개와 거실, 주방 등이 나뉘어 있어 아이와 함께 하는 가족 여행에 제격이다.

가는 방법 요정의 샘에서 차로 5분
주소 152 Nguyễn Đình Chiểu, Khu Phố 1, Thành Phố 1
문의 0252 3847 858
예산 슈피리어 룸 US$90~, 딜럭스 룸 US$120
홈페이지 www.hoangngoc-resort.com

🙂 Don't Miss!

전용 해변 즐기기
무이네 비치는 해변이 길게 이어지는데 리조트 전용 해변이 아니면 해수욕장으로 접근하기가 어려운 경우가 많다. 이곳의 가장 큰 장점은 아름다운 무이네 비치로 바로 연결된다는 점이다. 파라솔과 선베드, 해먹 등이 설치되어 있어 해변에서 느긋한 시간을 보내기에 완벽하다.

리조트 내 스파 시설
수영장 바로 옆으로 위치한 엘리스 스파Elise Spa에서는 숙련된 세러피스트의 마사지를 받을 수 있어 스파를 위해 멀리 나가지 않아도 된다. 전신 마사지를 비롯해 페이셜, 헤어 스파 프로그램 등을 고루 갖추고 있다.

키즈 센터
리조트 내 키즈 센터에는 볼 풀, 게임기, 미끄럼틀, 자동차 등 오락 시설이 준비되어 있어 아이들이 신나게 놀기 좋다.

다양한 해양 스포츠
리조트에서 바로 연결되는 전용 해변에서 해양 스포츠에 도전할 수도 있다. 카약과 제트스키 등이 가능하니 원한다면 도전해 보자.

센타라 미라지 리조트 무이네
Centara Mirage Resort Mui Ne

오래된 리조트가 대부분인 무이네에 새롭게 문을 연 신생 리조트로 요즘 가장 뜨는 곳이다. 언덕 위 대규모 부지에 지어져 숙소에서 내다보는 오션 뷰가 환상적이고, 특히 인피니티 풀에서 바라보는 파노라마 뷰가 압권이다. 인피니티 풀은 물론 아이들을 위한 해적선 모양의 워터 슬라이드가 있어 가족 여행객에게 특히 인기 있다. 붉은 지붕과 크림색 외벽 등이 지중해의 아름다운 휴양지에 온 것 같은 기분을 안긴다. 객실이 높은 건물이 아니라 단층의 독립된 독채 스타일로 지어져 더 여유로운 분위기가 난다. 일반 객실은 물론 프라이빗 풀을 갖춘 풀 빌라도 있어 허니문이나 커플 여행으로도 제격이다. 부지가 워낙 넓어 버기 서비스를 상시 운영한다. 리조트 내 레스토랑은 물론 곳곳에 스낵 카도 운영하며 아이들을 위한 놀이 시설도 많아 작은 테마파크를 방불케 한다.

Location	무이네
With	가족, 커플, 친구
Cost	$$$
Shuttle	없음

가는 방법 요정의 샘에서 차로 3분
주소 Huỳnh Thúc Kháng, Khu Phố 4
문의 0252 2222 202
예산 딜럭스 룸1 US$120~, 1베드룸 프리미엄 스위트 US$260
홈페이지 www.centarahotelsresorts.com

🎯 Don't Miss!

다양한 룸 타입

일반 객실부터 1~3베드룸의 전용 풀을 갖춘 풀 빌라까지 다양해서 선택의 폭이 넓다. 또한 프리미어 풀 액세스 룸을 선택할 경우 길게 이어지는 전용 풀로 바로 연결되는 구조라 물놀이를 즐기기에 좋다. 2베드룸에는 객실에 아이들이 좋아할 암벽등반 시설까지 설치되어 있어 가족 여행객들에게 인기가 많다.

카페에서 보는 뷰

리조트 내에 우뚝 솟은 전망대 같은 타워가 보이는데 이곳이 바로 파로 카페Faro Café. 커피와 차를 파는 카페이자 리조트 전체를 조망할 수 있는 전망대 역할도 하고 있다. 엘리베이터를 타고 올라가면 이국적인 리조트와 푸른 바다, 그 너머로 무이네의 어촌 마을이 어우러진 풍경이 한눈에 들어온다.

아이들을 위한 키즈 파크

회전목마, 그네, 미끄럼틀, 볼링장 등 아이들을 위한 즐길 거리가 워낙 다양해서 작은 키즈 테마파크에 온 양 아이들이 한껏 들뜬다.

간식 걱정 없는 아케이드

버기를 타고 바다 쪽으로 내려가면 상점 등이 모인 아케이드가 있다. 롯데리아를 비롯해 카페, 상점 등이 즐비해 멀리 나가지 않아도 간단한 간식을 먹거나 시원한 커피를 마실 수 있다.

BASIC INFO 1
베트남 국가 정보

P.108

BASIC INFO 2
나트랑·달랏·무이네
여행 시즌 한눈에 보기

P.110

BASIC INFO 3
베트남 문화,
이 정도는 알고 가자

P.112

BASIC INFO 4
베트남 역사
간단히 살펴보기

P.114

BASIC INFO

꼭 알아야 할
나트랑 · 달랏 · 무이네
여행 기본 정보

BASIC INFO ❶

베트남 국가 정보

베트남으로 떠나기 전 알아두면 좋은 기초적인 정보를 모았다. 국가 정보와 더불어 베트남 여행 시 유용한 여행 기본 정보도 수록했으므로, 이미 알고 있는 기본적인 내용이라도 여행에 앞서 다시 확인한다면 여행 시 돌발 상황에 당황하는 일을 줄일 수 있다.

국명
베트남사회주의공화국
Socialist Republic of Vietnam

수도
하노이
Hanoi

면적
331,230km²
대한민국의 약 3배

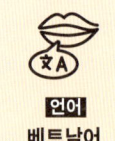

정치 체제
국가 주석제

언어
베트남어

시차
2시간 느림
한국 오전 9시,
베트남 오전 7시

비자
관광 시 45일 무비자 입국

인구
약 9,734만 명

환율
₫1,000 = 55원
※2024년 2월 기준

통화
동 VND

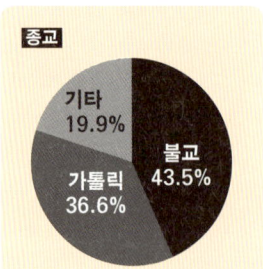

종교
불교 43.5%
가톨릭 36.6%
기타 19.9%

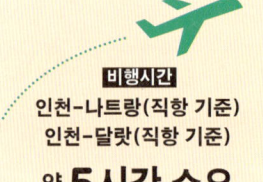

비행시간
인천-나트랑(직항 기준)
인천-달랏(직항 기준)
약 5시간 소요

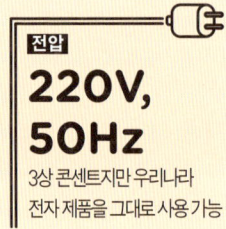

전압
220V, 50Hz
3상 콘센트지만 우리나라 전자 제품을 그대로 사용 가능

물가
식당, 쇼핑, 교통비 등 전반적으로 한국보다 물가가 훨씬 저렴하다. 특히 나트랑에는 새로 지은 호텔이 즐비해 가격 대비 시설과 서비스가 훌륭한 숙소가 많다.

베트남 vs 한국
생수 5,000동~(한화 약 280원) vs 1,000원
쌀국수 3만 동(한화 약 1,680원) vs 8,000원
커피 1만 5,000동(한화 약 840원) vs 4,000원
택시 1만 1,000동~(한화 약 616원) vs 4,000원

인터넷
호텔, 레스토랑, 카페 등에서는 무료로 무선 인터넷을 제공하므로 쉽게 이용할 수 있다. 한국과 비교하면 속도가 조금 느리기는 하지만 사용하기에 불편할 정도는 아니다. 현지 심 카드를 구입하면 스마트폰으로 자유롭게 인터넷 사용이 가능하고 심 카드 가격도 저렴한 편이라 많이 이용한다. ※심 카드 정보 P.142

팁 문화
베트남에는 기본적으로 팁 문화가 없어 일반 식당이나 택시 등에서 팁을 따로 지불하지 않는다. 마사지를 받은 후에도 의무적으로 줄 필요는 없지만, 꼭 주고 싶을 정도로 만족스러운 서비스를 받았다면 3만~5만 동 수준을 지불하는 것이 적당하다.

영업시간
베트남의 주요 관공서와 은행은 주 5일 근무제로 보통 월요일부터 금요일(07:30~16:30)까지 열고 주말에 문을 닫는다. 음식점이나 상점 등은 휴일이나 브레이크타임 없이 아침부터 밤까지 문을 여는 곳이 많다.

전화
스마트폰을 이용해 SNS로 연락하는 것이 일반적이 되면서 국제전화를 하는 경우는 많지 않지만 혹시 모를 상황에 대비해 숙지해 두자.
한국 → 베트남 국제 전화 서비스 번호(001)+베트남 국가 번호(84)+0을 제외한 베트남 전화번호
베트남 → 한국 국제 전화 서비스 번호(001)+한국 국가 번호(82)+0을 제외한 한국 전화번호

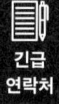
긴급 연락처
현지에서 여권 분실 및 도난, 범죄, 사고 등 긴급 상황에 맞닥뜨렸을 때는 아래의 정부기관에서 도움을 받을 수 있다.

주베트남 대한민국 대사관(하노이)
주소 SQ4 Khu Ngoại Giao Đoàn, Nguyễn Xuân Khoát, Xuân Tảo, Bắc Từ Liêm, Hà Nội
문의 024 3771 0404, 긴급 090 402 6126 (24시간)
운영 09:00~12:00, 14:00~16:00
※비자 신청 09:00~12:00

영사콜센터(서울, 24시간, 베트남어 통역 가능)
+82 2 3210 0404

주호찌민 대한민국 총영사관
주소 107 Nguyễn Du, Bến Thành, Quận 1, Hồ Chí Minh
문의 028 3824 2593, 긴급 093 850 0238 (24시간)
운영 08:30~12:00, 13:30~17:30
*업무에 따라 운영 시간이 다르니 미리 체크할 것

공휴일 (2024년)
1/1   새해 첫날
2/8~14 설 연휴 (뗏) (음력 1/1)
4/29   훙브엉 왕 추모 기념일
4/30   베트남 해방 전승일
5/1   노동절
9/2   건승 기념일 (연휴 기간 9/1~4)

간단한 베트남어
안녕하세요. Xin chào. (씬 짜오)
감사합니다. Xin cảm ơn. (씬 깜 언)
미안합니다. Xin lỗi. (씬 로이)
비싸요. Đắt quá. (닷 꽈)
화장실 어디예요?
Nhà vệ sinh ở đâu?
(냐 베 신 어 더우)

BASIC INFO ❷

나트랑 · 달랏 · 무이네 여행 시즌 한눈에 보기

※기온, 강수량, 시간은 나트랑 기준

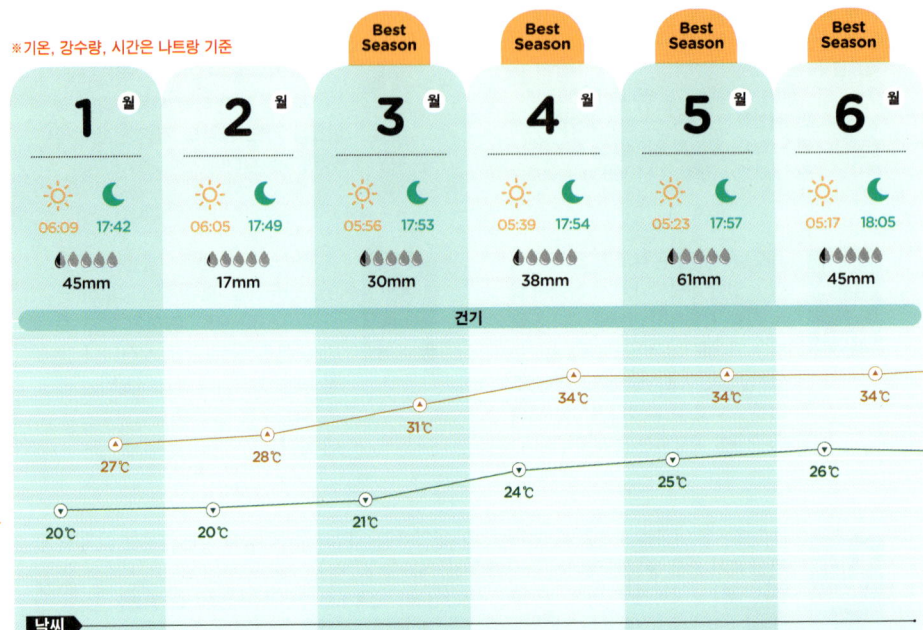

	1월	2월	3월 Best Season	4월 Best Season	5월 Best Season	6월 Best Season
일출/일몰	06:09 / 17:42	06:05 / 17:49	05:56 / 17:53	05:39 / 17:54	05:23 / 17:57	05:17 / 18:05
강수량	45mm	17mm	30mm	38mm	61mm	45mm

건기

최고기온: 27℃ / 28℃ / 31℃ / 34℃ / 34℃ / 34℃
최저기온: 20℃ / 20℃ / 21℃ / 24℃ / 25℃ / 26℃

날씨

1월부터 강수량이 줄어들고 화창한 날씨가 지속되는 건기로 접어든다. 평균기온이 23~27℃이고 습도도 낮은 편이라 여행하기 좋은 철이다. 수영을 할 수 있을 정도로 더울 때도 있다.

더위가 시작되는 시기로 바다에서 즐기는 해양 스포츠나 섬 투어 등도 정상적으로 운영하기 시작한다. 최고기온이 30℃에 달할 정도로 더운 날이 많아 한낮에 돌아다니면 무더위에 지칠 수 있다. 이 시간에는 냉방이 되는 실내 위주로 돌아보고 이른 오전과 늦은 오후에 외부 관광을 즐기는 것이 바람직하다.

대표 축제(2024년)

2/8-14 뗏 연휴

우리의 설 연휴와 같은 뗏Tét Nguyên Đán 연휴가 베트남에서 가장 큰 연휴다. 이때는 상당수의 식당과 상점 등이 문을 닫고 호텔도 만실인 곳이 많으며 운영한다고 해도 상당히 비싸다. 이 기간에 여행한다면 운영 여부를 미리 확인해야 한다.

9/17 중추절

매년 음력 8월 15일 중추절인 뗏 쭝투Tét Trung Thu는 베트남의 추석 같은 날이다. 어린이들이 가면을 쓰고 놀이를 즐기고, 일부 도시에서는 등불 축제가 벌어지며 용춤이나 사자춤 공연이 펼쳐진다. 중국의 월병과 비슷하게 생긴 베트남식 월병 반쭝투bánh trung thu를 먹는다.

옷차림과 준비물

15~20℃ 이하: 반소매, 얇은 셔츠, 반바지, 긴바지, 카디건, 점퍼, 자외선 차단제, 선글라스, 우산, 우비, 핫 팩

21~25℃: 반소매, 얇은 셔츠, 반바지, 긴바지, 얇은 카디건, 얇은 점퍼, 자외선 차단제, 선글라스, 모자, 우산, 우비

BASIC INFO

나트랑, 달랏, 무이네는 베트남의 남부 지역에 속한다. 나트랑은 1월부터 8월까지가 건기로 다른 지역보다 그 시기가 길어 베트남에서도 가장 날씨가 온화한 지역으로 꼽힌다. 9월부터 12월까지 우기에는 한국의 가을 정도로 날씨가 약간 쌀쌀할 수 있다. 연간 캘린더를 참고해 여행하기 좋은 시즌을 알아보자.

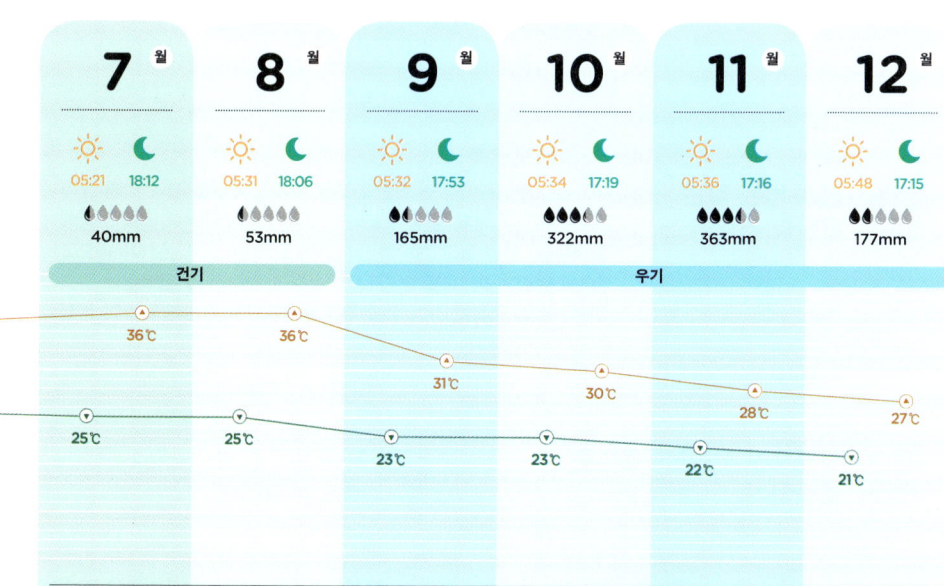

월	7월	8월	9월	10월	11월	12월
일출/일몰	05:21 / 18:12	05:31 / 18:06	05:32 / 17:53	05:34 / 17:19	05:36 / 17:16	05:48 / 17:15
강수량	40mm	53mm	165mm	322mm	363mm	177mm
최고기온	36℃	36℃	31℃	30℃	28℃	27℃
최저기온	25℃	25℃	23℃	23℃	22℃	21℃

건기 / 우기

1년 중 가장 더운 혹서기로 강렬한 햇볕과 찌는 듯한 무더위가 지속된다. 극심할 때는 36℃에 육박할 만큼 기온이 올라간다. 야외에서 진행하는 투어나 활동은 이른 오전이나 늦은 오후 시간대로 잡고, 가장 더운 한낮에는 냉방 시설이 있는 실내 위주로 돌아보며 자외선 차단과 수분 보충에 각별히 신경 써야한다.

9월부터 더위가 한풀 꺾이고 우기에 접어든다. 건기만큼 맑은 날도 있지만, 대체로 날씨가 변덕스럽고 비도 자주 내린다. 종종 태풍이 오기도 한다.

10~11월은 비가 가장 많이 오는 시기로 변덕스러운 날씨가 계속된다. 기온이 내려가 날씨에 따라 야외의 수영장이나 바다에서 물놀이를 하기에는 쌀쌀하게 느껴질 수 있다. 수영을 하고 싶다면 따뜻한 온수풀이 있는 아이 리조트나 탑 바 머드 온천 같은 곳으로 가는 편이 현명하다. 바다 수영이나 해양 스포츠 등은 제한적으로나마 할 수 있지만, 파도가 높아지는 때라 호핑 투어는 대부분 운영하지 않는다. 우리나라의 여름과 가을 날씨가 뒤섞인 종잡을 수 없는 날씨라고 생각하면 된다.

2025/2027 나트랑 바다 축제 Nha Trang Sea Festival

바다를 접하고 있는 나트랑에서 2년에 한 번씩 열리는 대표 축제. 홀수 해에 열리며 바다의 풍요를 기원하는 축제로 각종 퍼레이드와 공연 등이 펼쳐진다.

26~30℃	31~40℃ 이상
반소매, 얇은 셔츠, 반바지, 긴바지, 자외선을 막아 줄 얇은 긴소매, 자외선 차단제, 선글라스, 모자, 수영복, 양산	민소매, 반소매, 반바지, 원피스, 자외선을 막아 줄 얇은 긴소매, 자외선 차단제, 선글라스, 모자, 수영복, 양산, 휴대용 선풍기

BASIC INFO 3

베트남 문화, 이 정도는 알고 가자

여행하는 나라의 문화를 알면 여행 중 생길 수 있는 궁금증과 답답증이 반은 풀린다.
베트남에서 지켜야 할 기본 예의와 예의에 어긋나는 행동을 미리 알아 두면
모르고 실수하는 일을 방지할 수 있다.

신호 없는 길은 천천히 건너기

베트남은 건널목이나 신호등의 교통 체계가 제대로 잡혀 있지 않아 길을 건너기가 쉽지 않다. 오토바이가 무척 많기 때문에 더욱 조심해야 하는데, 손을 들고 천천히 걸어가면 오토바이와 자동차가 속도를 적당히 낮춰 준다. 오토바이가 다가온다고 갑자기 길 한복판에 멈춰 서거나 뛰면 오히려 사고가 날 확률이 높으므로 속도에 맞추어 천천히 걸어서 건너자.

다가오는 잡상인, 호객꾼 조심하기

여행하다 보면 거리에서 호객하거나 다가오는 잡상인이 많은 편이다. 특히 수레를 끌거나 과일 바구니를 들고 다니면서 사진을 찍어 보라고 권하는 경우가 많은데, 호의가 아니라 강매 수법 중 하나다. 사진을 찍고 나면 사진값을 요구하거나 과일값을 비싸게 부르면서 강매하는 경우가 많으므로 구입할 생각이 없다면 단호하게 거절하자.

자존심이 강한 베트남 사람들

베트남 사람들은 성실하고 생활력이 강하며 자존심도 센 편이다. 과거 중국이나 프랑스, 미국 등 외세의 지배와 전쟁을 물리치고 독립을 쟁취했다는 민족적 자존심과 긍지가 높은 편이라 그들의 자존심을 상하게 하는 행동은 삼가야 한다. 현지에서 호객꾼이나 잡상인이 끈질기게 다가와 구매를 강요한다고 해도 많은 사람 앞에서 정색하거나 무안을 주기보다 무관심한 태도로 조용히 그 상황을 벗어나는 편이 바람직하다. 자존심이 강한 사람들이라 미안하다는 사과의 표현도 잘 하지 않는다. 사과하는 대신 멋쩍은 웃음을 보이는 경우 한국인으로서는 무시하는 행동으로 오해할 수 있지만, 베트남 사람 입장에서는 미안하다는 뜻이나 다름없으니 이해하도록 하자.

어깨는 Don't Touch

베트남 사람들은 어깨에 수호신이 있다고 믿는다. 어깨를 손으로 치거나 친하지 않은 사이인데 어깨동무를 하는 행동은 예의에 어긋날 수 있으므로 주의하자.

사원에서는 복장에 주의

베트남은 종교적 계율이 엄격한 나라는 아니지만, 사원에 입장할 때는 복장에 어느 정도 신경을 쓰는 것이 기본 매너다. 팔이나 다리를 과하게 드러내는 민소매나 핫팬츠 같은 노출이 심한 옷은 피하자.

베트남의 식사 에티켓

베트남 음식 문화에서는 면 요리를 먹을 때 그릇에 입을 대고 국물을 마시는 행동은 자칫 예의 없어 보일 수 있으므로 삼가자. 식기를 젓가락으로 치는 행동 또한 음식을 차려 준 이에게 불만을 표현하는 것으로 여기므로 주의해야 한다.

비교적 한국에 우호적인 베트남 사람들

베트남 사람들은 일반적으로 한국인에게 꽤 우호적이다. 1992년 수교를 맺은 이래로 교류가 꾸준히 이어지고 있다. 또한 한국의 많은 기업이 베트남에 진출해 경제성장과 고용 창출에 도움을 주고, 한류 문화의 인기로 한국에 대한 이미지가 한층 더 좋아지고 있다는 평이 지배적이다. 하지만 한국인 여행자가 급진적으로 늘어나면서 몇몇 사람의 무례한 행위나 퇴폐적인 추태 등으로 이미지가 실추된 면이 있으므로 최소한의 매너와 예의를 갖추고 그 나라 문화를 존중하면서 여행하는 태도가 필요하다.

두리안, 망고스틴 숙소 반입은 No!

대부분의 호텔에서 강렬한 향 때문에 두리안 반입을 금지하고 있으므로 숙소로 가져가지 않도록 주의하자. 망고스틴 또한 침구나 수건 등에 붉은 물이 들 수 있어 반입을 금지하거나 주의해 달라고 요청하는 곳이 많다.

식당의 물과 얼음 조심하기

베트남의 로컬 식당에서는 보통 테이블마다 끓여 놓은 차나 물을 무료로 제공해 우리나라에서처럼 당연하게 마시는 사람이 많다. 하지만 베트남의 물은 석회수인 경우가 많아 예민한 사람은 배탈이 날 수 있기 때문에 유료이더라도 이왕이면 생수를 주문해서 마시는 편이 안전하다. 맥주나 커피 등을 주문하면 나오는 얼음도 필터로 정수하는 제빙기를 사용하는 우리나라와달리 포대에 담아 배달하는 경우가 대부분이라 조심할 필요가 있다.

숫자에 민감한 베트남 사람들

나라마다 좋아하는 숫자와 불길하게 생각하는 숫자가 있기 마련인데 베트남에서는 '3'과 '5'를 불길하게 여긴다. 그래서 이사나 결혼 같은 중요한 행사가 있을 때는 3과 5를 기피하는 경향이 있다. 이와 반대로 '9'는 행운의 상징으로 반기는데 완벽, 완성, 만점에 가까운 숫자라고 여기기 때문이다.

베트남 역사 간단히 살펴보기

베트남은 주변국의 침략과 계속되는 전쟁으로 질곡의 과거를 보냈다. 약 1,000년에 걸친 중국의 지배 뒤에 베트남 왕조가 출현했지만 다시금 프랑스의 지배를 받으면서 암울한 식민 시대를 겪었다. 그 후 미국과 맞붙어 혹독한 베트남전쟁을 치르고 20세기 후반에야 비로소 베트남사회주의공화국으로 독립을 이루게 되었다.

기원전 3세기 이전

베트남 역사의 시작, 선사시대

베트남에 인류가 살기 시작한 것은 약 50만 년 전으로 추산된다. 최초의 고대국가인 홍 왕조 이후 많은 나라가 생겼다 사라졌으며, 이 시기에 중국에서 전래된 것으로 보이는 청동기 문화가 발달하면서 주변 동남아시아 지역에 많은 영향을 끼쳤다.

기원전 2~9세기

이곳으로 타임 슬립!
뽀나가르 참 탑 2권 P.019

중국의 지배와 항쟁

기원전 111년 중국 한나라가 쳐들어와 병합된 후 939년까지 베트남은 약 1,000년 동안 중국의 지배를 받았다. 베트남 사람들은 외세의 지배를 거부하고 투쟁을 계속했다. 특히 40년에는 쯩 자매가 민중을 이끌고 최초의 저항운동을 일으켜 중국의 지배를 벗어나기도 했다. 그러나 쯩 자매의 왕국은 3년을 버티지 못하고 중국의 대규모 토벌군에 의해 무너졌고, 더 공고해진 중국의 지배 아래 베트남은 중국 문화의 영향을 받기 시작했다. 한편 베트남 중부 지방에는 2세기경부터 참족이 건국한 참파 왕국이 자리하고 있었고, 남부 지방에는 인도의 영향을 받은 후난 왕조가 6세기경까지 유지되었으며 10세기 초까지 거의 대부분의 시기 동안 중국 왕조를 계승한 통치자들이 지배했다.

10~15세기

베트남 최초의 독립 왕조 탄생

오랫동안 중국의 지배를 받아 온 베트남 북부 지역에서는 독립 투쟁이 끊임없이 이어졌다. 결국 939년에 응오꾸옌 장군이 박당강 전투에서 남한南漢을 물리치고 10세기 이후에는 중국의 오랜 지배에서 벗어나 베트남 최초의 독립 왕조를 세웠다. 그러나 응오꾸옌이 6년 만에 죽자 이후 왕위를 두고 다툼이 시작된다. 이 일로 왕권이 급격히 약해지며 결국 응오 왕조는 건국한 지 50년도 되지 않아 멸망했고, 격렬한 내전이 이어져 베트남은 최악의 혼란기를 맞는다. 이후 딘 왕조가 나라를 통일한 뒤 레 왕조와 리 왕조, 쩐 왕조까지 이어졌지만, 1406년 다시 중국 명나라의 속국이 되고 말았다. 그 후 베트남은 1406년부터 1427년까지 20여 년간의 투쟁 끝에 명나라를 물리치고 후기 레 왕조를 세웠다. 이 시기에 레 왕조는 참파 왕국을 점령했고, 개혁 정책과 전통문화를 만들어 내며 베트남 문화의 황금기를 이루었다.

16~19세기

응우옌 왕조와 프랑스의 지배

1516년 덴마크가 베트남 북부의 교역권을 획득하고, 17세기 초에는 프랑스 신부들이 포교 활동을 시작하면서 베트남 내 서구 세력이 확대되었다. 한편 1789년 떠이선의 응우옌후에가 베트남 남북을 통일했고, 1802년에는 응우옌푹아인(쟈롱 황제)이 그의 본거지인 후에를 수도로 삼아 베트남 최후의 왕조인 응우옌 왕조를 세웠다.

응우옌 왕조 초기에는 통일에 도움을 준 프랑스에 많은 상업적 이권을 보장해 주었으나 제국주의적 침략 의도를 감지한 이후에는 중국과 우호를 다지면서 프랑스를 경계하게 되었다. 반외세 정책이 지속되자 프랑스는 결국 선교사 박해 사건을 계기로 베트남을 공격했고, 1883년 8월 후에 조약(아르망 조약)으로 베트남은 프랑스의 식민지가 되어 버렸다.

20세기 전반

호찌민의 등장과 독립운동

프랑스의 식민지가 된 뒤에도 베트남인의 독립운동은 계속 이어졌다. 1930년에는 사회주의 성향의 민족주의자들이 프랑스 등 제국주의 국가에 맞선 투쟁을 목표로 하는 베트남공산당을 결성했다. 이 공산당의 지도자가 바로 호찌민이다. 호찌민은 베트남 현대사에 큰 영향을 미친 인물로 '베트남의 아버지'로 불리는 지도자이자 혁명가다. 한편 제2차 세계대전이 발발해 독일에 침공당한 프랑스의 세력이 약해지자 이를 기회로 여긴 일본은 1940년 베트남을 지배하기 시작했다. 그 후 1945년 전쟁이 끝나며 일본이 물러가자 베트남 공산주의자들은 호찌민을 주석으로 하는 베트남민주공화국을 수립해 1945년 9월 2일 마침내 독립을 선포했다.

20세기 후반

베트남전쟁과 통일

독립선언에도 불구하고 프랑스가 계속해서 베트남을 포함한 인도차이나 지역의 지배권을 주장하자 1946년 두 나라 간에 인도차이나전쟁이 시작되었다. 8년간의 전쟁 끝에 1954년 5월 7일 프랑스 연합군이 디엔비엔푸 전투에서 완패하고 항복함으로써 1954년 7월 20일 제네바 휴전협정이 맺어졌다. 9개국이 참가한 제네바회의의 결과, 베트남은 북위 17°선을 군사분계선으로 하여 남북으로 분단되었다. 이로써 북위 17°선 이북은 호찌민의 북베트남, 이남은 바오다이 황제의 베트남국Quốc gia Việt Nam이 들어섰다. 호찌민은 베트남 통일을 원했으나 공산화를 우려한 남베트남은 이를 거부했다. 하지만 남베트남에서는 공산당 지지자가 점점 늘어났고, 이를 막기 위해 미국이 개입하면서 베트남전쟁이 시작되었다. 미국의 요청으로 우리나라를 비롯해 필리핀, 태국, 뉴질랜드 등도 파병했지만 전쟁은 장기화되었다. 미국 내에서는 반전 여론이 고조되었고 결국 1973년 파리 평화협정에 따라 베트남 내 미군이 철수했다. 1975년 4월 30일 사이공이 함락되면서 베트남전쟁은 끝났고, 1976년 7월 2일 남베트남과 북베트남은 베트남사회주의공화국으로 통일되었다.

BEST PLAN & BUDGET 1
나트랑 3박 4일
주말여행 코스

P.118

BEST PLAN & BUDGET 2
나트랑·무이네 4박 5일
알찬 여행 코스

P.120

BEST PLAN & BUDGET 3
나트랑·달랏 5박 6일
실속 여행 코스

P.122

BEST PLAN & BUDGET 4
나트랑·달랏·무이네 7박 8일
구석구석 코스

P.124

BEST PLAN & BUDGET 5
아이에게 특별한 추억을!
1일 가족 여행 코스

P.126

BEST PLAN & BUDGET 6
부모님 완벽 맞춤형!
1일 효도 여행 코스

P.127

TRAVEL BUDGET
여행 경비 절감 팁

P.128

PLANNING 2

BEST PLAN & BUDGET

나트랑 · 달랏 · 무이네
추천 일정과 예산

BEST PLAN & BUDGET ❶

나트랑 3박 4일
주말여행 코스

3박 4일 코스는 일반적으로 나트랑 여행에서 가장 많이 선택하는 일정이다. 짧은 휴가 기간에 알차게 나트랑을 여행하려는 이들을 위한 일정으로 나트랑에서 꼭 가 봐야 하는 관광지와 맛집, 스파 등을 효율적으로 둘러볼 수 있으며 아침부터 저녁까지 꽉 채워 여행을 즐길 수 있다.

여행 예산(1인)

```
항공권(비수기 기준)           35만 원~
+ 숙박 3박                   12만 원~
  (나트랑 중급 리조트, 2인 1실 기준)
+ 교통 4일(그랩 기준)          6만 원~
+ 식사 4일                   8만 원~
+ 현지 비용              약 14만 1,900원~
  (빈원더스 나트랑 95만 동 +
  뽀나가르 참 탑 3만 동 +
  아일랜드 호핑 투어 80만 동~ +
  마사지 40만 동×2회~ = 258만 동)

                 = 총 75만 1,900원~
```

🟠 TRAVEL POINT

⊙ **항공 스케줄**
나트랑 IN(나트랑에 아침에 도착하는 스케줄)
나트랑 OUT(나트랑에서 밤에 떠나는 스케줄)
직항 편

⊙ **도시 간 주요 이동 수단**
나트랑 국제공항–나트랑 시내: 그랩, 택시, 여행사 전세 차량 추천

⊙ **사전 예약 필수**
여행사 전세 차량, 스파

⊙ **여행 꿀팁**
❶ 짧은 일정이라도 깜라인 지역의 대형 리조트에서 꼭 1박 이상 투숙하자. 나트랑 여행 최고의 메리트는 초대형 고급 리조트를 저렴한 비용에 누릴 수 있다는 점이며 깜라인 지역에 숙소가 모여 있어 적극 추천한다.
❷ 짧은 일정이라 나트랑 시내는 마지막 날 밤, 출국을 위해 공항에 가기 전까지 알차게 돌아보는 것으로 계획을 짜는 것도 좋다. 나트랑 시내는 규모가 작고 주요 맛집과 카페, 마사지 숍 등이 모여 있어 둘러보기 편하다.

TRAVEL ITINERARY — 여행 스케줄 한눈에 보기

여행 일수	체류 도시	시간	세부 일정
DAY 1	나트랑	아침	10:30 나트랑 대성당 11:30 카페에서 코코넛 커피 **추천** 카페 호앙 뚜언
		점심	12:30 점심 식사 **추천** 퍼 63 13:30 덤 시장 15:30 뽀나가르 참 탑
		저녁	18:00 저녁 식사 **추천** 바또이 20:00 나트랑 야시장
DAY 2		아침	08:00 아일랜드 호핑 투어 출발 10:00 섬에서 스노클링, 물놀이 즐기기
		점심	12:00 점심 식사 13:00 스노클링 또는 혼땀섬에서 머드 스파 16:00 아일랜드 호핑 투어 마치고 숙소에서 휴식
		저녁	18:00 저녁 식사 **추천** 쏨머이 가든 20:00 스파 & 마사지 **추천** 온시 스파
DAY 3		아침	10:00 빈원더스 나트랑 도착 11:30 알파인 코스터 타기
		점심	12:30 빈원더스 나트랑에서 점심 식사 13:00 워터 파크에서 물놀이 16:00 식물원, 아쿠아리움, 놀이 기구 즐기기
		저녁	18:00 대관람차 탑승하기 18:30 빈원더스 나트랑에서 저녁 식사 19:30 타타 쇼 관람 20:00 빈원더스 나트랑에서 나오기
DAY 4		아침	09:00 숙소에서 아침 식사 후 휴식
		점심	12:30 점심 식사 **추천** 피자 포피스 14:00 카페에서 코코넛 커피 **추천** 꽁 까페 15:30 롯데마트에서 기념품 쇼핑
		저녁	17:00 나트랑 비치 산책하기 18:00 저녁 식사 **추천** 응온 갤러리 20:00 스파 & 마사지 후 나트랑 국제공항 이동

BEST PLAN & BUDGET ❷

나트랑 · 무이네 4박 5일 알찬 여행 코스

나트랑을 중심으로 무이네까지 다녀오는 알찬 일정이다. 무이네는 나트랑과 묶어서 같이 여행하기 알맞은 지역으로 사막 같은 풍광과 그림 같은 해변이 펼쳐져 나트랑과는 또 다른 이색적인 매력을 느낄 수 있다. 무이네까지 이동하는 데 시간이 꽤 걸리는 편이라 이왕이면 1박 이상 하는 것을 추천한다.

여행 예산(1인)

항공권(비수기 기준)	35만 원~
+ 숙박 4박 (중급 리조트, 2인 1실 기준)	16만 원~
+ 교통 5일(그랩 기준)	10만 원~
+ 식사 5일	10만 원~
+ 현지 비용 약 11만 9,900원~ (뽀나가르 참 탑 3만 동 + 아일랜드 호핑 투어 80만 동~ + 무이네 지프 투어(1인) 25만 동~ 무이네 화이트 샌듄 ATV 30만 동 + 마사지 40만 동×2회~ = 218만 동)	
= 총 82만 9,900원	

▶ TRAVEL POINT

⊙ 항공 스케줄
나트랑 IN(나트랑에 아침에 도착하는 스케줄)
나트랑 OUT(나트랑에서 밤에 떠나는 스케줄)
직항 편

⊙ 도시 간 주요 이동 수단
나트랑 국제공항–나트랑 시내: 그랩, 택시, 여행사 전세 차량 추천
나트랑–무이네: 슬리핑 버스, 여행사 전세 차량 추천

⊙ 사전 예약 필수
슬리핑 버스, 여행사 전세 차량, 스파

⊙ 여행 꿀팁
❶ 무이네는 이동하는 데 시간이 걸리므로 이왕이면 1박 이상 묵으면서 알차게 관광을 즐겨 보자.
❷ 무이네까지 이동할 때는 일반적으로는 슬리핑 버스를 많이 이용한다. 그러나 중간에 경유하는 데 없이 시간을 절약하고 일행끼리만 오붓하고 조금 더 편안하게 이동하고 싶다면 여행사 전세 차량을 빌리는 방법도 있다.
❸ 무이네를 대표하는 지프 투어는 선라이즈 투어와 선셋 투어가 있으며 선라이즈 투어는 새벽 4시 30분, 선셋 투어는 오후 1시 30분 정도부터 시작하므로 그 전에 무이네에 도착해야 한다.

TRAVEL ITINERARY 여행 스케줄 한눈에 보기

여행 일수	체류 도시	시간	세부 일정
DAY 1	나트랑	아침	10:30 나트랑 대성당 11:30 카페에서 코코넛 커피 추천 카페 호앙 뚜언
		점심	12:30 점심 식사 추천 퍼 63 13:30 덤 시장 15:30 뽀나가르 참 탑
		저녁	18:00 저녁 식사 추천 냐항 루엉선깡 20:00 나트랑 야시장
DAY 2		아침	08:00 아일랜드 호핑 투어 출발 / 10:00 섬에서 물놀이 즐기기
		점심	12:00 점심 식사 13:00 스노클링 또는 혼땀섬에서 머드 스파 16:00 아일랜드 호핑 투어 마치고 숙소에서 휴식
		저녁	18:00 저녁 식사 추천 쏨머이 가든 20:00 스파 & 마사지 추천 온시 스파
DAY 3		점심	11:30 점심 식사 추천 반미 판 12:30 무이네 이동 / 17:30 무이네 도착, 숙소 체크인
		저녁	18:00 무이네 비치 선셋 감상 추천 파인애플 19:30 저녁 식사 추천 꽌 비 보
DAY 4	무이네	아침	04:30 선라이즈 투어 시작, 숙소 픽업 05:00 화이트 샌듄에서 일출 감상 & 포토 존에서 기념사진 07:30 레드 샌듄 08:30 피싱 빌리지 09:00 요정의 샘
		점심	12:30 점심 식사 추천 신드바드 레스토랑 13:00 무이네 비치 산책하기 / 14:00 나트랑 이동
		저녁	19:00 나트랑 도착, 숙소 체크인 20:00 저녁 식사와 맥주 한잔 추천 세일링 클럽
DAY 5	나트랑	점심	12:30 점심 식사 추천 피자 포피스 14:00 카페에서 코코넛 커피 추천 꽁 까페 15:30 롯데마트에서 기념품 쇼핑
		저녁	17:00 나트랑 비치 산책하기 18:00 저녁 식사 추천 응온 갤러리 20:00 스파 & 마사지 후 나트랑 국제공항 이동

BEST PLAN & BUDGET ❸

나트랑 · 달랏 5박 6일
실속 여행 코스

나트랑을 중심으로 달랏까지 다녀오는 알찬 일정이다. 달랏은 나트랑 북쪽에 위치하고 있고 슬리핑 버스나 리무진 차량으로 이동이 가능해 같이 묶어서 여행하기 수월하다. 고원지대에 위치한 달랏은 울창한 숲을 비롯한 자연 풍광이 수려해 나트랑과는 또 다른 매력을 느낄 수 있다. 달랏 외곽 지역에 볼거리가 많아 2박 정도 묵으며 둘러보는 편이 좋다.

여행 예산(1인)

항공권(비수기 기준)	45만 원~
+ 숙박 5박	20만 원~
(중급 리조트, 2인 1실 기준)	
+ 교통 6일(그랩 기준)	13만 2,000원~
+ 식사 6일	12만 원~
+ 현지 비용	약 14만 3,550원~
(뽀나가르 참 탑 3만 동 + 아일랜드 호핑 투어 80만 동~ + 달랏 원데이 투어 45만 동 + 입장료 53만 동 + 마사지 40만 동×2회~ = 261만 동)	

= 총 104만 5,550원

TRAVEL POINT

⊙ **항공 스케줄**
나트랑 IN(나트랑에 아침에 도착하는 스케줄)
달랏 OUT(달랏에서 밤에 떠나는 스케줄) 직항 편

⊙ **도시 간 주요 이동 수단**
나트랑 국제공항–나트랑 시내: 그랩, 택시, 여행사 전세 차량 추천
나트랑–달랏: 슬리핑 버스, 밴 차량 추천

⊙ **사전 예약 필수**
슬리핑 버스, 리무진 차량, 스파, 투어

⊙ **여행 꿀팁**
❶ 달랏에는 직항 편이 있으므로 달랏에서 출국할 경우, 달랏에서 나트랑으로 다시 이동하는 시간을 줄일 수 있어 효율적이다.
❷ 달랏까지 차로 이동할 경우 일반적으로는 4시간 가까이 소요되는데 길이 험하고 꼬불꼬불해서 멀미를 할 수 있으므로 멀미약을 미리 먹어 두면 도움이 된다.
❸ 달랏은 외곽 지역에 자연 풍광이 아름다운 곳이 많은데, 개별적으로 이동하기보다는 업체의 데이 투어로 돌아보는 편이 편리하다.

TRAVEL ITINERARY 여행 스케줄 한눈에 보기

여행 일수	체류 도시	시간	세부 일정
DAY 1	나트랑	아침	10:30 나트랑 대성당
		점심	12:30 점심 식사 추천 퍼 63 13:30 덤 시장 15:30 뽀나가르 참 탑
		저녁	18:00 저녁 식사 추천 응온 갤러리 20:00 나트랑 야시장
DAY 2		아침	08:00 아일랜드 호핑 투어 출발 / 10:00 섬에서 물놀이 즐기기
		점심	12:00 점심 식사 13:00 스노클링 또는 혼땀섬에서 머드 스파 16:00 아일랜드 호핑 투어 마치고 숙소에서 휴식
		저녁	18:00 저녁 식사 추천 쏨머이 가든 20:00 스파 & 마사지 추천 온시 스파
DAY 3	달랏	점심	11:30 점심 식사 추천 반미 판 12:30 달랏 이동 / 16:00 달랏 도착, 숙소 체크인
		저녁	18:00 저녁 식사 추천 꽌 느엉 쭈 19:30 달랏 야시장
DAY 4		아침	08:30 달랏 원데이 투어 시작, 숙소 픽업 09:00 로빈 힐 케이블카 & 죽림 선원 10:00 다딴라 폭포 / 11:00 딸기 농장 11:30 크레이지 하우스
		점심	12:30 투어에서 점심 식사 13:30 랑비앙산
		저녁	18:00 저녁 식사 추천 곡 하 탄 20:00 스파 & 마사지 추천 필 굿 스파
DAY 5		점심	11:00 사랑의 계곡 / 13:00 사랑의 계곡에서 점심 식사 16:00 달랏역 16:30 카페에서 코코넛 커피 추천 라티카
		저녁	18:00 저녁 식사 추천 꽌 빅33 20:00 특산품 쇼핑 추천 랑팜
DAY 6		아침	10:00 쑤언흐엉 호수 산책하기 11:00 카페에서 커피 추천 테이스티 달랏
		점심	12:30 점심 식사 추천 퍼 히에우 14:30 달랏 국제공항 이동

BEST PLAN & BUDGET ❹

나트랑·달랏·무이네 7박 8일
구석구석 코스

나트랑을 중심으로 달랏과 무이네까지 다녀오는 알찬 일정이다. 나트랑에서 달랏, 달랏에서 무이네로 넘어갈 때 보통 슬리핑 버스나 리무진 차량을 타고 이동할 수 있다. 마지막 날은 나트랑으로 다시 돌아오는 일정이며 밤 비행기로 귀국한다면 공항 가기 전까지 쉴 수 있는 중저가 호텔을 예약할 것을 추천한다.

여행 예산(1인)

항공권(비수기 기준)	35만 원~
+ 숙박 7박	28만 원~
(중급 리조트, 2인 1실 기준)	
+ 교통 8일(그랩 기준)	20만 원~
+ 식사 8일	16만 원~
+ 현지 비용	약 19만 3,050원~

(뽀나가르 참 탑 3만 동 +
아일랜드 호핑 투어 80만 동~ +
달랏 원데이 투어 45만 동 + 입장료 53만 동 +
무이네 지프 투어 50만 동~ +
마사지 40만 동 × 3회~ = 351만 동)

= 총 118만 3,050원

🟠 **TRAVEL POINT**

⊙ 항공 스케줄
나트랑 IN(나트랑에 낮에 도착하는 스케줄)
나트랑 OUT(나트랑에서 밤에 떠나는 스케줄) 직항 편

⊙ 도시 간 주요 이동 수단
나트랑 국제공항-나트랑 시내: 그랩, 여행사 전세 차량 추천
나트랑-달랏: 슬리핑 버스, 리무진 차량 추천
달랏-무이네: 슬리핑 버스, 리무진 차량 추천
무이네-나트랑: 슬리핑 버스, 리무진 차량 추천

⊙ 사전 예약 필수
슬리핑 버스, 리무진 차량, 스파, 달랏 원데이 투어, 무이네 지프 투어

⊙ 여행 꿀팁
❶ 달랏이나 무이네로 갈 때는 보통 슬리핑 버스나 리무진 차량을 타고 이동한다. 달랏을 오가는 구간은 길이 험한 편이라 멀미약을 미리 먹으면 도움이 된다. 일행끼리 더 오붓하고 편안하게 이동하고 싶다면 여행사 전세 차량을 빌리는 방법도 있다.

❷ 마지막 날 밤 비행기로 귀국한다면 체크아웃 후 지낼 수 있는 저렴한 숙소를 잡아 두면 편하다. 나트랑 시내에 US$20~30에 1박이 가능한 숙소가 많다. 씻고 쉬다가 비행기 시간에 맞춰 공항으로 가는 것이 피로가 덜 쌓여 몸이 편하다.

TRAVEL ITINERARY 여행 스케줄 한눈에 보기

여행 일수	체류 도시	시간	세부 일정
DAY 1	나트랑	아침	10:30 나트랑 대성당 11:30 카페에서 코코넛 커피 추천 카페 호앙 뚜언
		점심	12:30 점심 식사 추천 당 반 꾸엔 13:30 덤 시장 / 15:30 뽀나가르 참 탑
		저녁	18:00 저녁 식사 추천 껌냐 곡 하노이 20:00 나트랑 야시장
DAY 2		아침	08:00 아일랜드 호핑 투어 출발 / 10:00 섬에서 물놀이 즐기기
		점심	12:00 점심 식사 13:00 스노클링 또는 혼땀섬에서 머드 스파 16:00 아일랜드 호핑 투어 마치고 숙소에서 휴식
		저녁	18:00 저녁 식사 추천 쏨머이 가든 20:00 스파 & 마사지 추천 온시 스파
DAY 3		점심	11:30 점심 식사 추천 그릭 수블라키 12:30 달랏 이동 / 16:00 달랏 도착, 숙소 체크인
		저녁	18:00 저녁 식사 추천 꽌 느엉 쭈 19:30 달랏 야시장
DAY 4	달랏	아침	08:30 달랏 원데이 투어 시작, 숙소 픽업 09:00 로빈 힐 케이블카 & 죽림 선원 10:00 다딴라 폭포 / 11:00 딸기 농장 / 11:30 크레이지 하우스
		점심	12:30 투어에서 점심 식사 13:30 랑비앙산
		저녁	17:00 달랏역 17:30 카페에서 코코넛 커피 추천 라티카 19:00 저녁 식사 추천 고 하 탄 20:00 스파 & 마사지 추천 필 굿 스파
DAY 5		아침	10:00 쑤언흐엉 호수 산책
		점심	12:00 점심 식사 추천 퍼 히에우 / 13:30 무이네 이동
	무이네	저녁	18:30 무이네 도착, 숙소 체크인 19:30 저녁 식사 추천 꽌 비 보
DAY 6		아침	11:00 무이네 비치 즐기기
		점심	12:00 점심 식사 추천 신드바드 레스토랑 13:30 선라이즈 투어 시작, 숙소 픽업 14:00 요정의 샘 / 15:00 화이트 샌듄 16:00 포토 존, 피싱 빌리지에서 기념사진 / 17:30 레드 샌듄
		저녁	18:30 저녁 식사 추천 동 부이 푸드 코트 19:30 해변 펍에서 맥주 추천 파인애플
DAY 7		점심	12:30 점심 식사 추천 맘스 키친 / 14:00 나트랑 이동
		저녁	19:00 나트랑 도착, 숙소 체크인 20:00 저녁 식사와 맥주 한잔 추천 세일링 클럽
DAY 8	나트랑	아침	11:00 나트랑 비치 산책하기
		점심	13:00 점심 식사 추천 피자 포피스 14:30 카페에서 코코넛 커피 추천 꽁 까페 16:00 롯데마트에서 기념품 쇼핑
		저녁	18:00 저녁 식사 추천 냐항 루엉선깡 20:00 스파 & 마사지 후 나트랑 국제공항 이동

BEST PLAN & BUDGET ⑤

아이에게 특별한 추억을!
1일 가족 여행 코스

아이와 함께 나트랑을 여행하는 가족 여행자를 위한 코스다.
아이들이 좋아하는 테마파크를 중심으로 신나는 하루를 보낼 수 있다.
아이와 함께 하는 여행이니만큼 그랩이나 여행사 전세 차량으로 편하게 이동하자.

테마파크를 만끽하는 나트랑 1일 코스

- 10:00 빈원더스 하버 선착장 도착
  - ↓ 케이블카로 10분
- 10:10 빈원더스 나트랑 도착, 알파인 코스터 타기
  - ↓ 도보
- 11:00 어드벤처 랜드에서 놀이 기구 타기
  - ↓ 도보
- 12:00 빈원더스 나트랑 내 점심 식사
  - ↓ 도보
- 13:00 플라밍고 레이크, 킹스 가든
  - ↓ 도보
- 14:00 워터 파크에서 물놀이
  - ↓ 도보
- 16:30 언더워터 월드 아쿠아리움
  - ↓ 도보
- 17:30 스카이 휠 대관람차 타기
  - ↓ 도보
- 18:00 빈원더스 나트랑에서 저녁 식사
  - ↓ 도보
- 19:00 분수 쇼
  - ↓ 도보
- 19:30 타타 쇼 관람
  - ↓ 빈원더스 하버에서 케이블카로 7분
- 20:00 빈원더스 나트랑에서 나오기

> **TIP**
>
> - 빈원더스 나트랑에 간다면 꼭 타타 쇼까지 감상하고 나오자. 약 1,000만 US$를 투자한 베트남 최초의 멀티미디어 쇼로 아이들은 물론 어른도 흠뻑 빠져서 볼 정도로 스케일이 어마어마하다.
> - 빈원더스 나트랑은 워낙 규모가 크고 즐길 거리도 많아 골고루 이용하려면 일찍부터 서둘러야 한다. 워터 파크도 무척 훌륭하고 해변도 있으니 물놀이도 놓치지 말자.

BEST PLAN & BUDGET ❻

부모님 완벽 맞춤형!
1일 효도 여행 코스

부모님과 함께 하는 가족 여행이라면 부모님의 체력을 고려해 일정을 너무 빡빡하게 잡지 않도록 하고, 이동도 편하게 여행사 전세 차량이나 그랩을 적극 활용하자. 부모님 세대가 좋아하는 이국적 경관을 품은 관광지나 사원, 자연 명소 위주로 코스를 짜고 1일 1마사지도 필수!

관광으로 꽉 채우는 나트랑 1일 코스

09:00 쏨머이 시장 구경, 열대 과일 구입 
↓ 도보 8분
10:00 나트랑 대성당
↓ 도보 2분
11:30 카페에서 시원한 커피
추천 카페 호앙 뚜언 
↓ 도보 2분
12:30 점심 식사
추천 퍼 63
↓ 차로 10분
13:30 뽀나가르 참 탑 
↓ 차로 10분
14:30 머드 스파 즐기기
추천 아이 리조트
↓ 차로 18분
17:00 나트랑 비치 산책하기
↓ 도보 3분
18:00 저녁 식사
추천 응온 갤러리 
↓ 도보 7분
19:30 나트랑 야시장 구경
↓ 도보 6분
20:30 스파 & 마사지
추천 온시 스파

TIP

- 부모님의 체력을 고려해서 일정을 빡빡하게 잡지 않도록 신경 쓰고 중간중간 휴식 시간과 마사지를 적절하게 배치하자.
- 부모님의 체력이 약해 야외 관광지를 돌아다니기 어렵다면 크루즈를 타고 디너를 즐기며 야경을 볼 수 있는 나트랑 선셋 디너 크루즈를 추천한다.

 **TRAVEL BUDGET**

여행 경비 절감 팁

나트랑은 우리나라에서 거리가 가까워 항공권도 비교적 저렴하고 한국에 비해 물가도 싸서 얼마든지 적은 경비로 여행할 수 있다. 중저가 숙소의 종류가 다양하고 신생 호텔도 많아 숙소의 가성비가 높은 것도 장점이다. 알뜰 여행을 위한 몇 가지 노하우를 전수한다.

TIP 1 항공권 알뜰하게 구매하기

여러 저가 항공사에서 나트랑까지 많은 노선을 운항하므로 항공권을 저렴하게 구입할 수 있다. 미리 특가 항공권을 예약하면 더 적은 비용으로 이용이 가능하다. 위탁 수하물이 없으면 비용이 더 낮아지므로 인원이 여럿일 경우 한 명만 수하물을 위탁하고 짐을 효율적으로 싸거나 돌아오는 편에만 위탁 수하물을 추가하면 항공료를 아낄 수 있다. 단, 저가 항공사의 특가 항공권은 스케줄을 변경하거나 취소할 경우 적지 않은 수수료를 지불해야 하는 수도 있으므로 유의하자.

TIP 2 알뜰 숙소의 천국! 저렴한 숙소 이용하기

나트랑은 호텔, 리조트, 빌라 등 숙소 형태가 무척 다양하고 숙박비도 저렴한 편이다. 숙소가 워낙 많은 데다 대부분 새로 문을 연 곳이라 가격 대비 시설도 썩 훌륭하다. 숙소의 퀄리티에 따라 차이는 있지만 1박에 US$20~30면 깔끔한 중저가 호텔을 예약할 수 있다. 시내 중심에서 벗어날수록 비용이 낮아지고, 신규 호텔의 경우 2박 이상 예약하면 1박 무료, 공항 픽업 서비스 무료 등의 파격적 프로모션을 제공하는 곳도 많으므로 열심히 검색해 보자.

TIP 3 바가지요금에 대비해 적정가 알아 두기

정찰제로 판매하는 쇼핑몰 같은 곳을 제외한 기념품점이나 덤 시장 등지에서는 정해진 가격이 없고 부르는 게 값이라 자칫 바가지를 쓰기 쉽다. 열대 과일이나 라탄 가방 같은 것은 어느 정도 적정 가격이 형성돼 있으므로 미리 알아 둬야 한다. 쇼핑뿐 아니라 장거리 택시나 해변의 선베드 등은 요금을 대략 파악하고 있어야 흥정이 가능하다.

TIP 4
그랩 할인 쿠폰 활용하기

나트랑 여행에서 필수로 이용하는 그랩 앱은 수시로 할인 프로모션을 진행한다. 그랩 요청 시 'Offer'를 누르면 즉시 사용할 수 있는 쿠폰이 보이고, 'Use Now'를 누르면 할인이 적용된 최종 요금을 확인할 수 있다. 10~20% 할인 쿠폰이 많으므로 단거리보다는 깜라인이나 혼쫑 곶 등 장거리 이동 시 이용하면 유리하다.

TIP 5
입장권, 투어 등은 사전 예약

클룩, 마이 리얼 트립 등 예약 플랫폼 홈페이지에서 사전 예약을 할 경우 매표소에서 구매할 때보다 저렴하다. 사전 구매 시 시간과 비용을 모두 절약할 수 있어 이득이다. 하지만 취소하는 경우 수수료가 발생하는 만큼 일정이 확실히 정해졌을 때 예약하는 편이 안전하다.

TIP 6
가까운 거리는 그랩, 장거리는 택시 흥정

가까운 거리를 이동할 때는 정확한 비용을 확인할 수 있는 그랩을 이용하면 바가지를 쓸 염려가 없고 택시보다 저렴해서 좋다. 하지만 장거리를 이동하거나 반나절 투어같이 여러 곳을 이동하는 동선으로 이용하려면 그랩이 더 비싼 경우도 있다. 한인 여행사를 통해 시간제로 차량을 렌트할 수 있는데 편리하고 비싸지도 않은 편이라 이럴 때 이용할 만하다.

TIP 7
흥정에 자신 없다면 정찰제로 파는 곳에서 사기

시장에서 많이 파는 잡화나 과일, 기념품 등은 값이 들쑥날쑥한 편이라 가격 정보 없이 사다가는 바가지를 쓰기 십상이다. 베트남은 특히 흥정이 만만찮은 분위기라 바가지를 쓰고 싶지 않다면 조금 더 비싸더라도 롯데마트나 고 나트랑처럼 정찰제로 운영하는 곳에서 구입하는 편이 마음 편하다.

TIP 8
해피 아워 이용하기

나트랑에는 멋진 전망을 자랑하는 루프톱 바와 분위기 좋은 펍이 꽤 많은데, 피크 타임 전에 1+1 같은 해피 아워 프로모션을 운영한다. 주로 오후 5시부터 7시 사이에 1+1 또는 할인 이벤트를 많이 하고 요일별로 각종 이벤트를 하는 경우도 흔하다. 스파도 한가한 시간대에 20% 할인해 주는 등 해피 아워를 운영하는 곳이 많으므로 경비 절약을 원한다면 할인 시간대를 잘 활용해 최대한 누려 보자.

GET READY 1
항공권 구입하기

P.132

GET READY 2
베트남 비자 받기

P.133

GET READY 3
나트랑 · 달랏 · 무이네 숙소 예약하기

P.134

GET READY 4
현지 차량 및 여행 상품 예약하기

P.138

GET READY 5
베트남 동으로 환전하기

P.140

GET READY 6
포켓 와이파이 vs 심 카드 선택하기

P.142

GET READY 7
베트남 여행에 유용한 앱과 사용법

P.143

PLANNING 3

GET READY

떠나기 전에 반드시 준비해야 할 것

GET READY ❶
항공권 구입하기

한국에서 나트랑까지는 비행기로 약 5시간 걸린다. 알찬 일정을 원한다면 이른 아침에 출국해서 늦은 밤에 귀국하는 스케줄의 항공편을 선택해야 유리하다. 다양한 직항 노선이 있어 선택의 폭이 넓고 항공사 홈페이지나 항공권 예약 사이트를 통해 쉽게 예약할 수 있다.

● 한국-나트랑·달랏 운항 항공사

인천국제공항과 김해국제공항에서 나트랑 깜라인 국제공항까지 직항 편으로 약 4시간 50분~5시간 걸린다. 베트남항공, 대한항공, 아시아나항공 등 메이저 항공사부터 비엣젯항공, 제주항공, 진에어 등 저가 항공사까지 다양하게 운항하며, 비행 스케줄 선택의 폭도 넓다.

인천국제공항과 김해국제공항에서 달랏 리엔크엉 국제공항으로 가는 직항 편도 운항한다. 비엣젯항공과 제주항공이 담당하며, 약 5시간 걸린다. 무이네는 공항이 없어 우리나라에서 바로 갈 수 없고, 나트랑이나 달랏으로 입국해 육로로 이동해야 한다. 나트랑은 저가 항공사에서 운항하는 노선이 강세여서 가격 경쟁이 치열하다. 잘 공략하면 항공권을 싸게 구매할 수 있다. 달랏을 운항하는 노선이 한정적이라 나트랑에 비해 요금이 더 비싸다.

공항별 취항 항공사
인천 ↔ 나트랑 대한항공, 베트남항공, 비엣젯항공, 아시아나항공, 에어부산, 에어서울, 제주항공, 진에어, 티웨이항공
김해 ↔ 나트랑 대한항공, 비엣젯항공, 아시아나항공, 에어부산, 제주항공, 진에어
인천 ↔ 달랏 비엣젯항공, 제주항공
김해 ↔ 달랏 비엣젯항공

주요 항공사 사이트
대한항공 www.koreanair.com
아시아나항공 flyasiana.com
베트남항공 www.vietnamairlines.com
비엣젯항공 www.vietjetair.com
에어부산 www.airbusan.com
에어서울 flyairseoul.com
제주항공 www.jejuair.net
진에어 www.jinair.com
티웨이항공 www.twayair.com

● 저가 항공사 이용 시 주의 사항

❶ 규정을 꼼꼼히 확인하자
나트랑은 유독 저가 항공 노선이 다양하고 여행자의 이용률도 높은 편이다. 저가 항공은 항공권이 저렴한 대신 취소나 환불 등의 규정이 꽤 까다로우므로 예약하기 전에 규정을 정확하게 체크할 필요가 있다.

❷ 기내 및 위탁 수하물 기준을 확인하자
따로 부치는 위탁 수하물과 달리 비행기에 가지고 타는 기내 수하물은 대부분 7~10kg까지 무료로 허용된다. 항공권을 저렴하게 구입하고 싶다면 무료 기내 수하물만 가지고 여행하는 것도 현명한 방법이다. 다만 기내 수하물은 액체류 반입 제한이 있으므로 허용 범위를 확인해야 한다.

항공사별 수하물 규정

항공사	기내 수하물	위탁 수하물
대한항공	10kg 이하	23kg 이하 무료
아시아나항공	10kg 이하	23kg 이하 무료
베트남항공	12kg 이하	23kg 이하 무료
진에어	10kg 이하	15kg 이하 무료
제주항공	10kg 이하	최초 15kg 추가 5만 원
에어부산	10kg 이하	1kg당 1만 1,000원
티웨이항공	10kg 이하	최초 15kg 추가 5만 원
비엣젯항공	7kg 이하	최초 20kg 추가 3만 4,000원

※기본 위탁 수하물 초과 시 공항에서 추가할 경우 비용이 훨씬 비싸다. 온라인을 통해 사전에 수하물 위탁 비용을 결제하는 편이 더 저렴하므로 항공사 홈페이지에서 미리 신청하자.

> **TIP**
> **베트남 국내선 예약하기**
>
> 베트남의 하노이, 호찌민 등에서 나트랑, 달랏 등으로 이동할 예정이라면 베트남 국내선을 예약하면 된다. 베트남항공, 비엣젯항공 등에서 예약할 수 있다.

GET READY ❷
베트남 비자 받기

관광을 목적으로 베트남을 방문할 경우에는 무비자로 45일까지 체류 가능해 일반 여행자는 비자를 발급받지 않아도 된다. 기존 15일에서 2023년 8월 15일부터 45일로 연장되어 한 달 살기 여행도 가능해졌다. 여권 유효 기간만 6개월 이내로 남아 있는지 확인하면 된다. 단, 45일 이상 체류할 경우에는 별도의 비자를 발급받아야 한다.

● 관광 목적이면 45일 무비자

대한민국 국민은 관광 목적으로 베트남을 방문할 경우 무비자로 45일까지 체류가 가능하다. 단, 여권 잔여 유효 기간이 6개월 이하이거나 훼손된 여권을 소지한 경우 입국이 거부될 수 있다.

● 비자 발급 받기

베트남 여행 기간이 45일 이상인 경우나 베트남에 무비자 입국이 불가한 국가의 여권을 소지한 경우에는 비자를 발급받아야 한다. 베트남 비자 발급 방식에는 주한 베트남 대사관에 가서 비자를 발급받는 방법, 비자 대행업체를 통해 신청하거나 직접 온라인 E-Visa를 신청하는 방법이 있다. 대사관에 찾아가서 비자를 받는 경우 발급 시간이 오래 걸리고, 비자 대행업체를 이용하면 비용이 비싼 편이라 온라인으로 신청하는 E-Visa를 가장 많이 이용한다.

❶ 대사관에서 직접 비자 발급받기
주한 베트남 대사관에서 직접 비자를 발급받을 수 있다. 비자가 나오는 데 보통 7~10일이 걸리고 최소 두 번은 방문해야 하는 등 절차가 번거로워 선호하는 방법은 아니다.

주한 베트남 대사관
주소 서울시 종로구 북촌로 123 **문의** 02 739 9399
운영 월요일 09:30~17:00, 화~목요일 09:00~17:00
※ 12:30~14:30 점심시간 업무 불가
※ 인증 서류 접수 마감 12:00
휴무 금~일요일
준비물 여권(유효 기간 6개월 이상), 여권용 증명사진 2장, 전자 항공권

❷ 대행업체를 통해 비자 발급받기
대사관을 방문해 발급받는 것보다 시간이 짧게 걸리고 가장 편하게 신청할 수 있지만 비용이 비싼 편이다. 기간이 촉박하거나 긴급한 상황에만 이용하는 편이 현명하다. 먼저 대행업체를 통해 여권 사본으로 입국 허가를 신청하고 비자 승인서를 메일로 받아서 출력한다. 나트랑 국제공항에 도착한 후 비자 창구(Visa On Arrival)에 비자 승인서를 제출하면 된다.
비용 6만 9,000원~(업체에 따라 다름)

❸ 직접 온라인 E-Visa 신청하기
공식 홈페이지에서 90일 비자 신청이 가능하다. 비용이 저렴하고 신청 방법도 간단해서 여행자들이 가장 선호하는 방법이다. 생년월일, 국적 등의 정보를 입력하고 유효 기간이 6개월 이상 남은 여권, 3.5×4.5cm 사이즈 여권용 증명사진 파일을 스캔해서 첨부하면 된다. 마지막으로 E-Visa 수수료를 결제하면 신청이 완료된다. 발급까지 보통 3~5일 소요되며 입력한 이메일로 E-Visa 파일이 전송된다. 이 파일을 출력해 나트랑 국제공항 입국 시 제시하면 된다. E-Visa 신청 시 영문 이름의 철자, 성과 이름의 띄어쓰기를 여권과 동일하게 하지 않으면 입국 시 문제가 생길 수 있으므로 정확하게 기입해야 한다.

홈페이지 evisa.xuatnhapcanh.gov.vn **비용** US$50
준비물 여권(유효 기간 6개월 이상) 파일, 여권용 증명사진 파일, 해외 결제 가능한 신용카드

GET READY ❸

나트랑·달랏·무이네 숙소 예약하기

나트랑과 달랏, 무이네는 고급 리조트부터 중저가 호텔, 에어비앤비까지 숙박 시설이 다양하고 비용도 한국에 비해 무척 저렴해 여행자들의 숙소 만족도가 높은 여행지다. 지역마다 숙소의 특성이 조금씩 다르고 요금도 천차만별이므로 취향과 예산, 일정 등에 맞게 고르자.

● 나트랑 숙소 어디에 잡을까

나트랑의 숙소는 크게 나트랑 시내와 깜라인 지역으로 나뉜다. 나트랑 시내 쪽으로는 나트랑 비치 주변으로 호텔이 집중적으로 모여 있는 데다 숙박비가 저렴한 가성비 높은 호텔이 많아 알뜰 여행이 가능하다. 깜라인 지역에는 세계적인 호텔 브랜드의 대형 리조트가 경쟁하듯 모여 있으며 규모와 최신 시설에 비해서 숙박비가 합리적인 편이라 여행자들에게 인기가 많다. 나트랑 시내 관광과 깜라인 지역 리조트에서의 휴양을 위해 시내와 깜라인 지역을 적절히 분배해서 예약하면 가장 좋다.

❶ 나트랑 시내
→ 가성비 높은 중저가 호텔

나트랑 시내 곳곳에 크고 작은 호텔이 밀집해 있는데 도심이니만큼 대형 리조트보다는 중급 규모의 호텔이 많다. 나트랑 시내 쪽으로는 US$20~40면 꽤 괜찮은 숙소를 예약할 수 있어 가성비가 높고 시내의 주요 맛집, 쇼핑, 마사지 등을 즐기기에 최적의 위치다.

❷ 나트랑 비치
→ 바다를 조망할 수 있는 고층 호텔

나트랑 비치가 바로 앞에 펼쳐진 오션 뷰 호텔이 많이 모여 있다. 다만 넓은 부지에 들어선 대형 리조트보다는 길쭉하게 솟은 고층 호텔이 많아서 열대의 리조트 분위기는 기대하기 어렵다. 대부분의 고층 호텔 루프톱에는 수영장이 있고 부대시설이 리조트보다는 적은 편이다. 모던한 분위기의 호텔이 주를 이루며 객실에서 바다를 감상할 수 있는 오션 뷰 룸 타입이 인기가 있다.

❸ 깜라인
→ 세계적 호텔 체인의 대형 리조트

나트랑 국제공항에서도 가까운 깜라인 지역은 세계적 브랜드 호텔의 격전지라고 할 수 있다. 대형 리조트가 밀집해 있으며 비교적 최근에 지어진 리조트가 대부분이라 시설도 최상급이다. 그에 비해서 숙박비는 US$100~200로 시설과 규모에 비하면 싼 편이다. 전용 해변은 물론 워터 파크 부럽지 않은 시설을 갖춘 리조트도 많으며, 부대시설 또한 알차서 신혼여행객이나 아이와 함께 온 가족 여행객에게 특히 인기 있다. 단, 리조트 외에는 식당이나 카페 같은 편의 시설이 거의 없고 나트랑 시내까지 차로 1시간 정도 걸리기 때문에 리조트 안에서 주로 시간을 보내야 한다.

● 달랏 숙소 어디에 잡을까

달랏은 고원지대에 위치하고 있고 지형 특성 때문에 대형 호텔보다는 중급 규모의 숙소가 대부분이다. 또 과거 프랑스 식민지 시절, 별장으로 사용된 건물을 호텔로 새롭게 재탄생시킨 곳이 많아 이국적인 분위기를 풍기는 곳도 있다. 달랏 시내 중심에서 여행을 할 계획이라면 달랏 야시장, 쑤언흐엉 호수 주변에 숙소를 잡아야 이동하기가 수월하다.

● 무이네 숙소 어디에 잡을까

무이네에서 숙소를 선택할 때는 해변과 접하고 있는지가 중요한 부분으로 꼽힌다. 무이네 비치를 따라서 길게 메인로드를 형성하고 있고 크고 작은 리조트들이 줄줄이 이어진다. 거리상 무이네 비치가 가깝더라도 대부분 숙소를 통해서만 무이네 비치로 들어갈 수 있는 경우가 많아 이왕이면 무이네 비치에서 바로 연결되는 리조트를 추천한다.

● 알아 두면 유용한 숙소 이용 방법

❶ 공식 홈페이지 요금 확인
베트남의 숙소 중 상당수가 공식 홈페이지에서 예약할 경우 최저가 보장은 물론 무료 식사나 스파, 픽업 등의 혜택을 제공하는 경우가 많다. 또한 2박 시 1박 무료 같은 프로모션도 종종 진행하므로 호텔 요금을 비교할 때 공식 홈페이지도 꼭 확인하자.

❷ 무료 셔틀버스 서비스
셔틀버스를 무료로 운행하는 숙소가 꽤 많은데, 특히 나트랑 시내에서 벗어난 깜라인 지역에서 묵을 때 무척 요긴하다. 깜라인은 나트랑 시내에서 거리가 꽤 떨어져 있어 그랩이나 택시를 이용할 경우 왕복 비용이 만만찮게 든다. 무료 셔틀버스를 이용하면 경비도 절약하고 이동도 편해 위치가 외질수록 셔틀버스 서비스의 유무는 더욱 중요하다. 공항으로 오갈 때 픽업을 무료로 해주는 숙소도 있다.

❸ 다양한 무료 프로그램 체크
호텔 간 경쟁이 치열해지면서 크고 작은 무료 서비스를 경쟁적으로 펼치는 추세다. 호텔마다 마사지, 루프톱 바의 웰컴 칵테일, 자전거 대여 등의 무료 서비스를 제공하므로 최대한 누려 보자. 특히 5성급 이상 숙소에서는 기본적으로 제공하는 데일리 액티비티 프로그램이 굉장히 다양하다. 아침 요가나 무동력 해양 스포츠 등은 체험할 만하다. 프로그램 관련 정보는 체크인할 때 요청하면 친절하게 안내해 준다.

❹ 대로변, 번화가의 소음 고려
일반적으로 숙소 위치가 대로변이나 번화가이면 이동하기 편해서 좋지만 4성급 이하 중저가 호텔이라면 방음이 취약하기 십상이다. 특히 베트남은 오토바이와 자동차의 경적 소리가 한국보다 훨씬 잦고 크기 때문에 대로변에 위치한 호텔은 소음으로 고통스러울 수 있다. 소음에 예민하다면 피하는 게 좋고 미리 다녀간 사람들의 후기 등을 꼼꼼히 살펴보고 숙소를 고르자.

❺ 장기 체류하거나 인원이 많다면 에어비앤비
나트랑에도 에어비앤비 숙소가 많은 편이다. 집을 통째로 빌리는 형태가 많고 주방, 세탁 시설 등이 완비되어 있어 장기 체류자나 아이, 부모님과 함께하는 대가족 여행객에게 적합하다. 호텔에 비해 저렴해 숙박비를 절약할 수 있지만 부대시설이 없고 청결 상태도 좋지 않은 곳도 많은 편이다. 또한 제대로 된 간판이 없는 경우가 흔하므로 숙소 위치를 정확히 파악해 놓아야 체크인하는 데 어려움이 없다.

숙소 예약 사이트
아고다 www.agoda.com
에어비앤비 www.airbnb.co.kr
부킹닷컴 www.booking.com
호텔스닷컴 kr.hotels.com

● 나트랑 · 달랏 · 무이네 추천 숙소 리스트

나트랑

숙소명	등급	위치	특징
뫼벤픽 리조트 깜라인 Mövenpick Resort Cam Ranh P. 092-093	5성급	나트랑 국제공항에서 차로 8분	대형 리조트의 격전지 깜라인 지역에서 인기가 특히 많은 리조트 중 하나다. 슬라이드를 설치한 대형 수영장과 전용 해변을 갖추고 있다. 일반 객실과 전용 풀이 있는 풀 빌라 타입으로 나뉘며 액비비티를 체험할 수 있는 부대시설도 풍부해 가족 여행객에게 특히 인기가 많다.
래디슨 블루 리조트 깜라인 Radisson Blu Resort Cam Ranh P. 094-095	5성급	나트랑 국제공항에서 차로 7분	깜라인의 인기 리조트로 세련된 객실 스타일과 멋진 전망을 품은 인피니티 풀, 프라이빗 풀을 완비한 풀 빌라가 있어 커플이나 허니무너에게 인기가 높은 곳이다. 총 292개 객실과 풀 빌라를 갖추고 있으며 모든 객실에서 탁 트인 오션 뷰를 감상할 수 있다.
윈덤 가든 깜라인 Wyndham Garden Cam Ranh P. 096-097	5성급	나트랑 국제공항에서 차로 6분	깜라인 지역에 새롭게 문을 연 리조트로 전 객실이 전용 프라이빗 풀을 갖춘 풀 빌라 콘셉트로 이에 비해 가격대는 합리적이라 인기 있다. 빌라 자체가 3~4 베드룸이 기본이라 공간도 무척 넓고 인피니티 풀의 규모와 뷰도 탁월하다.
알마 리조트 깜라인 Alma Resort Cam Ranh P. 098	4성급	나트랑 국제공항에서 차로 10분	깜라인 지역의 대형 리조트 중에서도 수영장 수에서 압도적이며 전용 워터 파크까지 갖추고 있어 가족 단위 여행객이 선호하는 곳이다. 일반 객실도 침실과 거실이 분리되어 있어 공간이 넓고 룸 컨디션도 쾌적해 인기가 많다.
포티크 호텔 Potique Hotel P. 099	5성급	나트랑 야시장에서 도보 2분	나트랑 시내 중심에 위치한 호텔로 세련되고 화려한 부티크 스타일이 돋보인다. 객실은 콜로니얼풍으로 꾸며져 있으며 루프톱에 수영장이 있어 전망을 감상하며 물놀이를 즐기기에 그만이다. 친절한 직원들과 정갈한 조식도 장점이다.
아미아나 리조트 나트랑 Amiana Resort Nha Trang	5성급	나트랑 시내에서 차로 18분	나트랑 시내 북쪽에 위치한 리조트로 아름다운 전용 해변에서 스노클링을 즐길 수 있어 인기가 있다. 일반실부터 3 베드룸 풀 빌라까지 객실이 다양해 커플이나 가족 여행객에게 적합하며 머드 스파도 경험할 수 있어 특별하다.
빈펄 리조트 & 스파 Vinpearl Resort & Spa	5성급	빈원더스 나트랑 하버에서 배로 약 10분	나트랑 시내가 아니라 배를 타고 들어가야 하는 혼째섬에 위치한 리조트다. 배로 10여 분 거리에 있으며 섬 내에는 거대한 테마파크 빈원더스 나트랑이 있어 아이를 동반한 가족 여행객이 선호한다.
레갈리아 골드 호텔 Khách Sạn Regalia Gold	3성급	나트랑 시내, 브이 프루트에서 도보 2분	나트랑 시내의 중저가 호텔로 적당한 가격이 가장 큰 장점이다. 시내 중심에 위치하고 있어 접근성이 탁월하고 시내 중저가 호텔 중에는 규모도 꽤 큰 편이다. 루프톱에는 전망 좋은 수영장도 있다.
쉐라톤 나트랑 호텔 & 스파 Sheraton Nha Trang Hotel & Spa	5성급	골드 코스트에서 도보 4분	나트랑 비치 바로 앞에 있는 세계적인 체인 호텔로 시야가 탁 트이는 시원한 오션 뷰를 자랑한다. 1층의 레스토랑과 루프톱 바는 외부 사람들도 일부러 찾아올 정도로 인기 있다. 롯데마트가 있는 골드 코스트와 가깝다.

달랏

숙소명	등급	위치	특징
호텔 콜린 Hôtel Colline P. 100-101	4성급	달랏 센터에서 도보 1분	달랏에 최근 문을 연 가장 핫하고 깔끔한 숙소다. 도심에 자리 잡아 접근성이 탁월한 데다 대형 호텔이 거의 없는 달랏 시내에 큰 규모로 들어서 여행자들에게 독보적 인기를 끌고 있다. 달랏 시내 관광을 즐기기 최적의 위치인 데다 객실 인테리어도 모던하고 세련됐다.
머큐어 달랏 리조트 Mercure Dalat Resort	4성급	달랏역에서 차로 4분	2022년 새로 오픈한 신축 리조트로 아코르 계열의 머큐어에서 운영한다. 고풍스러운 유럽의 저택 같은 건축양식이 돋보이며 내부 또한 세련되고 고급스럽게 꾸며져 있다. 친절한 서비스와 룸 컨디션에 대한 투숙객의 만족도가 높다.
TTR 센트럴 아파트 호텔 TTR Central Apart Hotel	4성급	리엔 호아에서 도보 6분	2023년 새롭게 문을 연 호텔로 달랏 시내에서 중급대의 숙소를 찾는 사람에게 알맞다. 침실과 거실이 분리되어 있고 작은 주방에 전자레인지, 식기 등이 갖춰져 있어 간단한 취사가 가능하므로 장기 체류나 한 달 살기를 하기에도 적합하다.
후옌 179 호텔 khách sạn HUYỀN 179	2성급	쑤언흐엉 호수에서 도보 4분	달랏 시내에 위치한 저가 호텔로 비용 부담이 적은 깨끗한 숙소를 찾는 사람들에게 제격이다. 가격 대비 룸 컨디션과 위치 등이 만족스러운 편이라 여행자들에게 인기가 많다. 쑤언흐엉 호수와 야시장까지 도보로 이동 가능하다.

무이네

숙소명	등급	위치	특징
호앙 응옥 비치 리조트 Hoang Ngoc Beach Resort P. 102-103	4성급	요정의 샘에서 차로 5분	무이네에서 오랫동안 사랑받고 있는 리조트. 바로 앞에 아름다운 무이네 비치가 이어지고 길게 늘어선 야자수와 잘 관리된 이국적인 정원이 예뻐서 열대풍 리조트를 찾는 이들에게 추천할 만하다. 최근 객실 리노베이션을 거쳐 룸 컨디션도 쾌적하다.
센타라 미라지 리조트 무이네 Centara Mirage Resort Mui Ne P. 104-105	5성급	요정의 샘에서 차로 3분	무이네에 새롭게 오픈한 리조트로 인피니티 풀과 슬라이드 풀을 비롯해 거대한 규모의 다양한 부대시설을 갖추어 최근 무이네에서 화제의 중심으로 급부상하고 있다. 지중해풍 분위기가 이국적이며 프라이빗 풀을 갖춘 풀 빌라 타입도 있다.
뱀부 빌리지 비치 리조트 & 스파 Bamboo Village Beach Resort & Spa	4성급	요정의 샘에서 차로 3분	무이네 메인 거리에 위치한 리조트로 무이네에서 꾸준히 사랑받는 곳이다. 아름다운 무이네 비치로 바로 연결되고 키 높은 야자수와 열대풍 건축양식이 어우러져 휴양지 분위기를 풍긴다.
비폴 무이네 호텔 Vipol Mui Ne	4성급	신드바드 레스토랑에서 차로 3분	무이네 메인 로드에 위치한 곳으로 최근에 오픈해 시설과 룸 컨디션이 전체적으로 깨끗하다. 객실 테라스에서 바다 풍경이 보이며 전망 좋은 루프 톱 수영장이 있고 스파, 피트니스 센터 등의 부대시설도 훌륭하다.

GET READY ❹
현지 차량 및 여행 상품 예약하기

현지에서 투어에 참여하거나 테마파크를 방문한다면, 혹은 여행사 전세 차량을 이용할 계획이 있다면 떠나기 전에 예약하는 편이 여러모로 편리하다. 한인 여행사도 여러 곳 있고, 현지 슬리핑 버스 등 베트남의 현지 여행사도 활발하게 운영되고 있으며 온라인 여행 플랫폼에서 투어, 입장권, 차량 등도 쉽게 예약할 수 있다. 단, 규정에 따라 취소나 환불이 어려운 경우도 있으므로 주의가 필요하다.

● **주요 구간별 차량 이동 시간 한눈에 보기**

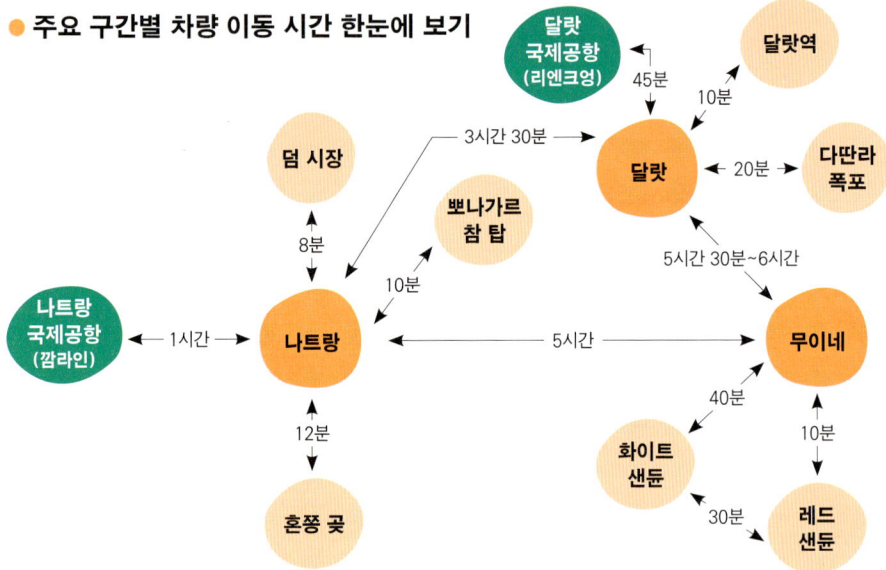

● **여행사 전세 차량 예약하기**

나트랑을 여행할 때 여행사 전세 차량도 많이 이용한다. 운전기사가 딸린 차량을 6시간, 12시간 등 원하는 시간만큼 빌릴 수 있다. 7인승을 기준으로 4시간에 US$35, 8시간에 US$55 정도 한다. 나트랑 국제공항에서 나트랑 시내까지 차로 1시간 정도 걸리는 먼 거리라 도착하는 날이나 떠나는 날 전세 차량을 빌려서 근교 관광지와 쇼핑몰, 마사지 숍 등을 일정에 포함하고 편하게 이동하는 식으로 이용하면 효과적이다.
현지 여행사나 한인 여행사에서 쉽게 예약할 수 있으며 정해진 시간 내에 원하는 관광 명소와 식사, 마사지 등의 일정을 자유롭게 정할 수 있다.
여행사에 따라서 나트랑에서 달랏, 나트랑에서 무이네로 이동할 수 있는 전세 차량도 있으니 필요하다면 체크해보자. 사전에 간단하게 루트를 짜서 예약 시 미리 알려 주면 좋다.

한인 여행사
나트랑 도깨비 cafe.naver.com/zzop
베나자 cafe.naver.com/mindy7857

TIP
여행사 전세 차량으로 원데이 투어

마지막 날, 밤 비행기 탑승 전까지
나트랑 시내-공항 이동(8시간 렌트) 나트랑 시내 숙소에서 체크아웃 → 덤 시장 → 뽀나가르 참 탑 관광 → 식사 → 롯데마트 → 마사지 숍 → 공항 도착
나트랑 시내-공항 이동(8시간 렌트) 나트랑 시내 숙소에서 체크아웃 → 혼쫑 곶 관광 → 아이 리조트 → 식사 → 롯데마트 → 마사지 숍 → 공항 도착

● 투어, 입장권, 셔틀버스 사전 예약하기

빈원더스 나트랑 같은 테마파크의 입장권은 사전에 여행 플랫폼을 통해서 구입하면 조금 더 저렴하다. 홈페이지나 앱에서 예약과 결제가 가능해 편리하고, 현지에서 티켓을 사느라 줄을 서는 시간도 절약할 수 있다. 나트랑의 주요 관광지, 액티비티, 투어, 스파 등의 사전 예약도 가능하다.

❶ 클룩 Klook

베트남은 물론 전 세계 여행지의 테마파크 입장권, 액티비티, 각종 투어, 차량 서비스 등을 좋은 조건으로 예약할 수 있는 사이트다. 빈원더스 나트랑, 아일랜드 호핑 투어, 머드 스파, 무이네 지프 투어, 마사지 등 나트랑을 비롯해 달랏과 무이네에서 즐길 수 있는 다양한 액티비티 상품과 입장권 등을 판매하니 체크해 보자.

홈페이지 www.klook.com

❷ 마이 리얼 트립 Myrealtrip

국내외 여행지의 투어 상품, 입장권, 항공권, 숙소 등을 할인가에 예약할 수 있는 사이트로 빈원더스 나트랑, 무이네 지프 투어, 전세 차량, 스파 등의 상품이 있다. 한국에서 운영하는 사이트라 예약이 수월하고 할인도 약간 받을 수 있어 유용하다.

홈페이지 www.myrealtrip.com

● 현지 교통 예약하기

베트남은 각 지역으로 이동할 수 있는 슬리핑 버스, 리무진 차량 서비스가 활성화되어 있고 손쉽게 예약할 수 있는 통합 예매 시스템도 편리하게 이용 가능하다. 슬리핑 버스는 비용도 저렴하고 누워서 이동하는 색다른 경험을 할 수 있어 여행자들이 많이 이용한다. 조금 더 비싸더라도 소통이나 예약을 수월하게 진행하고 단독 차량으로 편안하게 이동하고 싶다면 한인 여행사를 추천한다.

❶ 베세레 Vexere

베세레는 베트남 전역을 연결해 주는 슬리핑 버스나 리무진 차량을 예약할 수 있는 통합 서비스다. 홈페이지나 앱에서 쉽게 예약과 결제가 가능하며 예약하면 바우처가 메일로 온다. 여러 버스 회사의 비용, 스케줄, 버스 크기 등을 비교할 수 있어 편리하다. 메일이나 앱에 나오는 바우처는 휴대폰에 저장해 두고 출발 전날이나 당일 2~3시간 전에 컨펌을 하면 더 확실하다. ▶ **예약 방법 P.147**

홈페이지 vexere.com(앱 다운로드 가능)

❷ 한인 여행사

나트랑을 찾는 한국인 여행자가 워낙 많다 보니 한인 여행사가 활성화되어 있고 차량 서비스도 제공한다. 공항 픽업과 전세 차량은 물론 나트랑에서 다른 지역으로 이동하는 서비스를 제공하는 곳도 있다. 현지 슬리핑 버스보다 좀 비싸지만 한국어로 소통할 수 있어 예약도 수월하다. 일행끼리만 단독으로 사용 가능하고, 경유하는 곳이 없어 이동 시간도 단축할 수 있으므로 인원이 여럿이거나 가족 여행이라면 선택할 만하다.

홈페이지 베나자 cafe.naver.com/mindy7857
요금 나트랑~무이네 4인승(성인 2명 가능) 편도 8만 9,000원, 7인승(성인 4명 가능) 편도 9만 9,000원

GET READY ⑤
베트남 동으로 환전하기

베트남 화폐로 환전할 때는 기본적으로 국내에서 한화를 미화로 바꾼 후 베트남 현지에 도착해 베트남 동으로 환전하면 된다. 최근에는 현지 ATM에서 바로 베트남 동으로 뽑아 쓸 수 있는 트래블월렛 같은 카드도 인기 있다. 미화와 함께 경비가 부족할 경우에 대비해 현지에서 사용할 수 있는 국제 현금카드나 신용카드 등을 준비하면 더 안전하다.

STEP 01
우리나라에서 미화로 환전하기

우리나라에서 바로 베트남 동으로 환전하기는 어렵다. 한화를 미화로 환전하고 베트남에 도착해서 미화를 베트남 동으로 바꾸는 것이 일반적인 방법이다. 미화는 훼손되지 않고 깨끗한 US$100짜리로 준비하는 것이 좋다. US$50, US$10 같은 소액권은 환율을 더 낮게 적용하므로 되도록 US$100짜리로 준비하자. 주거래 시중은행, 은행 앱 등을 이용하면 더 유리한 환율로 환전할 수 있다. 최근에는 시중은행에 가지 않고 앱을 이용해 환전을 신청한 후 출국 당일에 국내 공항 내 환전소에서 바로 수령할 수 있어 편리하다.

환전 수수료 우대율이 높은 추천 앱
카카오페이, 토스 환전

현지에서 바로 찾는 트래블월렛 & 트래블로그

미화로 바꾸는 과정 없이 앱을 통해 쉽게 베트남 동으로 충전해서 베트남 현지에서 바로 출금할 수 있는 앱이다. 원하는 만큼 베트남 동을 입력하면 당일 환율을 적용한 한국 원화 금액이 계산되어 나온다. 충전식으로 입금한 후 베트남 현지의 제휴 은행에서 바로 뽑아 쓸 수 있다. 환율도 다른 경우보다 약간 유리한 편이고 베트남 현지 제휴 은행(VP Bank)의 ATM을 이용하면 수수료가 무료다. 체크카드처럼 레스토랑이나 쇼핑몰 등지에서도 바로 결제 가능하고 그랩 앱에 연동도 가능해 여행자들 사이에서 인기가 높다.

홈페이지 트래블월렛 www.travel-wallet.com
트래블로그 www.hanacard.co.kr

STEP 02
현지에서 베트남 동으로 환전하기

베트남에 도착했다면 이제 미화를 베트남 동으로 환전할 차례다. 환전할 수 있는 곳은 많지만 대표적인 곳으로는 나트랑 국제공항, 나트랑 쏨머이 시장 인근 금은방 등이 있다. 환율의 차이가 큰 편은 아니지만 약간씩 차이가 있으므로 한두 곳은 비교해 보는 편이 유리하다. 나트랑 국제공항에 있는 환전소도 조금씩 환율이 달라서 유리하게 환전하고 싶다면 비교는 필수다. 여행을 시작하면 베트남 동이 바로 필요하므로 우선 공항에서 필요한 금액을 환전하는 것이 좋다.

> **TIP**
> **베트남에서 환전 시 주의 사항**
>
> - 환전할 미화를 먼저 주지 말고 계산기에 최종 환전될 베트남 동 금액을 찍어 달라고 요청한 후 확인하고 돈을 주자. 처음 말과 달리 수수료라면서 돈을 약간 떼고 주는 경우를 피할 수 있다.
> - 베트남 동은 화폐 단위가 크다. 숫자로만 보면 원화와 대략 20배 차이가 나기 때문에 처음 환전하면 헷갈리기 쉽다. 환전한 돈을 받은 자리에서 바로 세어 보고 금액이 맞는지 확인하자.
> - 미화는 US$100짜리로 준비하는 것이 가장 유리하다. 단, 훼손되거나 오염된 화폐는 환전을 거부하는 곳이 많기 때문에 깨끗한 화폐로 준비해야 한다.

● 현지 환전, 여기에서 하자

❶ 나트랑 국제공항 내 환전소

나트랑 국제공항에 도착해 수하물을 찾는 곳 왼쪽으로 환전소가 모여 있다. 수수료가 없다고 호객하지만 막상 환전하면 수

수료를 받는 곳도 있으므로 반드시 환전할 금액의 최종 액수를 확인해야 한다. 수수료가 있다고 하면 수수료가 없는 다른 곳으로 가서 최종 환전 금액을 비교한다. 보통 US$100에 220만 동 수준으로 나트랑 시내 쏨머이 시장 인근 금은방과 비교하면 베트남 동이 약간 비싼 편이지만 큰 차이는 없으므로 베트남 동이 바로 필요하다면 공항에서 소액이라도 환전하도록 한다.

가는 방법 나트랑 국제공항의 수하물 수취대 왼쪽

❷ 쏨머이 시장 인근 금은방

나트랑 쏨머이 시장 주변에 금은방이 몇 곳 모여 있는데 공식 환전소는 아니지만 환율을 유리하게 적용해 준다고 소문나 많은 여행자가 이용한다. 환전할 미화 금액을 말하면 계산기에 환전될 베트남 동을 찍어 보여 준다. 차이는 있지만 보통 US$100에 236만 동 수준. 돈을 받으면 그 자리에서 꼼꼼하게 잘 세어 보는 것이 중요하다.

대표 인기 금은방
김청 Kim Chung
주소 51 Ng. Gia Tự, Tân Lập **가는 방법** 쏨머이 시장 건너편
김빈 Kim Vinh
주소 88 Ng. Gia Tự, Phước Tiến **가는 방법** 쏨머이 시장 건너편

❸ 현지 은행

가장 믿고 거래할 수 있는 곳은 역시 은행이다. 베트남 현지 은행에서도 미화를 베트남 동으로 환전해 준다. 비엣콤뱅크Vietcombank, VP뱅크VP Bank, TP뱅크TP Bank 등 나트랑 시내 곳곳에서 발견할 수 있으며 공식적인 은행이라 믿을 수 있다. 환전 시 여권이 필요하다.

● 현지에서 경비가 부족하다면?

❶ 신용카드

신용카드 결제가 보편화된 우리나라와 달리 베트남에서는 신용카드 사용률이 아직 낮은 편이다. 쇼핑몰이나 호텔 같은 곳에서는 신용카드 사용에 큰 문제가 없지만 작은 상점이나 레스토랑, 카페 등지에서는 신용카드를 받지 않거나 3~5%의 수수료를 추가하는 경우가 많다. 여행 경비의 대부분을 현금으로 지불하게 되는 점을 염두에 두고 예산을 짜자. 신용카드는 비상용이나 호텔의 디포짓(보증금) 용도로 준비하는 것이 좋다.

❷ ATM

해외에서 사용 가능한 트래블월렛, 트래블로그 같은 국제 현금카드를 준비하면 베트남의 ATM에서 쉽게 베트남 동으로 인출할 수 있다. 여행 경비가 모자랄 때 유용한 방법으로 베트남 현지 은행에는 24시간 이용 가능한 ATM이 있으며 비자카드, 마스터카드, JCB카드, 유니온페이 등을 사용할 수 있다. 종종 카드 도용이나 복제 등 불미스러운 사건이 일어나기도 하므로 외진 장소의 ATM보다는 은행 안의 ATM을 이용하는 편이 안전하다.

 GET READY ❻

포켓 와이파이 vs 심 카드 선택하기

최근 포켓 와이파이와 심 카드는 자유 여행의 필수품이 되어 가고 있다. 낯선 여행지에서 인터넷으로 지도나 SNS 등을 이용할 수 있어 유용하다. 둘 중 무엇을 선택할지 고민하게 되는데 함께 여행하는 일행의 수, 여행 기간, 한국의 로밍 서비스가 필요한지 등에 따라 장단점이 있으므로 여행 스타일에 맞춰 선택하자.

● 포켓 와이파이와 심 카드 비교

	포켓 와이파이	심 카드	
		온라인 사전 구입	현지 구입
데이터	4G/LTE 무제한(하루 500Mb 사용 후 속도 저하)	4G/LTE 무제한	
비용	1일 3,900원~	3~30일 약 6,000원~	6~30일 약 18만 동~
수령	한국 공항에서 수령 또는 반납	자택 또는 한국 공항	나트랑 국제공항, 나트랑 현지 통신 회사
장점	• 포켓 와이파이 1대로 최대 5명까지 사용이 가능해서 인원이 많다면 1대로 공유할 수 있다. • 한국의 통신사를 그대로 사용하기 때문에 한국에서의 문자메시지, 전화 등의 로밍 서비스를 받을 수 있다.	• 한국에서 온라인으로 사전에 구매하면 할인가에 저렴하게 구매할 수 있다. • 기존 심 카드를 빼고 새로운 심 카드를 휴대폰에 넣는 방식이라 간편하다. • 일행이 각각 심 카드를 구입하면 언제 어디서나 SNS로 연락할 수 있다.	
단점	• 단말기와 보조 배터리를 가지고 다녀야 하기 때문에 무거울 수 있다. • 분실 시 배상 책임이 있고 귀국 시 정해진 곳에 꼭 반납해야 해 다소 번거롭다. • 주기적으로 충전이 필요하다. • 포켓 와이파이에서 멀어지면 인터넷이 잡히지 않아 일행이 따로 떨어져 다니는 경우 인터넷 사용에 불편이 따른다.	• 심 카드를 교체해서 사용하기 때문에 한국에서 오는 문자메시지, 전화 등의 로밍 서비스를 받기 어렵다. • 일행이 여럿이면 각각 개별적으로 구매해야 하기 때문에 포켓 와이파이보다 비용이 많이 든다. • 기존 심 카드는 귀국 후 사용해야 하므로 분실하지 않도록 잘 간수해야 한다.	

> **TIP**
>
> **심 카드 이용 시 주의 사항**

• 심 카드 구입 후 바로 교체해서 그 자리에서 인터넷이 되는지 확인해 볼 필요가 있다. 가끔 제품이 불량인 경우가 있기 때문이다. 특히 그랩은 심 카드 교체 후 앱을 실행할 때 전화번호 인증이 필요한데, 같은 번호로 과거에 가입한 이력이 있으면 인증이 어려울 수 있다. 그 자리에서 그랩 앱 인증과 실행까지 다 해보는 것이 확실하다.
• 심 카드를 국내에서 온라인으로 사전에 구입할 경우 그랩 앱은 한국에서 미리 설치하는 편이 수월하다.
• 베트남 현지 심 카드로 교체 시 기존에 사용하던 심 카드를 챙겨 주는데 워낙 작아서 잃어버리기 쉽다. 한국에서 다시 사용해야 하므로 분실하지 않도록 잘 챙겨 두자.

 GET READY ⑦

베트남 여행에 유용한 앱과 사용법

길을 찾는 데 도움이 되는 지도나 나트랑 여행에서 발이 되어 주는 모바일 차량 공유 서비스 그랩은 자유 여행을 할 때 큰 도움이 되는 필수 앱이다. 이 밖에도 환율, 날씨, 번역, 마트 앱 등을 잘 활용하면 더 편하고 효율적으로 여행할 수 있다.

그랩 Grab
나트랑 여행의 필수 앱으로 언제 어디서든 차량을 부를 수 있어 편리하다. 목적지까지 비용을 미리 알 수 있어 바가지요금 걱정이 없고 운전기사의 이동 경로, 후기 등도 확인할 수 있다.

베세레 Vexere
슬리핑 버스와 리무진 차량을 예약할 수 있는 통합 서비스 앱. 각 회사의 버스 시간, 비용, 후기 등을 확인할 수 있어 편리하다. 예약 및 결제 후 바우처가 발급되면 탑승 시 확인도 간편하다.

구글 지도 Google Maps
상세한 지도를 제공하며 현재 내가 있는 위치를 기반으로 지도를 볼 수 있어 길을 찾을 때 편리하다. 주요 업소의 운영 시간, 전화번호 등도 알 수 있고 생생한 후기도 확인 가능해 유용하다.

쉬운 환율 계산기
환율 계산 앱. 한국 원화를 입력하면 베트남 동을 확인할 수 있다.

배달K Delivery K
베트남 주요 지역에서 이용할 수 있는 한국인을 위한 전용 배달 앱이다. 우리나라의 배달 앱처럼 한식과 현지 음식, 분식, 음료 등 다양한 메뉴를 주문할 수 있고 한국어로 되어 있어 사용하기도 편하다. 게다가 음식의 종류가 많으며 음식 외에 마트 배달이나 마사지 예약 서비스도 가능하다.

롯데마트 베트남 Lotte Mart
나트랑 쇼핑의 필수 코스로 통하는 롯데마트 앱이다. 한국어를 지원하고 국내 마트 앱처럼 장바구니에 원하는 상품을 담아 주문하면 된다. 결제 금액이 15만 동 이상이면 호텔까지 무료로 배달해 주며 오전에 주문하면 대부분 당일에 배송된다. 결제는 앱에서 신용카드로 하거나 배송 직원에게 현금으로 지불한다. 단, 깜라인 지역은 배송 불가.

파파고 Papago
베트남어를 지원하는 번역 앱. 음성과 이미지 번역도 가능하다.

그랩 부르는 법 그대로 따라 하기

① 구글 플레이, 앱 스토어를 통해 'Grab'을 검색해서 다운로드한다.

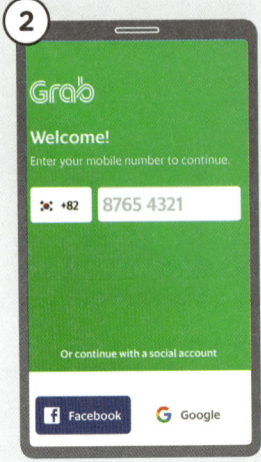

② 페이스북 계정, 구글 계정, 휴대폰 번호 등을 이용해 회원 가입을 한다.

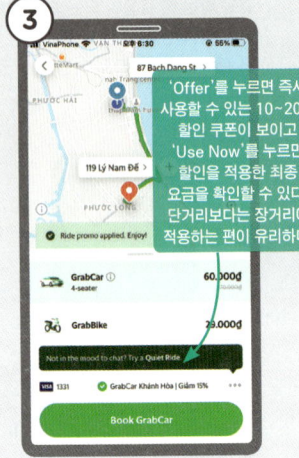

'Offer'를 누르면 즉시 사용할 수 있는 10~20% 할인 쿠폰이 보이고 'Use Now'를 누르면 할인을 적용한 최종 요금을 확인할 수 있다. 단거리보다는 장거리에 적용하는 편이 유리하다.

③ 목적지를 검색하거나 지도에서 찾아서 입력한다. 출발지는 GPS 기능으로 현재 위치를 자동으로 파악한다. 가끔 엉뚱한 곳으로 잡기도 하므로 픽업 지점을 정확하게 확인해야 한다.

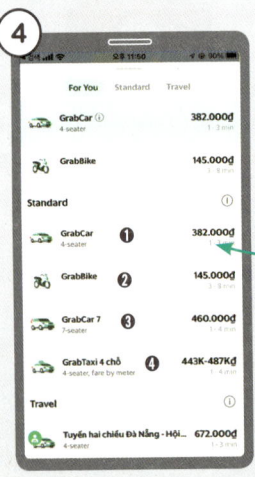

④ 고정된 요금이 보이고 요금은 그랩 차종에 따라 조금씩 다르다. 보통은 그랩카(4인승)를 선택하면 된다.

❶ 그랩카 GrabCar
일반적으로 많이 이용하는 차량으로 4인승 일반 승용차가 온다. 일반 미터 요금제 택시보다 저렴해 이용률이 높다.

❷ 그랩바이크 GrabBike
가장 저렴한 방법으로 오토바이를 타고 이동한다. 초록색 그랩 로고가 그려진 티셔츠를 입은 오토바이 운전기사가 요청한 위치로 오면 그 뒤에 타고 이동하게 된다. 오토바이라 안전을 담보할 수 없으므로 웬만하면 이용하지 않기를 권한다.

❸ 그랩카 7 GrabCar 7
7인승 차량으로 인원이 많을 때 주로 이용한다.

❹ 그랩택시 GrabTaxi
일반 미터 요금제 택시를 호출해 주는 서비스로 대략적인 예상 요금을 보여 준다. 목적지 도착 후 미터 요금만큼 지불하면 된다. 그랩카가 잡히지 않을 경우에 이용한다.

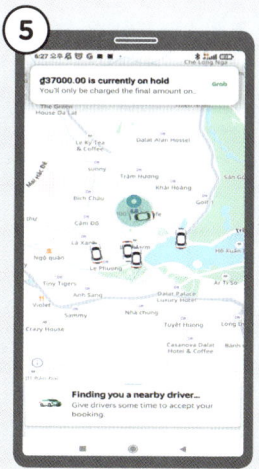
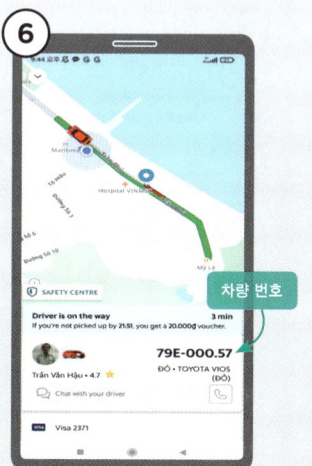
차량 번호
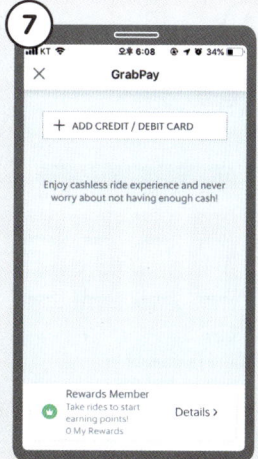

가까운 곳에 있는 그랩 차량을 자동으로 배정해 준다. 나트랑 시내에는 그랩 차량이 무척 많아 외진 곳이 아니라면 호출 즉시 배정된다.

차량이 배정되면 차량 번호, 운전기사의 얼굴, 후기 등이 나온다. 배정된 차량이 어디에서 오고 있는지 알 수 있다. 도착하면 차량 번호를 확인한 후 탑승하면 된다.

결제 방법을 현금으로 설정해 둔 경우 내릴 때 정해진 요금을 베트남 동으로 내면 된다. 결제 정보에 미리 신용카드 정보를 입력해 두면 자동으로 결제된다.

그랩으로 배달 음식 주문하기

그랩 앱에서 그랩 푸드를 누르면 우리의 배달 앱처럼 주변의 배달 가능한 식당이나 카페 등이 표시되어 편리하게 이용할 수 있다. 원하는 식당의 메뉴를 장바구니에 담은 후 요청하면 그랩 오토바이 운전기사가 식당으로 가서 음식을 구입해 호텔 입구까지 가져다주기 때문에 더없이 편하다. 숙소 밖으로 나가기 힘들거나 붐벼서 편히 먹기 곤란한 인기 식당 또는 주변에 먹을 곳이 마땅찮은 리조트에 묵을 때 특히 유용하다. 결제는 신용카드를 등록하면 자동으로 결제되고, 현금일 경우 음식을 받을 때 내면 된다.

TIP
이용 후기를 남기고 싶다면?

- 목적지에 도착하면 도착 메시지가 뜨고 운전기사에 대한 평가도 별점으로 남길 수 있다. 원하면 추가로 팁도 줄 수 있다.
- 부당하게 많은 요금을 지불했다고 느껴지거나 탑승하지 않았는데 결제가 되었다면 지원 센터에 컴플레인도 가능하다.

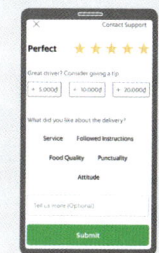

떠나기 전에 반드시 준비해야 할 것

FOLLOW UP

롯데마트 베트남 주문 그대로 따라 하기

1

구글 플레이, 앱 스토어를 통해 '롯데마트 베트남'을 검색해서 다운로드한다.

2

언어를 선택한다.

3
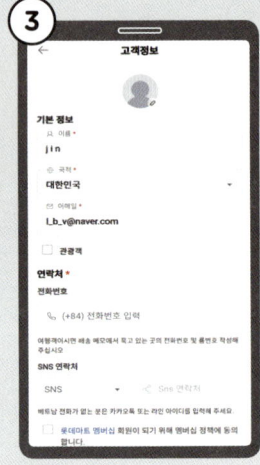
이름, 성별, 여권 번호 등을 기입하고 회원 가입을 한다.

4

각 카테고리 내에서 주문할 상품을 고른다.

5

배송받을 호텔 주소, 객실 번호 등을 기입한 뒤 배송 시간을 확인하고 결제한다.

6

주문 완료. 배송 시간에 맞춰 상품을 수령하면 된다. 외출 시에는 호텔 리셉션에 보관을 부탁하자.

FOLLOW UP

베세레 버스 예약 그대로 따라 하기

① 구글 플레이, 앱 스토어를 통해 'Vexere'를 검색해서 다운로드한다.

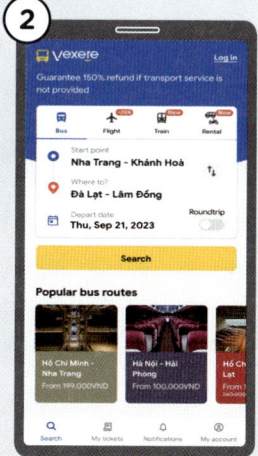

② 출발 지역, 도착 지역, 날짜를 기입한다.

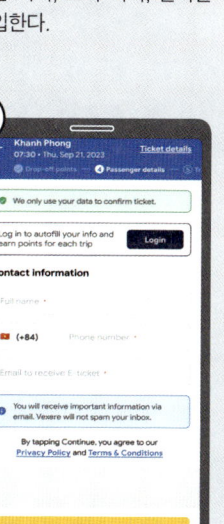

③ 버스 회사, 시간대 등을 확인한 후 원하는 버스를 선택해서 'Book'을 누른다.

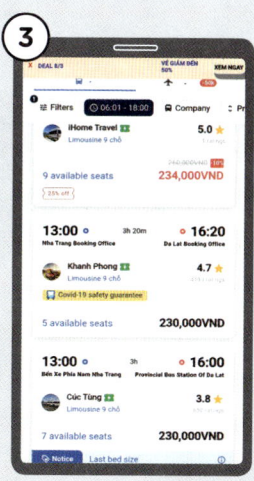

④ 원하는 좌석을 클릭해서 지정한다. 2층보다는 1층, 앞뒤보다는 중간 자리가 승차감이 나은 편이다.

⑤ 연락처, 이메일 등을 기입하고 카드 번호도 입력한 후 결제를 진행한다.

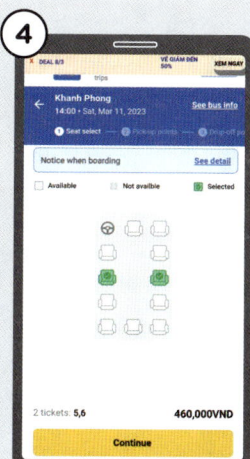

⑥ 결제 완료 후 바우처를 저장 또는 캡처해서 잘 보관한다. 당일 버스 오피스에 보여 주면 표로 바꿔 주거나 바로 탑승이 가능하다.

FAQ

알아두면 쓸모 있는 나트랑·달랏·무이네 여행 팁

FAQ ❶

나트랑은 물가가 저렴하다는데
하루 예산은 얼마나 잡는 것이 좋을까요?

▶ **평균 306만 8,000동(약 16만 8,740원)**

베트남은 한국보다 물가가 훨씬 저렴하다. 그래서 나트랑과 달랏, 무이네도 알뜰하게 여행하려면 얼마든지 가능하다. 테마파크나 액티비티, 투어 등을 제외하면 입장가가 있는 곳도 적은 편이라 비용이 크게 들지 않는다. 로컬 식당을 이용할 경우 한국의 4분의 1 정도 가격에 식사를 해결할 수 있고, 저가 숙소도 많고 다양하다. 그 반면에 럭셔리한 리조트와 레스토랑도 많아 호화로운 여행을 즐긴다면 예산이 천지 차이다.

다음에 소개하는 하루 예산은 미리 결제하는 왕복 항공권, 도시 간 이동 교통비, 개인 쇼핑 비용, 비상금 등은 제외한 것이다. 식비나 관광지 입장료, 투어 참여나 전세 차량 이용 여부, 숙소 등급 등에 따라 비용에 차이가 있으므로 이를 감안해 대략적인 여행 경비로 참고하기 바란다.

여행 타입별 하루 예산표 (1인 기준)

분류		기본형			알뜰형	
		내용	요금(VND)		내용	요금(VND)
숙박료		5성급 호텔 2인실 기준	150만		저가 호텔	30만
식사비	아침	호텔 조식	0	아침	호텔 조식	0
	점심	대표 맛집	15만	점심	로컬 식당	6만~
	간식	커피, 디저트, 과일	10만~	간식	물, 길거리 음식	5만~
	저녁	대표 맛집	30만	저녁	로컬 식당	10만~
입장료		빈원더스 나트랑	95만 동		아일랜드 호핑 투어	50만~
시내 교통비		그랩, 택시, 여행사 전세 차량(공항)	80만~		그랩, 택시	60만~
마사지		중급 스파	60만~		저가 스파	30만~
하루 예산		440만 동~(약 24만 2,000원~)			191만 동~(약 10만 5,050원~)	

FAQ ❷

베트남 화폐도
한국에서
환전 가능한가요?

▶ **달러 준비 후 현지에서 베트남 동으로 환전**

한국에서 베트남 동으로 환전하기는 어렵기 때문에 미국 달러를 준비한 후 베트남 현지에서 베트남 동으로 바꾸는 것이 일반적이다. 베트남 동은 환율 조건이 비교적 좋은 나트랑 쏨머이 시장 주변 금은방이나 현지 은행에서 환전하는 것이 유리하다. 현지에서 트래블월렛, 트래블로그 같은 카드로 은행 ATM을 이용해 베트남 동을 인출하는 방법도 있다.

▶ 현지 환전소 정보 P.141

베트남 화폐 한눈에 파악하기

베트남 통화 단위는 동(Vietnamese Dong, VND, ₫으로 표기)이다. 한국의 원화와 비교하면 숫자가 20배 가까이 늘어나기 때문에 초행이라면 혼란스러울 수 있다. 화폐 단위가 커서 동전은 거의 통용되지 않고 지폐를 주로 사용하는데, 지폐 종류가 워낙 많고 색이 비슷해서 헷갈리기 쉽다. 계산 전 꼼꼼히 확인하고 '0'이 몇 개인지 잘 세어 보아야 한다.

● **베트남 화폐 종류** ※ 2024년 2월 초 기준 10,000동 = 550원

500동 = 27원

1,000동 = 55원

2,000동 = 110원

5,000동 = 275원

10,000동 = 550원

20,000동 = 1,100원

50,000동 = 2,750원

100,000동 = 5,500원

200,000동 = 11,000원

500,000동 = 27,500원

● **간단하게 계산하는 베트남 환율**
정확한 환율로 따지면 약간 차이가 나지만 돈 계산을 할 때 가장 간편하고 이해하기 쉬운 셈법은 베트남 동에 나누기 20을 하는 것이다. 대략 비슷하게 환산된다.

베트남 1만 동 = **한국** 약 500원 / **베트남** 20만 동 = **한국** 약 1만 원 / **베트남** 100만 동 = **한국** 약 5만 원

FAQ ❸

새벽에 나트랑에 도착하는데 환전 가능한가요?

나트랑 국제공항 내 환전소 이용

새벽에 공항에 도착하면 나트랑 시내의 환전소는 대부분 문을 닫기 때문에 공항에서 환전을 하는 것이 안전하다. 나트랑 국제공항에 도착하면 수하물을 수취대 왼쪽으로 환전소가 여럿 모여 있다. 늦은 시간에도 도착하는 비행기가 있는 한 환전소는 영업하므로 걱정하지 않아도 된다.

FAQ ❹

나트랑에서 신용카드 사용이 자유롭나요?

현지 업소는 대부분 현금을 사용

대형 쇼핑몰이나 호텔, 고급 레스토랑을 제외하고 현지인이 이용하는 소규모 식당이나 상점에서는 신용카드 사용이 어려운 편이다. 관광객이 많이 찾는 레스토랑이나 상점은 신용카드를 사용할 수 있지만 수수료 개념으로 3~5%의 추가 요금을 청구하는 곳도 많다. 신용카드는 예비로 가져가고, 기본 예산은 현금으로 준비할 것을 추천한다.

FAQ ❺

나트랑 숙소는 어디에 잡는 것이 좋을까요?

깜라인과 나트랑 시내를 적절하게 분배

자신의 여행 스타일에 따라 숙소 위치도 달라진다고 보면 된다. 나트랑에서는 숙소가 있는 지역의 특징이 확연히 차이가 있는 편이다. 나트랑 국제공항과 가까운 깜라인 지역에는 세계적인 브랜드의 대형 리조트가 집중적으로 모여 있어 여행자들이 선호한다. 전용 해변은 물론 대규모 수영장, 워터 파크급 부대시설을 갖춘 리조트가 경쟁하듯 모여 있는 데다 숙박비도 시설에 비해 합리적이라 아이를 동반한 가족 여행자와 허니무너들에게도 인기가 높다. 기본적으로 인기가 많은 리조트 지역이라 필수로 투숙하게 된다. 단, 나트랑 시내와 거리가 꽤 떨어져 있어 깜라인에서만 지내면 나트랑 시내 관광을 즐기기 다소 어렵다.
나트랑 시내에는 가성비가 뛰어난 중저가 호텔이 다양하므로 두 곳을 적절히 섞는 것이 최선이다. 여행 일정의 반은 깜라인 지역, 나머지는 나트랑 시내 쪽으로 숙소를 잡으면 깜라인에서는 휴양을, 나트랑 시내에서는 맛집, 쇼핑, 마사지 등을 즐기기에 완벽하다.

FAQ ❻

호텔 객실에서 외부에서 사 온 과일을 먹어도 되나요?

두리안과 망고스틴 주의

두리안은 강한 냄새 때문에 대부분의 호텔에서 반입을 금지하고 있다. 적발되면 벌금을 물리는 곳도 있으므로 주의하자. 또 망고스틴은 껍질에서 나온 붉은색 과즙이 침구나 수건 등에 배면 잘 지워지지 않아 변상해야 하는 경우가 있어 조심해야 한다.

FAQ ❼
아이와 물놀이하기 좋은 숙소는 어디인가요?

깜라인 지역의 알마 리조트 깜라인, 뫼벤픽 리조트 깜라인 추천

깜라인 지역에는 대형 리조트의 격전지로 꼽힐 만큼 세계적인 브랜드의 대형 리조트가 많아 근사한 대형 수영장과 전용 해변을 기본적으로 갖추고 있다. 알마 리조트는 12개의 수영장에 단독으로 슬라이드, 파도 풀 등이 있는 워터 파크가 있어 아이들이 원 없이 물놀이를 즐길 수 있다. 뫼벤픽 리조트 깜라인도 아이들을 위한 키즈 풀과 신나게 탈 수 있는 슬라이드가 여러 개 있어 아이들은 물론 어른들도 즐겁게 시간을 보내기에 좋다.

▶ 나트랑 숙소 정보 P.136

FAQ ❽
성인 4인 여행인데, 심 카드와 포켓 와이파이 중 뭐가 나을까요?

전화나 문자메시지를 받으려면 포켓 와이파이

심 카드를 구입할 경우 현지의 전화번호와 통신사로 바뀌는 개념이기 때문에 한국에서 오는 전화나 문자메시지를 받아야 한다면 포켓 와이파이를 추천한다. 포켓 와이파이는 1개를 빌려도 여러 명이 공유할 수 있기 때문에 인원이 많을 경우 유리하다. 단, 가까이 있을 때만 사용이 가능하기 때문에 따로 이동하면 인터넷 사용이 어렵다는 점, 충전이 필요하고 분실 우려가 있다는 점, 가지고 다니는 것이 짐이 된다는 점에 유의하자.

포켓 와이파이 1대(1일 3,900원~)×4일=1만 5,600원~
심 카드 베트남에서 구입: 18만 동~×4명=72만 동~(약 3만 9,600원)
　　　　국내에서 구입: 6,000원~×4명=2만 4,000원~

FAQ ❾
나트랑에서 겨울에도 수영 가능한가요?

아주 맑은 날이라면 가능

나트랑은 9~12월이 우기로 평균기온이 22~28℃이며 우리나라의 가을 정도 날씨로 서늘한 기운이 느껴지기도 한다. 드물게 겨울이라도 날씨가 아주 맑고 더운 날에는 야외에서 수영할 수 있지만 대체로 수영하기에는 다소 추운 날씨라 어렵다고 봐야 한다. 꼭 수영을 하고 싶다면 야외 온수풀과 온천수, 따뜻한 머드 스파를 경험할 수 있는 아이 리조트나 탑 바 머드 온천 같은 곳을 방문해 보기 바란다.

FAQ ❿
나트랑 해변에서 스노클링 할 수 있나요?

스노클링은 No

나트랑 비치는 수중 환경이 스노클링이나 스쿠버다이빙에 적합하지 않다. 스노클링이나 해양 스포츠를 즐기고 싶다면 나트랑 주변 섬으로 떠나는 아일랜드 호핑 투어를 추천한다. 여러 섬을 돌며 스노클링도 하고 해양 스포츠도 즐길 수 있어 인기가 많다.

FAQ ⑪
베트남 건기와 우기 여행 시 옷차림은 어떻게 할까요?

▶ **여름 옷차림을 기본으로 하고, 우기에는 얇은 외투나 긴소매 옷 등을 준비**

베트남은 한국보다 기후가 따뜻하지만 우기나 겨울에는 한국의 봄가을 정도로 선선한 때도 있다. 또 우기에는 비가 올 경우 더 쌀쌀하게 느껴질 수 있다. 우리나라의 여름 옷차림을 기본으로 우기에는 얇은 점퍼나 카디건, 긴소매 옷을 준비하는 것이 좋다. 날씨는 아무래도 예측하기 어려운 부분이므로 나트랑으로 떠나기 2~3일 전 인터넷에서 검색해 현지 날씨 정보를 참고하면 짐을 싸는 데 도움이 된다. ▶ 날씨와 옷차림 정보 P.110~111

FAQ ⑫
우기에 비가 오면 수영이나 관광은 어떻게 해야 하나요?

▶ **수영은 복불복, 실내 중심의 관광과 쇼핑**

나트랑은 비교적 우기가 짧고, 우기라고 해도 하루 종일 비가 내리는 것이 아니라 스콜처럼 잠깐씩 오고 멈추는 경우가 많다. 기온이 확연히 낮은 날이 아니면 수영도 가능하지만 날씨에 따라 복불복이다. 날씨가 워낙 변덕스러운 시기이므로 가벼운 우산이나 우비, 휴대용 핫 팩 등을 챙겨 가면 유용하다. 비 오는 날은 박물관이나 덤 시장, 롯데마트 등지의 실내에서 관광하거나 쇼핑하는 일정이 알맞으며, 스파나 마사지를 받으며 힐링 타임을 가져보자. 수영을 꼭 하고 싶다면 온수풀과 따뜻한 머드 스파를 즐길 수 있는 아이 리조트 같은 곳이 제격이다.

FAQ ⑬
아이와 여행 시 예방접종 해야 하나요?

▶ **예방접종을 하고 가는 편이 안전**

한국에서 장티푸스, 파상풍, 홍역, A형 간염 등 필요한 예방접종을 미리 할 것을 권한다. 더운 나라이기 때문에 음식을 먹고 탈이 나는 경우가 있어 지사제와 소화제가 필요하고, 감기약이나 모기 퇴치제 등도 챙겨 가면 좋다. 현지에서 약이 필요할 경우 나트랑 중심가에는 약국이 많아 어렵지 않게 구매할 수 있다.

FAQ ⑭
베트남에 팁 문화가 있나요?

▶ **팁을 따로 주지 않아도 되지만, 서비스가 만족스럽다면 성의 표시 정도만!**

베트남에는 기본적으로 팁 문화가 없다. 그래서 마사지를 받은 후에도 팁을 의무적으로 주지 않아도 된다. 정성스러운 서비스를 받았다고 생각하면 3만~5만 동 수준으로 주면 된다. 마사지 시간에 따라 팁을 명시해 놓은 곳이 드물게 있다. 이때는 시간당 정해진 팁(4만~10만 동)을 마사지 요금과 함께 내면 된다. 고급 레스토랑이나 호텔 등에서는 서비스 차지service charge라는 명목으로 결제 금액의 5~7%가 계산서에 추가되기도 한다.

FAQ 15

빈원더스 나트랑은 언제 가야 사람이 덜 붐비나요?

➡ **오픈 직후 시간대가 덜 붐비는 편**

인기가 매우 많은 여행지라 사람이 늘 북적인다. 그래도 규모가 워낙 커서 분산되기 때문에 생각보다는 대기 시간이 길지 않은 편이다. 단, 거대한 규모만큼 반나절 정도는 시간이 금세 지나갔다고 느낄 수 있으므로 이왕이면 오전에 서둘러 가야 하루 종일 구석구석 누빌 수 있다. 특히 워터 파크는 오후 5시까지 운영하기 때문에 늦게 가면 놀 시간이 별로 없다는 점도 알아두자.

FAQ 16

나트랑에서 밤 비행기로 떠나는데 공항 가기 전까지 뭘 하면 좋을까요?

➡ **관광과 쇼핑, 마사지 즐기며 마지막까지 알차게!**

❶ 숙소에 짐을 맡기고 밤까지 시내 관광 즐기기

비용을 아낄 수 있지만 체력적으로는 다소 지칠 수 있다. 나트랑 시내의 숙소에 묵었다면 시내 관광과 마사지, 쇼핑 등을 즐긴 후 롯데마트에서 마지막 쇼핑까지 알차게 하고 나서 공항에 가도 된다. 마지막에는 샤워가 가능한 스파에서 마사지를 받은 후 샤워까지 하고 공항으로 이동하면 된다. 대부분의 숙소에서 체크아웃 후에도 짐을 맡아 주니 이용하자.

❷ 전세 차량을 빌려서 주변 관광지 둘러보기

한인 여행사나 현지 여행사를 통해 전세 차량을 6시간 또는 12시간 대절해서 주변 관광을 하는 것도 좋다. 전세 차량을 타고 아이 리조트, 원숭이섬 등 거리가 제법 먼 곳에 갔다 와도 된다. 짐을 차에 두고 다니기 때문에 편하게 돌아다닐 수 있다. 만약 짐이 분실될까 걱정된다면 숙소에 맡겨 두었다가 공항으로 가기 전 숙소에 들러서 찾아도 된다.

❸ 중저가 숙소를 예약해서 쉬기

나트랑 시내에는 깔끔한 시설을 갖춘 중소형 호텔이 많고, 1박에 US$20~40면 투숙할 수 있다. 보통 새벽 1시 비행기라고 치면 밤 10시까지는 편히 쉴 수 있고 숙박비도 저렴한 편이라 많은 여행객이 애용하는 방법이다. 특히 아이나 부모님을 동반한 가족 여행이라면 더욱 이 방법을 추천한다. 나트랑 시내에서 나트랑 국제공항까지는 차로 50분 정도 걸리고, 깜라인 지역에서는 10분이면 도착하므로 원하는 지역을 선택하면 된다.

FAQ 17

임신 중인데 마사지 받아도 되나요?

일부 스파에 임부를 위한 마사지가 있지만 추천하지 않는다

일부 전문 스파나 고급 스파에서 임부를 위한 스파 프로그램을 선보인다. 일반적으로는 없는 곳이 더 많고 임부는 작은 자극에도 몸이 민감하게 반응할 수 있기 때문에 마사지는 받지 않는 편이 안전하다.

FAQ 18

한국 음식을 구입하기 쉽나요?

롯데마트에서 다양하게 판매

한국인 여행자가 많고 현지에 거주하는 한국 교민도 적지 않아 한국 음식을 파는 곳은 물론이고 한식당도 곳곳에 있어 한식을 못 먹을 걱정을 할 필요가 전혀 없다. 작은 편의점과 같은 케이마트K-Mart에서 한국 라면, 과자, 술 등을 살 수 있고, 롯데마트에서도 한국 김치, 즉석 밥, 소주, 김, 라면, 고추장, 각종 양념 등을 다양하게 판매한다. 롯데마트 앱을 활용한 모바일 쇼핑도 가능해 원하는 때 언제라도 쉽게 구입할 수 있다. 또한 배달K 앱을 통해 한국 음식을 쉽게 숙소까지 배달시킬 수도 있다.

FAQ 19

베트남에서는 영어가 잘 통하나요?

여행자 대상의 관광지와 식당에서는 OK

베트남에서 주로 여행자를 대상으로 하는 숙소나 관광지, 음식점 등지에서는 어느 정도 영어로 소통이 가능하다. 하지만 택시 기사나 그랩 운전기사 같은 현지인과는 영어가 통하지 않는 경우도 많기 때문에 가고자 하는 곳의 상호, 주소, 지도 위치 등을 미리 현지어로 찾아 휴대폰에 저장하거나 종이로 프린트해서 보여 주면 훨씬 편하게 목적지를 찾아갈 수 있다. 파파고 같은 번역 앱도 유용하다.

FAQ 20

차량 렌털, 투어, 입장권, 마사지 등은 언제 예약해야 하나요?

최소 1~2일 전에 예약 추천

항공권과 숙소를 제외하고 현지에서 이용할 여행사 전세 차량, 각종 투어, 마사지 등은 최소 1~2일 전에 예약하는 것이 좋다. 특히 인기 스파는 룸과 세러피스트가 한정적이라 오래 기다려야 하거나 이용하지 못할 때가 많으므로 사전에 예약하기를 권한다. 해당 홈페이지나 카카오톡 등을 통해 쉽게 예약할 수 있다. 관광 명소나 테마파크의 입장권은 예매할 필요는 없지만 온라인으로 사전에 구매하면 할인해 주어 경비를 절약할 수 있다. 보통 사용하기 48~72시간 전에 예약과 결제를 마쳐야 하므로 미리 준비해 두자. 단, 사전에 예약한 경우 취소나 환불 과정이 까다로우니 규정을 꼼꼼히 확인해야 한다.

FAQ 21

무이네 당일 여행이 가능할까요?

고단하지만 가능

짧은 일정이지만 나트랑에서 무이네까지 여행을 알차게 즐기고 싶다면 투어를 이용하는 방법이 있다. 나트랑에서 무이네까지는 편도로 4시간 가까이 소요되는데, 최근에는 당일 투어 상품이 많아져서 당일치기로 다녀오는 여행자가 늘고 있다. 보통 아침 8시 정도에 나트랑에서 출발해서 낮에 무이네에 도착한 후 식사를 하고 본격적인 무이네 투어를 즐기는 식이다. 요정의 샘, 화이트 샌듄, 레드 샌듄, 피싱 빌리지 등을 둘러본 후 저녁에 나트랑으로 돌아오는 일정이다. 나트랑에는 자정 가까운 시간에 도착하는 꽉 찬 하루 일정으로 이동 거리가 많아 다소 피곤하지만 당일치기라도 꼭 무이네를 다녀오고 싶다면 시도할 만하다.

FAQ 22

달랏이나 무이네에 갈 때 슬리핑 버스를 타면 힘들까요?

지역별, 버스별로 차이가 있는 편

달랏은 고산지대에 위치하고 길도 험한 편이라 멀미가 나기 쉽다. 보통 나트랑에서 달랏, 달랏에서 무이네로 많이 이동하는데 꽤 난이도가 있는 구간이다. 슬리핑 버스를 타기 전에 멀미약을 먹으면 도움이 되므로 걱정된다면 미리 약을 챙기는 편이 안전하다. 또한 버스 회사마다 차량 상태가 많이 차이가 나므로 이왕이면 평이 좋은 회사를 고르는 것도 편하게 여행하는 요령이다. 슬리핑 버스는 대부분 2층 구조로 되어 있는데 가능하면 2층보다는 1층이, 앞뒤 좌석보다는 중간 좌석이 그나마 덜 불편하고 멀미도 덜 나므로 예약 때 참고하자. 또한 슬리핑 버스는 에어컨을 강하게 트는 편이니 긴소매 외투나 스카프, 양말 등을 챙기면 좋다. 경적 소리도 큰 편이라 노이즈 캔슬링 이어폰을 준비하면 도움이 된다.

FAQ 23

달랏의 날씨는 다른 곳보다 서늘하다고 하는데, 추울까요?

아침저녁으로는 쌀쌀한 편

달랏은 고원지대에 위치해 다른 지역보다 확실히 날씨가 서늘하다. 그래서 더위를 피할 수 있는 시원한 여행지로 유명하다. 그 대신 아침저녁으로는 춥게 느껴질 수 있으므로 긴소매 옷과 외투, 머플러 등을 준비하면 좋다. 특히 비가 많이 내리는 우기에는 우리의 가을 정도 날씨로 선선한 편이라 춥게 느낄 수도 있는데, 대부분의 숙소에 난방시설이 없어 겨울에는 전기장판을 챙겨 가는 여행자가 있을 정도다. 평소 추위를 많이 탄다면 긴소매 옷과 핫 팩을 챙겨 가면 유용하다.

나트랑·달랏·무이네
여행 준비물 체크 리스트

● 현지에서 요긴하게 사용할 준비물

☑ 무더위를 대비하는
더위 방지템

베트남은 연중 기온이 20℃ 이상으로 한국보다 덥다. 특히 6월부터 8월까지는 가장 더운 시기라 이때는 더위를 막아 줄 아이템을 적극 활용해야 한다. **선글라스, 모자, 자외선 차단제** 등은 기본이고 **휴대용 선풍기, 쿨 스카프, 쿨 토시** 등을 준비해 더위와 강렬한 태양에 맞서자.

☐ 신나는 물놀이를 위한
아이템

나트랑은 인기 가족 휴양지로 아이와 함께 리조트 수영장에서 물놀이를 즐기려는 여행자가 많다. 평소에 아이가 좋아하는 **물놀이용 장난감**이나 **튜브, 구명조끼** 등을 준비해 가면 유용하다. 또한 호핑 투어 시 여러 사람의 손을 탄 물건을 사용하기가 꺼림칙하다면 **스노클링 장비**를 따로 챙기는 편이 낫다.

☐ 음식이 맞지 않을 때를 대비한
한국 즉석식품

낯선 음식이 입에 잘 맞지 않는 타입이거나 아이 또는 부모님과 함께 하는 여행이라면 **김, 튜브형 고추장, 컵라면, 즉석 밥** 등을 챙겨 가면 유용하다. 일회용 숟가락이나 나무젓가락 등도 가져가면 편하다. 단, 한국 식자재는 현지에 있는 롯데마트에서 얼마든지 구입할 수 있다.

☐ 열대 과일 마니아를 위한
생활용품

현지에서 망고나 망고스틴 같은 열대 과일을 원 없이 사 먹을 계획이라면 **휴대용 과도**를 챙겨 가면 편하다. 기내에 휴대하고 탈 수 없으므로 부치는 수하물에 넣어야 하며 현지에서 구입하는 것도 괜찮은 방법이다. 과일을 잘라서 담을 가벼운 **일회용 접시**나 **플라스틱 접시**도 있으면 유용하다.

☐ 방역과 소음에 대비한
휴대용품

도로 교통 체계가 한국과 다른 베트남은 경적 소리가 유난히 잦아 거리의 소음이 큰 편이다. 도로변의 숙소를 잡으면 잠을 설칠 수 있으므로 고려하고, 평소 소음에 예민하다면 **귀마개**를 준비하는 것이 도움이 된다. 개인위생에 취약하고 매연도 심한 편이라 **마스크**도 준비하면 안심이 된다. 그때그때 닦기 좋은 **휴대용 물티슈**도 유용하다.

☐ 짐이 늘 경우에 대비한
쇼핑 보조템

베트남은 물가가 낮아 쇼핑을 하기 시작하면 짐이 확 늘어날 수 있다. 짐을 쌀 때부터 여유 있는 **대형 캐리어**를 가져가거나 지퍼가 있는 **대형 보조 가방**을 따로 챙겨 가자. 보조 가방은 위탁 수하물로 보낼 수 있고, 기내에 가지고 탈 때도 지퍼가 있으면 짐이 쏟아질 일이 없어서 안전하다.

꼭 챙겨야 하는 필수 준비물

항목	준비물	체크
필수품	여권	✓
	비자(장기 체류로 필요한 경우만)	☐
	전자 항공권(E-Ticket)	☐
	여행자 보험	☐
	숙소 바우처	☐
	여권 사본(비상용)	☐
	여권용 사진 2매(비상용)	☐
	현금(베트남 동)	☐
	신용카드(해외 사용 가능)	☐
	국제 운전면허증	☐
	국제 학생증(26세 이하 학생)	☐
전자 제품	휴대폰 충전기	☐
	멀티 어댑터	☐
	멀티 플러그	☐
	카메라	☐
	카메라 충전기	☐
	카메라 보조 메모리 칩	☐
	보조 배터리	☐
	휴대용 선풍기	☐
	이어폰	☐
	손목시계	☐
	포켓 와이파이 또는 심 카드	☐
	드라이기 또는 고데기	☐
미용 용품	세면도구	☐
	화장품	☐
	자외선 차단제	☐
	여성용품	☐
	화장솜, 면봉, 머리끈	☐
	손거울	☐
의류 및 신발	옷(상의/하의)	☐
	속옷	☐
	잠옷	☐
	양말	☐
	신발(운동화, 샌들)	☐
	실내용 슬리퍼	☐
	선글라스	☐
	모자	☐
	쿨 스카프, 쿨 토시	☐
	수영복	☐
	타월, 구명조끼, 튜브 등 물놀이용품	☐
비상약	밴드	☐
	소화제	☐
	지사제	☐
	해열제	☐
	종합 감기약	☐
	연고류	☐
	모기 또는 벌레 퇴치제	☐
비상 식품	즉석 밥	☐
	컵라면	☐
	통조림류	☐
	김	☐
기타	빨래집게, 접이식 옷걸이	☐
	휴대용 우산, 우비	☐
	샤워기 필터	☐
	자물쇠	☐
	지퍼 팩, 비닐봉지	☐
	목베개	☐
	수면 안대	☐
	귀마개	☐
	마스크, 휴대용 물티슈	☐
	핫 팩(우기)	☐
	셀카봉, 삼각대	☐

책 속 여행지를 스마트폰에 쏙!

《팔로우 나트랑·달랏·무이네》
지도 QR코드 활용법

QR코드를 스캔하세요.
구글맵 앱 '메뉴–저장됨–
지도'로 들어가면 언제든지
열어볼 수 있습니다.

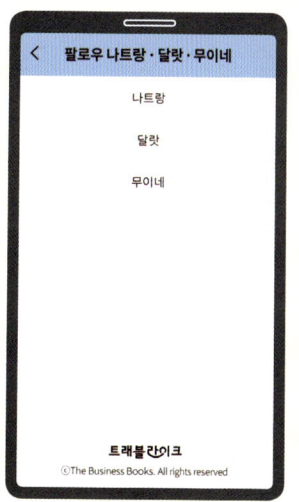

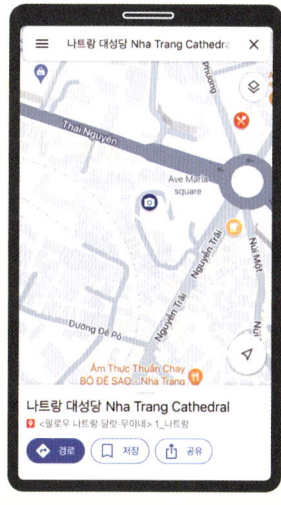

스마트폰으로 오른쪽 상단의 QR코드를 스캔합니다. 연결된 페이지에서 원하는 지역을 선택합니다.

선택한 지역의 지도로 페이지가 이동됩니다. 화면 우측 상단에 있는 아이콘을 클릭합니다.

지도가 구글맵 앱으로 연동되고, 내 구글 계정에 저장됩니다. 본문에 소개된 장소들의 위치를 확인할 수 있습니다.

CONTENTS 2

나트랑·달랏·무이네 실전 가이드북

- **004** 《팔로우 나트랑·달랏·무이네》 지도 QR코드 활용법
- **005** 《팔로우 나트랑·달랏·무이네》 본문 보는 법

나트랑
NHA TRANG

- **008** 나트랑 공항 입국하기
- **009** 나트랑 공항-시내 이동하기
- **010** 나트랑 시내 교통
- **012** 나트랑 추천 코스
- **018** 나트랑 관광 명소
- **030** 나트랑 맛집 | **041** 나트랑 카페
- **045** 나트랑 나이트라이프
- **047** 나트랑 쇼핑 | **054** 나트랑 스파 & 마사지

달랏
DA LAT

- **060** 달랏 들어가기
- **061** 달랏 시내 교통
- **062** 달랏 추천 코스
- **070** 달랏 관광 명소
- **081** 달랏 맛집 | **088** 달랏 카페
- **094** 달랏 나이트라이프
- **095** 달랏 쇼핑 | **098** 달랏 스파 & 마사지

무이네
MUI NE

- **102** 무이네 들어가기
- **103** 무이네 추천 코스
- **105** 무이네 관광 명소
- **110** 무이네 맛집 | **115** 무이네 스파 & 마사지

- **117** 나트랑·달랏·무이네 여행 중 위기 탈출
- **125** 인덱스

2024–2025
NEW EDITION

팔로우 나트랑·달랏·무이네

팔로우 나트랑·달랏·무이네

1판 1쇄 인쇄 2024년 3월 8일
1판 1쇄 발행 2024년 3월 19일

지은이 | 박진주
발행인 | 홍영태
발행처 | 트래블라이크
등 록 | 제2020-000176호(2020년 6월 24일)
주 소 | 03991 서울시 마포구 월드컵북로6길 3 이노베이스빌딩 7층
전 화 | (02)338-9449
팩 스 | (02)338-6543
대표메일 | bb@businessbooks.co.kr
홈페이지 | http://www.businessbooks.co.kr
블로그 | http://blog.naver.com/travelike1
ISBN 979-11-982694-7-8 14980
    979-11-982694-0-9 14980(세트)

* 잘못된 책은 구입하신 서점에서 바꾸어 드립니다.
* 책값은 뒤표지에 있습니다.
* 트래블라이크는 ㈜비즈니스북스의 임프린트입니다.
* 비즈니스북스에 대한 더 많은 정보가 필요하신 분은 홈페이지를 방문해 주시기 바랍니다.

비즈니스북스는 독자 여러분의 소중한 아이디어와 원고 투고를 기다리고 있습니다.
원고가 있으신 분은 ms3@businessbooks.co.kr로 간단한 개요와 취지, 연락처 등을 보내 주세요.

팔로우 나트랑
달랏·무이네

박진주 지음

Travelike

책 속 여행지를 스마트폰에 쏙!

《팔로우 나트랑·달랏·무이네》
지도 QR코드 활용법

QR코드를 스캔하세요.
구글맵 앱 '메뉴-저장됨-지도'로 들어가면 언제든지 열어볼 수 있습니다.

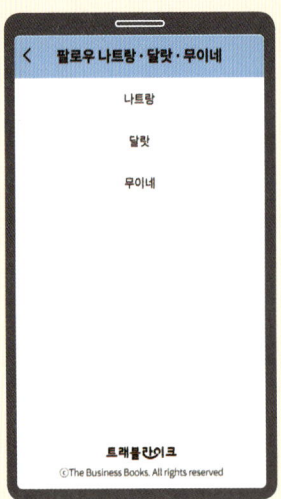

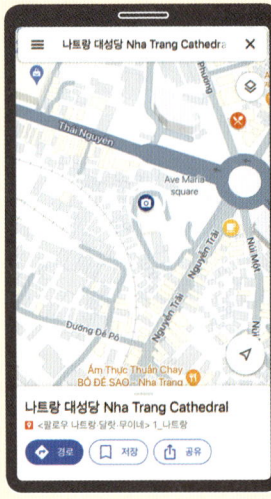

 1
스마트폰으로 오른쪽 상단의 QR코드를 스캔합니다. 연결된 페이지에서 원하는 지역을 선택합니다.

2
선택한 지역의 지도로 페이지가 이동됩니다. 화면 우측 상단에 있는 아이콘을 클릭합니다.

 3
지도가 구글맵 앱으로 연동되고, 내 구글 계정에 저장됩니다. 본문에 소개된 장소들의 위치를 확인할 수 있습니다.

《팔로우 나트랑 · 달랏 · 무이네》 본문 보는 법
HOW TO FOLLOW NHA TRANG·DA LAT·MUI NE

베트남의 나트랑을 중심으로 함께 여행하기 좋은 달랏, 무이네의 최신 정보를 담았습니다.
이 책에 실린 정보는 2024년 2월까지 수집한 자료를 바탕으로 하며 이후 변동될 가능성이 있습니다

• 관광 명소의 효율적인 동선
핵심 관광 명소와 연계한 주변 명소를 여행자의 동선에 가까운 순서대로 안내했습니다. 핵심 볼거리는 매력적인 테마 여행법으로 세분화하고 풍부한 읽을거리, 사진, 지도 등과 함께 소개해 알찬 여행을 할 수 있습니다.

• 일자별로 완벽한 추천 코스
추천 코스는 일자별 평균 소요 시간은 물론, 아침부터 저녁까지의 이동 동선과 식사 장소, 예상 경비를 꼼꼼하게 기록했습니다. 어떻게 여행해야 할지 고민하는 초보 여행자를 위한 맞춤 일정으로 참고하기 좋습니다.

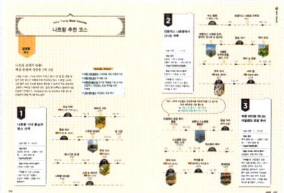

• 실패 없는 현지 맛집 정보
현지인의 단골 맛집부터 한국인의 입맛에 맞춘 대표 맛집, 인기 카페 정보와 이용법, 실용 정보를 소개했습니다. 베트남의 식문화를 다채롭게 파악할 수 있는 지역별 특색 요리와 미식 정보도 실어 보는 재미가 있습니다.

• 한눈에 파악하는 상세 지도
관광 명소와 맛집, 상점, 교통 정보의 위치를 한눈에 파악할 수 있는 지역별 지도를 제공합니다. 효율적인 나만의 동선을 짜고 위치 감각을 익힐 수 있도록 도와줍니다. 지도 P.016은 해당 장소 확인이 가능한 지도 페이지입니다.

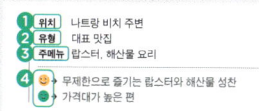

① 위치 나트랑 비치 주변
② 유형 대표 맛집
③ 주메뉴 랍스터, 해산물 요리
④ 😊 무제한으로 즐기는 랍스터와 해산물 성찬
　 😞 가격대가 높은 편

① 해당 장소와 가까운 지역
② 대표 맛집, 로컬 맛집, 신규 맛집으로 분류
③ 대표 메뉴나 인기 메뉴
④ 좋은 점과 아쉬운 점에 대한 작가의 견해

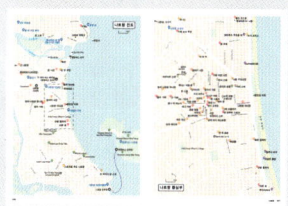

지도에 사용한 기호 종류

★	R	C	S	N	M	H	✈	🚆	🚌	⚓	🚠	🌲
관광 명소	맛집	카페	쇼핑	나이트라이프	마사지	숙소	공항	기차역	버스터미널	선착장	케이블카	공원

005

NHA TRANG

나트랑

나트랑은 베트남 남부를 대표하는 휴양지로 최근 동남아시아 인기 여행지로 손꼽히는 곳 중 하나다. 나트랑 최고의 해변인 나트랑 비치를 따라 푸른 바다와 열대 야자수, 잘 조성된 산책로가 이어지고 고층 호텔과 레스토랑, 쇼핑몰 등이 즐비하다. 공항에서 가까운 깜라인 지역은 해외 유명 브랜드의 리조트가 밀집해 특히 주목받고 있다. 대부분이 지어진 지 5년을 넘지 않은 신축 대형 리조트라 시설이나 조경 등 모든 면에서 최고 수준을 유지하고 부대시설 또한 꼼꼼하게 갖추고 있는데, 이에 반해 비용은 합리적인 편이라 가성비가 탁월하다. 물가도 저렴해 이국적인 베트남 요리와 해산물 요리를 놀랄 만큼 싼값에 실컷 먹을 수 있는 데다 스파와 마사지, 쇼핑도 상대적으로 비용 걱정 없이 즐길 수 있어 만족도가 높다. 이 밖에도 한국과 가까운 거리와 적당한 가격의 항공권까지, 가성비를 우선한다면 그야말로 최고의 휴양지라 할 만하다.

나트랑 공항 입국하기

인천국제공항이나 김해국제공항에서 출발한 비행기는 나트랑 국제공항인 깜라인 국제공항Sân Bay Quốc tế Cam Ranh(CXR)에 도착한다. 공항은 국내선이 발착하는 제1터미널, 국제선이 발착하는 제2터미널로 구분된다. 규모는 크지 않고, 구조가 단순해 초행자도 쉽게 입국 수속을 진행할 수 있다.

STEP 01 입국 심사 →
'도착Arrival/배기지 클레임 홀 Baggage Claim Hall' 표시를 따라가 외국인Foreigner에 줄을 선다. 입국 신고서는 작성하지 않는다.

TIP
한국으로 돌아가는 귀국 항공권을 보여 달라고 하는 경우가 있다. 전자 항공권 사본을 미리 준비해두면 편리하다.

STEP 02 수하물 찾기 →
모니터에서 자신이 타고 온 항공 편명의 수하물 수취대 번호를 확인하고 이동한다. 내 짐이 맞는지 반드시 확인할 것.

STEP 03 심 카드 구입 →
출국장 밖으로 나가기 전에 수하물 수취대 왼쪽에 있는 통신사 대리점에서 심 카드를 구입한다. 부스마다 가격은 거의 동일하다.

STEP 04 환전하기 →
통신사 대리점 부스 옆에 환전소도 함께 운영한다. 수수료, 환율 등을 비교해보고 당장 필요한 금액만큼 환전한다.

STEP 05 세관 심사 →
통신사 대리점 옆 세관 심사대를 통과한다. 신고 내용이 없으면 '신고할 소지품 없음(Nothing to Declare)' 통로를 지난다.

STEP 06 시내로 이동
도착 홀Arrival Hall로 나간다. 미리 픽업 서비스를 요청했다면 자신의 이름이 적힌 피켓을 들고 있는 직원을 찾아 이동한다.

TIP
짐을 보여달라고 하는 경우가 있는데 직원의 지시에 따른다. 담배나 술 등의 1인 허용 범위가 넘으면 세금이 부과된다.

여행자를 위한 공항 편의 시설

- **통신사 대리점** 입국장 안쪽 수하물 수취대 왼쪽에 심 카드를 판매하는 여러 통신사 대리점이 모여 있다. 구매 시 직원에게 휴대폰을 주면 심 카드를 교체해 준다. 이때 한국에서 사용하던 심 카드는 잘 보관한다.
  운영 24시간 요금 4G/LTE 무제한 19만 동~

- **환전소** 통신사 대리점에서 환전소도 함께 운영한다. 미국 달러를 베트남 동으로 바꿀 수 있으며, 환전소마다 환율은 거의 같다. 단, 수수료를 떼지 않는 것이 기본이므로 수수료를 요구한다면 다른 환전소에서 바꾼다. US$100 이상 환전할 때 유리하며 필요한 액수만 환전한다.

- **ATM** 입국장 밖으로 나가면 택시 승차장 주변의 5번 기둥 쪽에 비엣콤뱅크Vietcombank의 ATM이 있다. 국제 현금카드, 트래블월렛 카드로 베트남 동을 인출할 수 있다.

나트랑 공항-시내 이동하기

깜라인 국제공항과 시내 중심부를 오갈 때 이용하는 교통수단은 택시, 그랩, 여행사 픽업 차량이다. 공항이 위치한 깜라인Cam Ranh 지역의 리조트로 가는 경우 차로 5~10분 거리다. 시내에서 공항 이동 시 비행기 출발 1시간 30분~2시간 전에 도착하면 적당하다.

택시

공항과 시내 사이는 택시를 타고 이동할 수 있다. 여행자는 보통 도착 후 공항과 가까운 깜라인 지역이나 나트랑 시내의 숙소로 이동하게 되는데, 미터기보다 고정 요금으로 흥정한 후 이동하는 게 유리하다. 요금은 시세가 어느 정도 정해져 있으므로 참고해서 택시 기사와 요금을 흥정하면 된다. 깜라인 지역의 숙소는 공항과 가까우며, 공항으로 갈 때 리조트에 요청하면 택시를 불러줘 편하게 이동할 수 있다.

요금 깜라인 10만~15만 동, 나트랑 시내 35만 동~ ※시내에서 공항으로 이동할 때 공항 이용료 약 1만 동 별도

그랩

가장 편리한 이동 방법이다. 요금은 거리에 따라 차이가 있지만 택시보다 조금 낮은 편이고, 정찰제여서 바가지요금 걱정이 없다. 모바일 차량 공유 서비스로 미리 국내에서 앱을 설치해 인증한 후 현지에서 사용한다. 특히 공항에서는 휴대폰을 흔들며 자기가 그랩 기사라고 호객하는 경우가 많은데 대다수는 거짓말이다. 반드시 자신이 부른 그랩의 차량 번호가 맞는지 확인하고 탑승할 것. 단, 현지 상황에 따라 새벽에는 그랩이 잘 잡히지 않는 경우도 있다.

요금 깜라인 10만~15만 동, 나트랑 시내 35만 동~

여행사 픽업 차량

인원이 많은 가족 여행 시 쾌적하게 이동하는 방법이다. 한인 여행사에서 미리 예약할 수 있으며, 1회 픽업 또는 6시간, 12시간 등 원하는 시간만큼 이용 가능해 편리하다. 차량은 수용 인원에 따라 4인승(2~3명), 7인승(4~5명), 16인승(9~12명)으로 구분된다. 나트랑 시내를 벗어난 지역으로 이동할 때는 추가 요금이 붙는다. 나트랑에서 한국으로 출국 시 밤 비행기를 탄다면 6~12시간씩 빌릴 수 있는 전세 차량도 이용할 수 있다.

요금 1회 기준 4인승 US$20, 7인승 US$30 ※여행사마다 조금씩 다름
한인 여행사 나트랑 도깨비 cafe.naver.com/zzop, 베나자 cafe.naver.com/mindy7857

공항버스

가장 저렴한 이동 방법이지만 버스에 인원이 다 찰 때까지 기다리는 수고를 감수해야 한다. 일반 버스와 리무진 버스가 있는데 심야 시간에는 리무진 버스만 운행한다. 공항 밖으로 나가 택시 승차장 주변의 3번 기둥 앞 '시티 셔틀버스City Shuttle Bus' 표지판 앞에서 탑승 가능하다. 나트랑 시내에서는 골드 코스트에서 도보 5분 거리인 닷 머이 버스 터미널Bus Đất Mới에서 탑승한다. 단, 국내선 터미널에만 정차할 때도 있으므로 탑승할 때 꼭 확인할 것.

운행 일반 버스 04:30~19:55
요금 일반 버스 6만 5,000동, 리무진 버스 10만 동

나트랑 시내 교통

나트랑 시내는 규모가 작은 편이라 여행자는 주로 그랩이나 택시로 움직이고, 나트랑 비치와 나트랑 야시장 그리고 웬만한 맛집이나 스파 등은 도보로 이동이 가능하다. 가까운 거리는 걸어 다니고 도보 10분 이상의 거리는 택시나 그랩을 이용해 편하게 이동하면 된다.

택시

시내를 주행하는 영업용 택시가 많아 어디서나 쉽게 탈 수 있다. 기본 요금은 회사마다 다른데 보통 1만 동 내외다. 기본 요금으로 시작해서 거리당 미터 요금이 더해지고 나트랑 국제공항 등은 통행료가 별도로 추가된다. 나트랑 시내에서는 5만~10만 동이면 대개 이동할 수 있다. 나트랑 시내에는 여러 회사의 영업용 택시가 운행 중인데 대표적인 것이 꾁 떼Quốc Tế 택시다. 영어가 잘 통하지 않는 경우가 있으므로 목적지의 지도나 주소, 이름 등을 미리 준비해서 보여 주면 의사소통이 훨씬 쉽다. 휴대폰으로 캡처 화면이나 지도를 보여 주면 편리하다.

기본 요금 꾁 떼 택시 8,000동

TIP

나트랑에서 택시 탈 때 사기당하지 않는 법
- 정차한 채 호객 행위를 하는 택시보다 지나가는 택시를 잡아서 탄다.
- 숙소 직원에게 목적지를 말하고 택시를 잡아 달라고 하자.
- 30분 이상 걸리는 장거리를 갈 경우 미터기 요금으로 내기보다 흥정해서 요금을 정하고 가는 편이 이득이다.
- 베트남 택시의 미터기 요금은 기본적으로 맨 뒤의 '0' 세 자리를 생략하고 '.0'으로 표시된다. 예를 들어 미터기에 '50.0'이라고 적혀 있으면 5만 동, '100.0'이라면 10만 동이다.
- 잔돈이 없다며 거스름돈을 내주지 않는 경우가 있으므로 탑승하기 전에 대략 요금에 맞추어 현금을 준비하자.
- 택시 기사가 마사지 숍이나 해산물 레스토랑 등을 추천하는 경우가 있는데 대부분 커미션을 받고 데려가는 곳이므로 단호하게 거절하도록 하자.

여행사 전세 차량

인원수가 많거나 부모님, 아이와 함께 하는 가족 여행 시 조금 더 쾌적하고 편하게 이동하고 싶다면 단독으로 사용할 수 있는 여행사 전세 차량을 빌리는 것도 좋은 방법이다. 특히 나트랑은 공항과 시내, 대형 리조트가 많은 깜라인 지역에서 시내까지 거리가 멀어서 장거리 이동이 많은 편이라 더 유용하고, 장거리라면 택시나 그랩 요금과 큰 차이도 없어서 이용할 만하다. 한인 여행사에서 차량 서비스를 신청할 수 있다. 1회 픽업 또는 6시간, 12시간 등 원하는 시간만큼 이용이 가능하며, 차량은 인원수에 맞게 신청하면 된다. 요금은 7인승을 기준으로 1회(깜라인~시내) US$30, 4시간 US$35, 8시간 US$55 수준이다.

차량 종류와 수용 인원
4인승 2~3명 **7인승** 4~5명 **16인승** 9~12명

추천 한인 여행사
나트랑 도깨비 cafe.naver.com/zzop
베나자 cafe.naver.com/mindy7857

그랩

나트랑에서 여행자들이 가장 많이 이용하는 교통수단으로 그랩 앱만 설치하면 자신이 위치한 지점에서 쉽고 빠르게 차량을 부를 수 있다. 또한 거리에 따라 정해진 요금만 지불하면 되기 때문에 바가지요금 걱정도 덜 수 있다. 나트랑 시내 안에서 단거리를 이동할 때는 일반 택시보다 요금도 더 저렴하다. 앱에서 그랩 기사의 사진과 이용 후기 등을 확인할 수 있으며 채팅 서비스로 간단한 의사소통도 가능하다. 신용카드를 등록해 놓으면 돈을 주고받을 필요 없이 자동으로 결제되어 더 편리하다. ▶ 그랩 부르는 법 1권 P.144~145

주요 구간별 그랩 예상 요금
① 나트랑 국제공항~깜라인 10만 동~
② 혼쫑 곶~아이 리조트 7만~8만 동
③ 나트랑 시내~아이 리조트 12만~14만 동
④ 브이 프루트~골드 코스트 4만 동~
⑤ 나트랑 시내~고 나트랑 6만~8만 동
⑥ 나트랑 시내~빈원더스 나트랑 하버 7만~8만 동
⑦ 깜라인~빈원더스 나트랑 하버 45만~50만 동
⑧ 깜라인~나트랑 시내 45만~50만 동

그랩 종류

- **그랩카 GrabCar**: 보통 많이 이용하는 그랩으로 택시가 아닌 일반 4인승 승용차로 운행한다. 일반 택시보다 저렴해 이용률이 높다.
- **그랩카 7 GrabCar 7**: 7인용 차량으로 인원이 많을 때 이용하기 편하다.
- **그랩택시 GrabTaxi**: 일반 택시를 호출해 주는 서비스다. 요금이 정해진 그랩카와 달리 대략적인 예상 요금을 보여 준다. 목적지 도착 후 미터기 요금만큼 지불하면 된다. 그랩카가 잡히지 않을 경우에 이용하면 된다.
- **그랩바이크 GrabBike**: 가장 저렴한 방법으로, 차가 아닌 오토바이를 타고 이동한다. 초록색 그랩Grab 로고가 그려진 티셔츠를 입은 오토바이 운전기사가 요청한 위치로 오면 그 뒤에 타고 이동하게 된다. 오토바이라 안전을 담보할 수 없으므로 웬만하면 이용하지 않기를 권한다.
- **그랩카 플러스 GrabCar Plus**: 그랩카보다 고급 차종의 차가 배차되며 10만 동 정도 더 비싸다.

시내버스

시내 중심가에서 나트랑 근교를 연결하는 버스 노선이 있는데 여행자보다는 주로 현지인이 이용하는 교통수단이다. 버스에 차장이 있어 탑승 시 직접 요금을 지불하면 되는데 큰 짐을 가지고 탈 경우 추가 요금이 붙는다. 배차 시간을 알기 어렵고 영어 안내 방송도 하지 않아 다소 불편하고, 간혹 외국인에게 더 비싼 요금을 내라고 하는 경우가 있어 바가지요금을 조심해야 한다. 그랩이나 택시에 비해 시간이 오래 걸리고 냉방도 취약하지만 저렴한 요금으로 이동하고 싶거나 현지의 시내버스를 타보고 싶다면 한 번쯤 경험 삼아 이용할 만하다.

주요 버스 노선
- **2번** 나트랑 시내 중심 순환 버스
- **4번** 나트랑 대성당, 덤 시장, 뽀나가르 참 탑
- **5-2번** 덤 시장, 빈원더스 나트랑 하버
- **6번** 롱선사, 덤 시장, 뽀나가르 참 탑

Nha Trang Best Course
나트랑 추천 코스

일정별 코스

나트랑 초행자 맞춤!
핵심 관광에 집중한 2박 3일

나트랑 시내는 나트랑 비치와 가깝고 뽀나가르 참 탑, 혼쫑 곶 같은 관광 명소는 북쪽에 주로 위치하고 있다. 나트랑 시내는 그리 넓지 않아 도보로 충분히 돌아볼 수 있으며 주요 관광지는 그랩이나 택시로 이동하면 된다. 일정 중 하루는 나트랑의 대표 관광지인 빈원더스 나트랑에서 신나게 보내거나 푸른 바다로 아일랜드 호핑 투어를 떠나보자.

TRAVEL POINT
- **이런 사람 팔로우!** 나트랑을 처음 여행한다면
- **여행 적정 일수** 꽉 채운 3일
- **여행 준비물과 팁** 뜨거운 햇볕을 가릴 모자와 선글라스, 아일랜드 호핑 투어를 위한 수영복
- **사전 예약 필수** 아일랜드 호핑 투어

DAY 1

나트랑 시내 중심의 명소 산책

- **소요 시간** 9~10시간
- **예상 경비**
  입장료 3만 동 + 교통비 15만 동~ + 식비 30만 동
  = Total 48만 동~
- **점심 식사는 어디서 할까?**
  나트랑 시내의 식당
- **기억할 것** 더운 날씨에는 10분 이상 걷기 힘들다. 요금이 저렴한 그랩을 적극 활용하자.

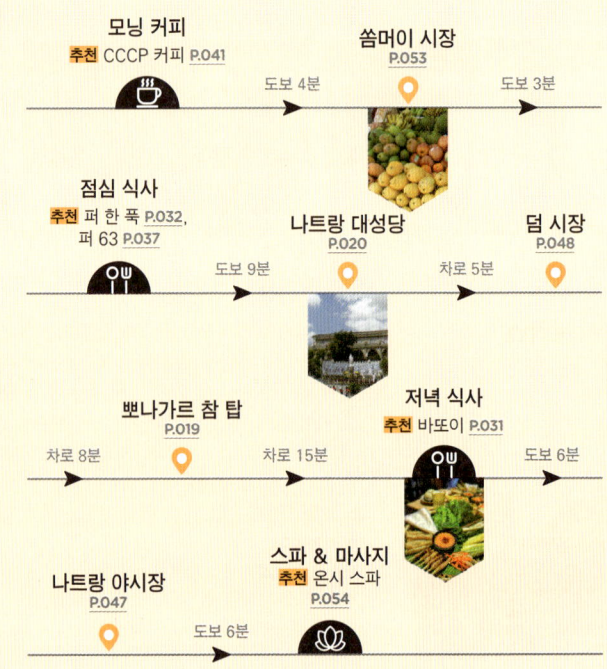

모닝 커피
추천 CCCP 커피 P.041
→ 도보 4분 →
쏨머이 시장 P.053
→ 도보 3분 →
점심 식사
추천 퍼 한 폭 P.032, 퍼 63 P.037
→ 도보 9분 →
나트랑 대성당 P.020
→ 차로 5분 →
덤 시장 P.048
→ 차로 8분 →
뽀나가르 참 탑 P.019
→ 차로 15분 →
저녁 식사
추천 바또이 P.031
→ 도보 6분 →
스파 & 마사지
추천 온시 스파 P.054
→ 도보 6분 →
나트랑 야시장 P.047

NHA TRANG

DAY 2
빈원더스 나트랑에서 신나는 하루

- **소요 시간** 11~12시간
- **예상 경비**
  입장료 95만 동 + 교통비 15만 동~ + 식비 40만 동
  = Total 150만 동~
- **점심 식사는 어디서 할까?**
  빈원더스 나트랑 내 식당
- **기억할 것** 빈원더스 나트랑은 규모가 크고 즐길 거리가 많아 온종일 머물러도 아쉬울 수 있다.

숙소 출발 (나트랑 시내) — 이동 → 빈원더스 나트랑 하버 P.024 — 케이블카로 이동 → 빈원더스 나트랑 도착, 알파인 코스터 & 집라인 — 도보 → 식물원, 아쿠아리움, 놀이 기구 — 도보 → 점심 식사 — 도보 → 워터 파크 — 케이블카 + 차로 12분 → 타타 쇼 관람 — 도보 → 저녁 식사 추천 응온 갤러리 P.031 — 도보 3분 → 비치 펍 추천 세일링 클럽 P.046

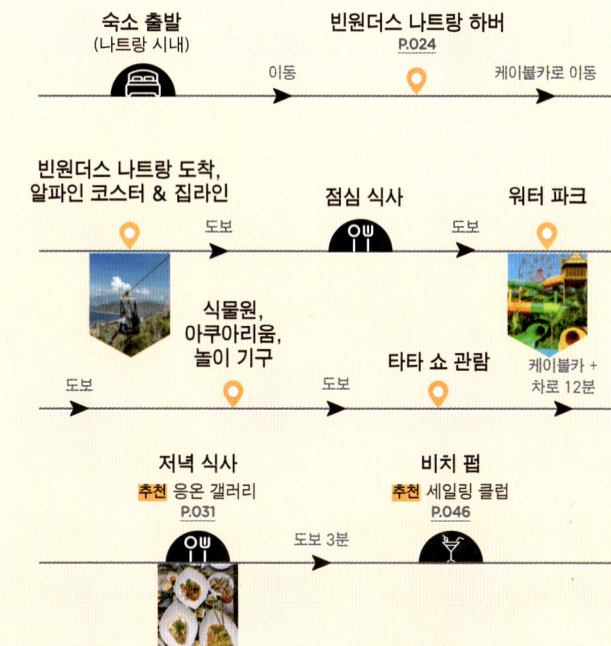

DAY 3
푸른 바다로 떠나는 아일랜드 호핑 투어

- **소요 시간** 11~12시간
- **예상 경비**
  투어 80만 동~ + 교통비 10만 동~ + 식비 60만 동
  = Total 150만 동~
- **점심 식사는 어디서 할까?**
  아일랜드 호핑 투어 포함
- **기억할 것** 아일랜드 호핑 투어 상품 중에는 머드 스파가 포함된 경우도 있으므로 취향대로 골라보자. 날씨가 좋지 않은 날이라면 아일랜드 호핑 투어 대신 아이 리조트 같은 곳에서 머드 스파를 해도 색다른 즐거움이 느껴진다.

머드 스파와 아일랜드 호핑 투어는 미리 예약하는 게 좋아요.
➡ 머드 스파 즐기기 1권 P.034
➡ 아일랜드 호핑 투어 1권 P.038

아일랜드 호핑 투어 출발 1권 P.034 — 배로 이동 → 섬에서 스노클링 물놀이 — 이동 → 점심 식사 (투어 포함) — 이동 → 스노클링 또는 머드 스파 1권 P.038 — 배 + 차로 이동 → 숙소에서 휴식 — 이동 → 저녁 식사 추천 피자 포피스 P.038 — 도보 1분 → 루프톱 바 추천 앨티튜드 루프톱 바 P.045 — 도보 4분 → 롯데마트 P.050

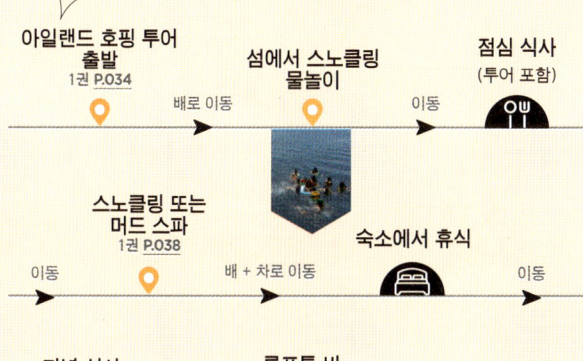

나트랑 **013**

특별한 하루 코스 1

갓성비 쇼핑의 기쁨 만끽하기

나트랑은 한국보다 물가가 훨씬 저렴해 알뜰 쇼핑의 성지로 통한다. 흥정만 잘하면 라탄 소품, 이색적인 기념품, 의류 등을 저렴하게 구입할 수 있어 쇼핑하는 재미가 쏠쏠하다. 마트에서는 커피, 차, 건과일 같은 특산품을 싼값에 살 수 있다.

FOLLOW 이런 사람 팔로우!
- 쇼핑 마니아
- 알뜰 쇼핑을 원한다면

▶ **소요 시간** 10~11시간

▶ **예상 경비**
입장권 3만 동~ + 교통비 20만 동~ + 식비 90만 동 + 쇼핑비
= Total 113만 동~

▶ **기억할 것** 쏨머이 시장은 나트랑 시내에 있는 재래시장으로 열대 과일을 싸게 살 수 있어 인기가 있다. 그 자리에서 먹기 좋게 손질해서 포장도 해준다. 쇼핑으로 짐이 늘어난다면 중간에 잠깐 숙소에 다녀올 수도 있다. 가까운 거리는 걸어서 움직이고 10분 이상 거리는 그랩으로 편하게 이동하면 된다.

- 카페에서 아침 식사 · 추천 안 카페 P.041 (안 카페)
- 도보 6분
- 쏨머이 시장에서 열대 과일 쇼핑 P.053
- 도보 3분
- 기념품과 잡화 쇼핑 · 추천 키사 수비니어 P.052 (키사 수비니어)
- 도보 1분
- 점심 식사 · 추천 쏨머이 가든 P.030
- 도보 12분
- 나트랑 대성당에서 기념사진 P.020
- 차로 5분
- 덤 시장에서 라탄 가방, 의류 쇼핑 P.048 (덤시장)
- 차로 8분
- 뽀나가르 참 탑에서 기념사진 P.019
- 차로 8분
- 저녁 식사 · 추천 피자 포피스 P.038
- 도보 1분
- 루프톱 바에서 야경 · 추천 앨티튜드 루프톱 바 P.045
- 도보 4분
- 롯데마트에서 기념품, 식료품 쇼핑 P.050

특별한 하루 코스 2

나트랑의 별미 따라 떠나는 미식 기행

여행지에서 다양한 음식을 맛보며 여행의 의미와 기쁨을 찾는 미식가에게 알맞은 코스다. 베트남 요리의 정수를 경험할 수 있는 맛집과 베트남의 독특한 디저트, 달콤한 열대 과일까지 다채롭게 누릴 수 있다. 또한 나트랑은 바다와 접하고 있어 해산물이 풍부하고 가격도 한국에 비하면 훨씬 저렴하니 푸짐하게 즐겨 보자.

FOLLOW
이런 사람 팔로우!
- 맛집 탐방을 좋아하는 미식가
- 이국적인 맛에 도전하고 싶다면

▸ **소요 시간** 9~10시간

▸ **예상 경비**
교통비 10만 동~ + 식비 200만 동~ + 마사지 40만 동~
= Total 250만 동~

▸ **기억할 것** 베트남 사람들이 아침으로 즐겨 먹는 쌀국수는 더운 시간을 피해 아침으로 먹을 것을 추천한다. 쏨머이 시장은 시세를 알고 가면 싼값에 열대 과일을 살 수 있어 과일을 좋아하는 알뜰족에게는 천국이나 다름없다. 중간중간 시원한 카페에서 달콤한 베트남 커피와 이색적인 베트남 디저트 째나 깸버도 맛볼 수도 있다. 무제한 랍스터 뷔페가 부담스럽다면 로컬 해산물 식당으로 가면 알뜰하면서도 풍족하게 즐길 수 있으니 예산에 맞게 골라 보자.

미보 쯔론

나트랑 대성당

비부 째

- **베트남 쌀국수로 아침 식사**
  추천 미보 쯔론 P.035
  도보 2분
- **로컬 디저트 즐기기**
  추천 브이 프루트 P.042
  도보 4분
- **쏨머이 시장에서 열대 과일 먹기** P.053
  도보 10분
- **나트랑 대성당에서 기념사진** P.020
  도보 1분
- **카페에서 코코넛 커피**
  추천 카페 호앙 뚜언 P.044
  차로 8분
- **나트랑 비치에서 일광욕 또는 해수욕** P.018
  도보 5분
- **디저트 타임**
  추천 비부 째 P.043
  도보 3분
- **쇼핑몰 둘러보기**
  추천 빈콤 플라자 P.051
  도보 4분
- **저녁 식사**
  추천 응온 갤러리 P.031
  도보 7분
- **나트랑 야시장 구경하기** P.047
  도보 3분
- **스파 & 마사지**
  추천 카사 스파 P.055

응온 갤러리

나트랑 관광 명소

나트랑 시내는 나트랑 비치에서 가까워 도보로 쉽게 이동할 수 있다. 뽀나가르 참 탑, 롱선사, 혼쫑 곶 등은 나트랑 시내에서 북쪽에 위치해 택시나 그랩을 타고 이동하면 된다. 시내를 중심으로 돌아본 후 북쪽의 주요 관광지를 묶어서 둘러보는 동선으로 일정을 짜면 편리하다.

ⓞ1 나트랑 비치
Bãi Biển Nha Trang
Nha Trang Beach

추천

나트랑을 대표하는 해변

7km 가까이 길게 이어지는 나트랑 비치는 베트남에서 가장 아름다운 해변으로 손꼽힌다. 나트랑 시내와 붙어 있어 접근성이 뛰어나고, 키 큰 야자수와 초록빛 바다가 넘실거리는 해변이 끝없이 펼쳐진다. 모래가 곱고 파도도 높지 않은 편이라 나트랑을 찾는 남녀노소 누구나 즐길 수 있는 만인의 해변이다. 해변을 따라 걷기 좋은 산책로가 조성돼 있어 아침부터 밤까지 해변을 산책하는 이들이 많아 활기가 넘친다.

고급 호텔 중에는 나트랑 비치에 전용 파라솔과 선베드를 운영하는 곳이 있고 유료로 빌릴 수도 있어 해수욕을 즐기거나 선베드에 누워서 느긋하게 시간을 보내기 그만이다. 해변 중간쯤에 우뚝 서 있는 연꽃 모양의 쩜흐엉 타워Tháp Trầm Hương에 오르면 탁 트인 시야로 발아래 펼쳐진 나트랑 비치를 내려다볼 수 있다.

📍
지도 P.016
가는 방법 나트랑 시내에서 도보 5분
주소 Trần Phú Quảng Trường, Hai Tháng Tư

뽀나가르 참 탑
Tháp Bà Pô Nagar
Ponagar Tower

가장 오래된 고대 참파 왕국의 유적지

8~13세기에 지어진 사원으로 인도 힌두교의 영향을 받은 고대 왕국의 유적지이자 가장 오래된 참파 왕국 유적지로 손꼽힌다. 4개의 거대한 탑과 장수와 풍요를 가져다준다는 어머니 신 뽀나가르Pô Nagar를 보기 위해 많은 사람들이 방문한다. 뽀나가르 사원군은 크게 두 구역으로 나뉜다. 입구에 들어서서 가장 먼저 나타나는 현관 개념의 첫 번째 구역은 참족이 종교의식을 지내기 전 공물을 준비하던 곳으로 만다파Mandapa라고 부른다. 두 번째 구역은 본격적인 사원 단지로 오른쪽에 가장 큰 탑이 뽀나가르이고 그 주위에 작은 탑이 여러 개 자리 잡고 있다. 붉은 벽돌을 견고하게 쌓아 올린 사원의 이국적이고 독특한 건축미를 감상할 수 있으며 전통 공연이 열리기도 한다.

지도 P.016 **가는 방법** 나트랑 시내에서 차로 10분
주소 61 Hai Tháng Tư, Vĩnh Phước **운영** 06:00~17:30
요금 입장권 일반 3만 동

TIP
- 붉은빛의 이국적인 건축물이 더없이 아름다워 최근에는 인생 샷을 찍으려는 사람들도 많이 찾는다. 곳곳에 포토 존이 있으니 멋진 사진을 남겨 보자.
- 반바지나 치마를 입으면 사원 외부 관람은 가능하지만 내부는 입장 불가하다. 입구에서 가운을 무료로 빌려주므로 입고 들어가면 된다.

03 나트랑 대성당
Nhà Thờ Núi
Nha Trang Cathedral

웅장한 고딕 양식 건축미가 돋보이는 대성당

베트남이 프랑스 식민지이던 시절, 6년간의 공사 끝에 1933년에 완성한 아름다운 고딕 양식의 성당으로 야트막한 언덕 위에 자리 잡고 있다. 화려한 종탑과 성당 내부의 아치형 천장, 아름다운 스테인드글라스가 돋보이는 곳으로 미사를 드리지 않는 시간에는 내부를 둘러볼 수 있다. 유럽의 대성당에 버금가는 건축미를 보여 주어 현지인들에게는 웨딩 사진 촬영 장소로도 인기를 모은다. 입장료는 무료지만 성당 입구에 기부를 요청하는 경비원이 있으므로 입장료 개념으로 1만 동 정도의 소액을 기부하고 들어가는 편이 마음 편하다.

지도 P.016
가는 방법 나트랑 시내에서 도보 13분
주소 01 Thái Nguyên, Phước Tân
운영 07:00~17:00

04 롱선사
Chùa Long Sơn
Long Son Temple

거대한 좌불로 유명한 사원

1886년에 세워진 후 1900년 태풍 피해로 파괴되어 1940년에 복원한 불교 사원이다. 사원 뒤쪽에 있는 152개의 계단을 따라 언덕을 오르면 왼쪽에 거대한 와불이 놓여 있고 정상에는 높이 24m에 달하는 거대한 좌불이 나타난다. 계단이 많은 편이라 체력적으로 지칠 수 있으므로 더운 낮 시간대는 피하는 편이 낫다. 정상에 올라가면 탁 트인 시야로 나트랑 시내를 조망할 수 있다.

지도 P.016
가는 방법 나트랑 시내에서 차로 7분
주소 22 Đ. 23 Tháng 10, Phương Sơn
운영 24시간

혼쫑 곶
Hòn Chồng
Cape Hon Chong

푸른 바다를 품은 이국적인 곳

나트랑 시내에서 북쪽으로 4.5km 정도 떨어진 곳에 위치한 혼쫑 곶은 바다로 돌출된 뾰족한 땅과 크고 작은 암석들이 이색적인 풍광을 이룬다. 푸른 바다와 거대한 화강암 바위가 어우러진 풍경을 보려는 사람들이 몰려드는 곳이다. 입장권을 끊고 들어가면 가장 먼저 보이는 곳에 베트남 전통악기를 전시하는데 직원들이 악기를 연주해 주기도 한다. 계단을 따라 내려가면 바닷가에 거대한 바위가 무리 지어 있는 해안 절벽 풍광이 시선을 압도한다.

지도 P.016
가는 방법 나트랑 시내에서 차로 12분
주소 Vĩnh Phước
운영 06:00~18:00
요금 입장권 일반 3만 동

TIP
혼쫑 곶을 둘러보고 오른쪽의 계단을 따라 올라오면 카페로 연결되는데 이곳에서 보는 전망 또한 기가 막히다. 시원한 음료나 아이스크림 등으로 더위도 식히며 이국적인 혼쫑 곶과 바다 풍경을 감상하노라면 시간이 가는 것도 잊게 된다.

06 나트랑 선셋 디너 크루즈
Nha Trang Sunset Dinner Cruise

여유 만만 로맨틱한 선셋 크루즈

나트랑에서 색다른 추억을 만들고 싶다면 디너 크루즈에 몸을 실어 보자. 매일 저녁 운영하는 디너 크루즈는 선상에서 아름다운 일몰을 감상하며 여유롭게 저녁 식사를 즐길 수 있다. 투어 옵션에 따라 차이가 있지만 간단한 애피타이저와 스테이크, 랍스터 등의 디너 코스를 포함하는 투어가 인기 있다. 멋진 일몰과 야경부터 라이브 공연까지 고급스러운 크루즈 안에서 감상할 수 있어 부모님과 함께 하는 여행이라면 그야말로 최고다. 시원한 바닷바람을 맞으며 낭만적인 선셋 크루즈에서 보내는 시간이 충만한 행복감을 선사한다.

지도 P.016
가는 방법 나트랑 시내에서 차로 12분, 빈원더스 나트랑 하버에서 출발
주소 05 Trần Phú, Vĩnh Hoà
문의 086 204 2679
운영 16:30(3~4시간 소요)
요금 로맨틱 선셋 크루즈(식사 포함) 120만 동
홈페이지 sealifegroup.com

07 나트랑 해양박물관
Museum of Oceanography

해양 생물을 가까이 관찰할 수 있는 박물관

바닷속에 사는 해양 생물을 관찰할 수 있는 박물관으로 프랑스 식민지 시대이던 1922년에 설립했다. 베트남 인근 남중국해에 서식하는 다양한 해양 생물을 살펴볼 수 있다. 아쿠아리움 안에는 만타 가오리, 산호 물고기, 바다거북 등 300여 종의 해양 생물이 살고 있고, 이 외에도 해양 생물 표본을 다양하게 전시하고 있다. 18m에 달하는 거대한 고래 뼈와 듀공 뼈 등도 가까이에서 볼 수 있다. 규모가 그리 크지는 않지만 아이들과 함께 가볍게 둘러보기에 좋다.

지도 P.016
가는 방법 나트랑 시내에서 차로 12분
주소 Số 1, Cầu Đá
문의 0258 3590 037
운영 06:00~18:00
요금 입장권 일반 4만 동, 학생 2만 동, 어린이 1만 동
홈페이지 baotanghdh.vn

원숭이섬
Hòn Lao
Monkey Island

원숭이들이 가득한 푸른 섬

나트랑 중심에서 벗어나 이색적인 섬으로 떠나보고 싶다면 원숭이섬을 추천한다. 나트랑 북쪽에 위치한 롱푸 투어 선착장(Bến tàu du lịch Long Phú)에서 보트를 타고 15분 정도 가면 도착한다. 입장권에 왕복 보트 요금이 포함되며 보트는 약 30분마다 운행한다. 원숭이섬이라는 이름에서 짐작할 수 있듯 섬 안에는 수십 마리의 원숭이가 울타리 없이 자유롭게 살고 있기 때문에 원숭이들을 생생하게 접할 수 있다. 다만 사나운 원숭이가 있을 수 있으므로 너무 가까이 접촉하지 말고 먹이를 줄 때도 조심해야 한다. 섬 안에는 간단한 음료나 스낵을 사 먹을 수 있는 매점이 있고 곳곳에 포토 존이 있어 사진을 찍기도 좋다. 원숭이 말고도 섬 자체가 아름답고 투명한 바다가 둘러싸고 있어 현지인들은 수영복과 타월 등을 챙겨 와 물놀이를 즐기기도 한다.

가는 방법 나트랑 시내에서 롱푸 투어 선착장까지 차로 약 30분, 보트를 타고 약 15분
주소 Lương Sơn
운영 07:30~16:30
요금 입장권 일반 15만 동, 어린이 8만 동
홈페이지 www.longphutourist.com

TIP

- 원숭이들의 재롱을 볼 수 있는 원숭이 쇼 일정: 10:00, 14:00, 15:15
- 다양한 동물이 살고 정원이 아름다운 화란섬도 이웃하고 있어 같이 둘러봐도 좋다. (화란섬 입장권 일반 20만 동, 어린이 12만 동)
- 나트랑 시내에서 거리가 먼 편이라 선착장까지 그랩으로 이동 시 편도 기준 요금이 20만 동 정도 나온다. 여행 플랫폼 클룩이나 한인 여행사 등의 투어 상품을 이용하면 이동하기가 훨씬 편하다.

SPECIAL THEME

빈원더스 나트랑
VinWonders Nha Trang

나트랑 No.1 테마파크

육지에서 떨어진 혼쩨섬의 62헥타르에 달하는 거대한 부지에 워터 파크, 동물원, 놀이 기구, 아쿠아리움 등 크게 6개 테마로 구역이 나뉘어 있다. 빈펄 리조트&스파Vinpearl Resort & Spa도 함께 있어서 가족 단위 여행자들은 이곳에 투숙하는 것을 선호한다. 워낙 규모가 크고 즐길 거리도 다양해 하루를 온종일 투자해도 모자랄 정도다. 하루쯤은 동심으로 돌아가 놀이 기구와 워터 파크를 즐기고, 해변을 누비며 신나게 놀아보자.

가는 방법 빈원더스 나트랑 하버(나트랑 전용 선착장)에서 케이블카로 약 10분
주소 City, Dao, Hòn Tre
문의 1900 6677   **운영** 08:00~20:00
요금 입장권(케이블카 왕복 요금 포함) 일반 95만 동, 어린이 71만 동
홈페이지 vinwonders.com

Access

빈원더스 나트랑 하버에서 케이블카를 타고 왕복 이동이 가능하다. 빈펄 리조트 투숙객은 셔틀 보트를 이용할 수 있다. 빈원더스 나트랑 하버까지는 나트랑 시내에서 차로 10분 정도 걸리는데 택시나 그랩을 타고 이동하면 된다.

케이블카 운영 시간(빈원더스 나트랑 방문객) 08:00~22:00
셔틀 보트 운영 시간(빈펄 리조트 투숙객 전용) 빈원더스 나트랑 하버 출발 08:00~19:00(배차 간격 30분)
빈원더스 나트랑 출발 08:15~20:15(배차 간격 30분)

빈원더스는 베트남의 빈그룹에서 운영하는 초대형 테마파크로 베트남 곳곳에 있는데, 이 중에서도 규모나 질 면에서 빈원더스 나트랑이 최고로 꼽힌다. 케이블카 또는 배로 10분 정도 걸리는 거리에 떨어진 혼째섬Hòn Tre에 있으며 테마파크와 리조트를 함께 운영해 아이를 동반한 가족 여행자라면 필수로 가 봐야 하는 곳이다.

잊지 말아야 할 체크 사항

☑ 이왕이면 일찍 움직이자
빈원더스 나트랑은 규모도 크고 즐길 거리도 많아 골고루 이용하려면 일찍 서둘러 찾아가야 한다. 야외 놀이 기구가 많은 만큼 워터 파크나 집라인 같은 시설은 일찍 운영을 종료하기도 하므로 오전부터 신나게 즐겨야 아쉬움이 덜하다.

☑ 집라인과 알파인 코스터는 입장 후 바로 공략하기
페어리 랜드Fairy Land 구역으로 가면 바로 집라인과 알파인 코스터를 탈 수 있는 탑승장이 나온다. 빈원더스 나트랑에서 가장 인기가 많은 어트랙션이라 사람이 많고 특히 집라인은 30분 간격으로 운영해 경쟁이 더욱 치열하니 미리 공략하자.
운영 집라인 09:00~17:00, 알파인 코스터 08:30~19:00

☑ 음식물은 반입 금지
원칙적으로 음식물 반입을 금지하기 때문에 케이블카와 셔틀 보트를 타기 전 짐을 검사하는 경우도 있다. 빈원더스 나트랑 안에 롯데리아와 스타벅스가 있고, 베트남 음식을 파는 레스토랑이나 스낵 바가 곳곳에 있어 먹을거리 걱정은 하지 않아도 된다.

☑ 환상적인 타타 쇼 즐기기
매일 저녁 열리는 타타 쇼는 빈원더스 나트랑의 백미로 꼽히는 멀티미디어 쇼로 이왕이면 꼭 즐겨 보자. 분수 쇼를 구경하고 이동하면 시간이 딱 맞는데 공연을 앞쪽에서 보고 싶다면 분수 쇼가 끝나기 전에 이동하는 것이 좋다.

이것만은 꼭! 빈원더스 나트랑의 하이라이트

빈원더스 나트랑은 규모가 크고 어트랙션도 다양해 즐길 거리가 넘친다. 짜릿한 알파인 코스터와 집라인, 신나는 물놀이가 기다리는 워터 파크와 환상적인 타타 쇼까지. 한정된 시간에 놓치지 말아야 할 하이라이트를 소개한다.

동물들과 함께하는
킹스 가든 King's Garden

온갖 새와 기린, 얼룩말 등을 만날 수 있는 정원으로 그중에서도 최고 인기 스폿은 플라밍고 레이크다. 호수 위와 호수 주위에서 유유히 움직이는 100여 마리의 플라밍고를 볼 수 있는데 비현실적인 동화 같은 풍경 덕분에 포토 존으로 인기 있다. 바위 위에 앉으면 분홍빛 플라밍고와 그 너머 대관람차까지 담기는 구도로 인증 샷을 찍을 수 있다. 기린과 얼룩말에게 직접 먹이를 주며 보내는 시간도 놓치지 말자.

스릴 넘치는 드라이빙
알파인 코스터 Alpine Coaster

빈원더스 나트랑에서 가장 인기가 많은 어트랙션. 1,865m에 달하는 코스로 올라갈 때는 자동이고, 내려올 때는 스스로 스피드를 조절하며 짜릿한 스릴을 맛볼 수 있다. 높은 곳에서 내려올 때 혼쩨섬의 풍광이 한눈에 들어온다.

*집라인은 30분 간격으로 운영하며 2인까지 탑승이 가능하다. 알파인 코스터를 타고 올라가 중간 지점에서 정차한 후 이동하면 집라인 타는 곳이 나온다.

더위를 날려 줄 신나는 워터 파크
트로피컬 파라다이스 Tropical Paradise

약 40개에 달하는 다양한 워터 슬라이드를 비롯해 즐길 거리가 풍부한 워터 파크로 바다와 연결되어 있다. 파도 풀과 역방향으로 미끄러지는 킹코브라도 놓치면 아쉽다. 사물함(유료)과 샤워 시설을 갖추었으며 바다에서는 제트스키나 카약 등 해양 스포츠(유료)에도 도전할 수 있다.

신비로운 바닷속 세상
시 월드 Sea World

3,400m² 면적의 수족관에 신기한 바다 생물이 살아가는 언더워터 월드 아쿠아리움. 북아시아, 남아시아, 아마존 등으로 구역을 나누어 놓았으며 매일 오전 10시와 오후 5시에는 먹이 주기 체험이 가능하고, 오전 11시와 오후 3시에는 인어 쇼가 펼쳐진다.

웨이팅 없이 놀이 기구 만끽하기
어드벤처 랜드 Adventure Land

신나는 놀이 기구를 마음껏 탈 수 있는 놀이공원 존으로 놀이 기구에 비해서 사람이 적은 편이라 기다리지 않고 바로 탈 수 있다는 것이 가장 큰 장점이다. 짜릿한 롤러코스터, 번지점프 등 종류도 다양하니 신나게 즐기자.

*페어리 랜드 구역 내 어드벤처 랜드는 실내 오락 시설을 갖춘 곳으로 게임기, 가상현실(VR) 등을 무료로 즐길 수 있다.

멋진 뷰를 감상할 수 있는
스카이 휠 Sky Wheel

빈원더스 나트랑을 상징하는 거대한 대관람차. 약 20분 동안 느릿느릿 돌아가는 대관람차는 멋진 전망을 내다볼 수 있으며 해 질 무렵 일몰과 야경을 감상하기에도 제격이다. 도착하자마자 가장 먼저 대관람차를 타면서 테마파크 전체를 훑어보는 것도 괜찮은 방법이다.

환상적인 멀티미디어 쇼
타타 쇼 Tata Show

약 1,000만 US$를 투자해 구성한 베트남 최초의 멀티미디어 쇼다. 선과 악의 대결을 테마로 전문 공연단이 3D 매핑 기술을 이용해 화려하고 환상적인 쇼를 선사한다. 상상 이상의 즐거움을 만끽할 수 있는 쇼이니 놓치지 말자.

공연 시간 19:30~20:10

나트랑 맛집

현지인이 좋아하는 맛의 베트남 요리를 경험할 수 있는 로컬 식당부터 신선한 해산물을 푸짐하게 먹을 수 있는 해산물 식당, 이국적인 맛의 음식을 선보이는 레스토랑까지. 나트랑에서 누리는 식도락은 폭이 넓고 값도 비교적 싸서 만족도가 높다. 다채로운 맛의 향연이 기다리는 나트랑 맛집 탐방에 나서 보자.

쏨머이 가든 *Xóm Mới Garden*

위치	쏨머이 시장 주변
유형	신규 맛집
주메뉴	분짜, 포크립, 반미

😊→ 누구나 부담 없이 즐기기 좋은 대중적인 베트남의 맛
😐→ 현지인보다는 관광객이 많이 찾는 편

가는 방법 쏨머이 시장 도보 4분, CCCP 커피에서 도보 2분
주소 144 Võ Trứ, Tân Lập
문의 0777 651 004
영업 06:30~22:00
예산 반쌔오 11만 9,000동~, 포크립 11만 동~

베트남 요리를 비롯해 바비큐 포크립, 반미, 카페 메뉴까지 한곳에서 맛볼 수 있는 복합 레스토랑 콘셉트로 운영 중인 곳이다. 1층은 야외 정원 분위기, 2층은 베트남 감성의 인테리어가 돋보이며 냉방 시설도 갖추고 있다. 푸짐하게 나오는 반쌔오와 국물이 진한 소고기 쌀국수 퍼보, 바비큐 포크립이 베스트셀러. 베트남식 바게트 샌드위치 반미와 베트남 커피도 즐길 수 있다. 베트남 요리와 스테이크를 같이 선보여 아이를 동반한 가족 단위 여행객에게 특히 인기다. 메뉴가 무척 다양한데 사진이 함께 실려 있어 고르기 쉽고 직원들도 친절하다.

응온 갤러리
Ngon Gallery

위치	나트랑 비치 주변
유형	대표 맛집
주메뉴	랍스터, 해산물 요리

🙂→ 무제한으로 즐기는 랍스터와 해산물 성찬
🙂→ 가격대가 높은 편

나트랑에서 해산물을 원 없이 먹고 싶다면 이만한 곳이 없다. 무한 리필 해산물 뷔페로 호텔에서 운영하는 레스토랑답게 분위기가 우아하다. 랍스터를 포함해 모든 요리가 무제한이며 육해공을 넘나드는 다채로운 요리를 정갈하게 뷔페 형태로 제공한다. 이 밖에 음료와 디저트까지 고루 갖추고 있다. 랍스터를 주문하면 단품 요리처럼 따로 나오기 때문에 퀄리티가 더 뛰어나고 즉석요리나 라이브 공연 등 서비스도 탁월하다. 가격대가 조금 높아도 해산물을 푸짐하게 먹고 싶다면 가볼 만하다.

가는 방법 세일링 클럽 도보 3분, 시타딘 호텔 2층에 위치
주소 2nd Floor, Citadines Bayfront, 62 Trần Phú
문의 091 547 0066
영업 해산물 뷔페 17:30~22:00
예산 성인 1인 155만 동 *서비스 차지 + 세금 15% 추가

바또이
Bà Tôi

위치	브이 프루트 주변
유형	대표 맛집
주메뉴	베트남 가정식 요리

🙂→ 다채롭게 즐기는 베트남 가정식 요리
🙂→ 손님이 많아 붐비는 편

바또이는 베트남어로 '할머니'를 뜻하는데, 상호에 걸맞게 할머니가 해주신 것 같은 소박하면서도 맛있는 베트남 가정식 요리를 선보이는 레스토랑이다. 베트남식 부침개 반쌔오, 한입 크기의 반콧, 촉촉한 라이스롤과 구운 고기의 맛이 매력적인 반꾸온틷느엉 등이 대표 메뉴. 밥과 반찬, 국 등으로 구성된 세트 메뉴를 주문하면 베트남식 집밥을 맛볼 수 있다. 강렬한 색감과 아기자기한 소품으로 꾸민 실내 또한 이국적인 분위기가 물씬 풍긴다.

가는 방법 브이 프루트에서 도보 1분
주소 68/4 Đống Đa, Tân Lập
문의 0258 3515 118
영업 10:00~14:00, 17:00~21:00
예산 반쌔오 5만 7,000동~, 반콧 6만 5,000동~

껌냐 곡 하노이
Cơm nhà Góc Hà Nội

위치	브이 프루트 주변
유형	대표 맛집
주메뉴	분짜, 냄란

😊 → 찾기 쉬운 위치에 있으며 한국인 입맛에 맞음
🌿 → 야외 자리는 더운 편

이름에서 알 수 있듯이 베트남 북부 하노이의 대표 음식을 선보이는 베트남 가정식 레스토랑으로 한국인에게도 인기 만점이다. 숯불에 구운 고기를 채소, 국수와 함께 먹는 분짜를 비롯해 바삭하게 튀긴 냄란, 볶음밥, 모닝글로리 볶음 등이 추천할 만한 메뉴다. 특히 분짜는 값싸고 맛이 좋아 분짜 맛집으로 통한다. 여행자들이 찾아가기 쉬운 시내 중심에 위치하는 데다 부담 없는 가격에 맛도 괜찮은 편이라 늘 붐빈다.

📍 **가는 방법** CCCP 커피 맞은편
주소 142 Bạch Đằng, Tân Lập
문의 0258 3511 522
영업 10:00~21:00
예산 분짜 5만 동~, 냄란 10만 동~

퍼 한 푹
Phở Hạnh Phúc

위치	쏨머이 시장 주변
유형	대표 맛집
주메뉴	퍼보

😊 → 저렴한 베트남 쌀국수 맛집
🌿 → 현지인보다는 여행자 손님이 대부분

나트랑을 대표하는 쌀국수 맛집으로 진한 국물과 부드러운 국수 맛이 조화롭다. 일반 쌀국수와 뚝배기에 담겨 나오는 쌀국수로 나뉘는데, 뚝배기 쌀국수는 뜨거운 육수에 샤부샤부처럼 재료를 넣어서 익혀 먹는 재미가 있다. 추천 메뉴는 뚝배기에 육수와 고기, 국수, 채소가 따로 나오는 사태 뚝배기 쌀국수(퍼토다따이밥 Phở thố Đa' Tại Bắp)다. 무난한 기본 쌀국수를 먹고 싶다면 사태 쌀국수(퍼따이밥 Phở Tái Bắp)를 추천한다.

📍 **가는 방법** 쏨머이 시장에서 도보 2분
주소 19 Ng. Gia Tự, P
문의 0978 117 235
영업 06:00~21:00
예산 퍼보 6만 동~, 뚝배기 쌀국수 8만 5,000동~

당 반 꾸옌
Đặng Văn Quyên

위치	덤 시장 주변
유형	로컬 맛집
주메뉴	냄느엉, 분팃느엉

😊 → 저렴한 가격에 맛보는 현지인 맛집
😑 → 나트랑 시내에서 다소 먼 거리

현지인 맛집으로 통하는 냄느엉 전문점. 냄느엉은 베트남식 돼지고기 꼬치구이다. 라이스페이퍼에 채소와 바삭한 튀김, 꼬치에 구운 고기를 함께 싸서 소스를 찍어 먹으면 아삭하고 맛있다. 바삭하게 튀긴 스프링 롤, 짜조, 구운 고기와 채소를 같이 비벼 먹는 분팃느엉도 추천 메뉴다. 한국인 입맛에도 거부감 없이 잘 맞으며 현지인 중심의 식당치고는 내부도 제법 넓고 깔끔한 편이다. 덤 시장과 가까워 한 번에 같이 가보면 좋다.

📍 **가는 방법** 덤 시장 도보 4분
주소 16A Lãn Ông, Xương Huân
문의 0258 3826 737
영업 07:30~20:30
예산 냄느엉 5만 동, 분팃느엉 5만 5,000동

락깐
Lạc Cảnh

위치	덤 시장 주변
유형	로컬 맛집
주메뉴	바비큐

😊 → 다양한 재료를 구워 먹는 재미와 맛
😑 → 현지인 위주라 의사소통이 다소 어려움

베트남식 화로구이로 현지에서 꽤 유명한 오래된 맛집이다. 숯불 화로에 양념에 재운 오징어, 새우, 돼지고기 등을 올려서 구워 먹는데 이곳만의 특제 양념 맛이 일품이다. 메뉴가 다소 많은 편으로 돼지갈비구이 스언느엉 Sườn Nướng과 오징어, 새우 요리가 맛있고, 다진 새우와 고기를 사탕수수대에 꽂은 짜오똠느엉미아 Chạo Tôm Nướng Mía와 새콤한 채소 샐러드도 별미다. 여기에 반미나 볶음밥을 더하면 더 풍성하게 먹을 수 있다.

📍 **가는 방법** 덤 시장 도보 7분
주소 77 Nguyễn Bỉnh Khiêm, Xương Huân
문의 0258 3821 391
영업 10:00~22:00
예산 스언느엉 13만 동, 짜오똠느엉미아 3만 6,000동

냐항 루엉선깡
Nhà Hàng Lương Sơn Cảng

위치	나트랑 야시장 주변
유형	신규 맛집
주메뉴	해산물 요리

😊 → 비교적 싼값에 즐길 수 있는 해산물
🟢 → 랍스터 크기는 작은 편

나트랑 시내에 위치한 해산물 레스토랑으로 비교적 저렴한 가격에 해산물을 양껏 먹을 수 있어 여행자 사이에서 소문이 자자하다. 각종 해산물 재료를 고른 후 튀김, 구이, 찜 등 원하는 조리법과 마늘, 버터, 치즈 등 소스를 고를 수 있다. 대표 메뉴는 랍스터로 개당(약 300g) 가격이 정찰제라 바가지 쓸 위험이 없어 여행자들에게 특히 환영받는다. 새우구이와 조개볶음 등도 맛있다. 실내 분위기도 깔끔하고 음식 맛과 가격이 두루두루 만족스러워 남녀노소 모두 좋아한다.

가는 방법 나트랑 야시장에서 도보 4분
주소 04 Hùng Vương, Lộc Thọ
문의 0898 935 789
영업 10:00~23:00
예산 랍스터(1마리) 25만 5,000동~, 조개볶음 8만 동~

꽌 하이산 탄 스엉
Quán Hải Sản Thanh Sương

위치	빈원더스 나트랑 하버 주변
유형	로컬 맛집
주메뉴	해산물 요리

😊 → 저렴한 가격에 신선한 해산물
🟢 → 로컬 식당이라 의사소통이 다소 어려움

나트랑 시내에서 떨어진 빈원더스 나트랑 하버 부근에 위치한 해산물 식당. 여행자보다 현지인에게 유명한 찐맛집으로 왁자지껄한 분위기에서 신선한 해산물을 가격 부담 없이 실컷 먹을 수 있다. 수조에 가득한 해산물 중 원하는 재료를 고른 후 무게를 확인하고 조리법을 선택하면 된다. 매콤한 칠리소스나 마늘, 버터 등이 들어가는 조리법으로 고르면 한국인 입맛에도 잘 맞는다. 메뉴판에 있는 볶음밥, 볶음국수, 전골, 샐러드 등의 단품 메뉴도 주문 가능하다.

가는 방법 빈원더스 나트랑 하버에서 도보 10분
주소 15 Trần Phú, Vĩnh Nguyên
문의 0934 192 010
영업 10:00~23:00
예산 해산물 샐러드 7만 동~, 오징어구이 15만 동~

미보 쪼론
Mì Bò chợ Lớn

위치	브이 프루트 주변
유형	로컬 맛집
주메뉴	우육면, 퍼보

😊 → 베트남에서 즐기는 홍콩식 우육면
😐 → 냉방이 취약하니 더운 낮 시간은 피할 것

베트남 쌀국수는 물론이고 홍콩식 완탕, 우육면 등을 선보이는, 강력한 내공이 전해지는 숨은 국수 맛집이다. 대표 메뉴인 4번 우육면은 부드럽게 푹 익은 소고기와 육수 맛의 조화가 일품이다. 진한 육수의 베트남 소고기 쌀국수를 맛보고 싶다면 8번 퍼보를 추천한다. 바삭하게 튀긴 만두, 소스를 끼얹은 만두 등을 함께 먹으면 더욱 푸짐하다. 메뉴 사진과 번호가 있어 주문도 쉽고 가게는 작지만 깔끔하며 더운 낮 시간보다는 이른 아침이나 저녁에 찾아가기를 권한다.

📍 **가는 방법** 브이 프루트에서 도보 2분
주소 8B Ngô Thời Nhiệm, Ward
문의 0986 947 803
영업 06:00~13:00, 16:00~21:00
예산 퍼보 4만 동~, 우육면 4만 5,000동~

반깐 51
Bánh Căn 51

위치	브이 프루트 주변
유형	로컬 맛집
주메뉴	반깐

😊 → 눈과 입이 즐거운 반깐의 맛
😐 → 덥고 혼잡한 실내

가게 앞에서 연신 반깐을 굽는 모습이 시선을 끄는 로컬 맛집이다. 반깐은 베트남의 별미 간식으로 쌀가루 반죽에 새우, 오징어, 달걀 등을 넣어 만드는 베트남식 풀빵이라고 생각하면 된다. 이 집은 반깐의 종류가 매우 다양한데 새우와 소고기 반깐이 특히 인기가 있고, 여러 가지를 맛보고 싶다면 스페셜 메뉴를 시키면 된다. 완자와 그린 망고를 넣은 새콤달콤한 소스에 반깐을 푹 찍어 먹으면 무척 맛있다. 먹고 갈 경우 1인당 한 가지 이상의 메뉴를 시켜야 한다는 점은 알아 두자.

📍 **가는 방법** 브이 프루트에서 도보 1분
주소 24 Tô Hiến Thành, Tân Lập
문의 0989 689 348
영업 10:30~22:00
예산 반깐 2만 동~, 스페셜 반깐 9만 동

분까 하이까
Bún Cá Hai Cá

위치	응우옌 티민카이Nguyễn Thị Minh Khai 주변
유형	로컬 맛집
주메뉴	분까

- 😊 → 저렴한 가격과 담백한 맛
- 😑 → 매장이 협소하고 냉방이 취약

분까Bún Cá는 생선으로 만든 어묵을 넣어서 말아내는 베트남 국수의 한 종류로, 이곳은 현지인은 물론 한국인 사이에서도 음식이 맛있기로 소문이 자자한 곳이다. 우리의 어묵탕과 비슷한 맛으로 한국인 입맛에도 거부감이 없다. 국물은 담백하고 수제 어묵도 맛있다. 메뉴에 사진이 실려 있고 한글도 표기돼 있어 주문하기도 쉽다. 들어가는 재료에 따라 종류가 다양한데 추천 메뉴는 오징어 어묵 쌀국수이고, 오징어 어묵 튀김도 단품으로 주문 가능하다.

가는 방법 레갈리아 골드 호텔에서 도보 4분
주소 156 Nguyễn Thị Minh Khai, Phước Hoà
문의 0976 477 172 **영업** 06:00~21:30
예산 오징어 어묵 쌀국수 5만 5,000동~, 생선 어묵 쌀국수 4만 동~

짜오 마오
Chao Mao

위치	메린Mê Linh 거리 주변
유형	대표 맛집
주메뉴	반쌔오, 분짜

- 😊 → 정갈하고 예쁜 실내 분위기
- 😑 → 손님이 많아 웨이팅이 긴 편

다채로운 베트남 요리를 맛볼 수 있는 레스토랑으로 베트남 감성이 흠뻑 느껴지는 인테리어가 돋보인다. 바삭한 반쌔오와 분짜, 갈릭 새우 등이 인기 메뉴로 여기에 볶음밥, 볶음국수 등을 곁들이면 든든한 베트남식 한 상 차림이 완성된다. 가게 규모에 비해 손님이 많아 미리 전화나 SNS 등으로 예약하는 편이 낫다. 현지인 보다는 여행자들이 주로 찾는 곳이라 내부도 깨끗한 편이다.

가는 방법 레갈리아 골드 호텔에서 도보 4분
주소 166 Mê Linh, Tân Lập
문의 0258 3510 959
영업 11:00~15:00, 17:00~21:00
예산 반쌔오 19만 5,000동~, 볶음밥 8만 5,000동~

반미 판
Bánh mì Phan

위치	브이 프루트 주변
유형	로컬 맛집
주메뉴	반미

☺ → 만족스러운 양과 맛
☹ → 매장이 작고 대기 시간이 긴 편

베트남 사람들이 즐겨 먹는 바게트 샌드위치인 반미를 파는 가게. 규모는 작지만 포장 손님과 배달 주문까지 쉴 새 없이 밀려든다. 열 가지가 넘는 반미 메뉴가 있으며 소고기 치즈 토스트 반미, 구운 치킨 반미가 베스트셀러. 1,000원 남짓한 싼값에 비해 속이 꽉 찬 재료에 맛도 좋아 불티나게 팔린다. 가게에 자리가 몇 개 있지만 실내가 워낙 좁고 혼잡해 대부분 포장해서 간다.

📍 **가는 방법** CCCP 커피에서 도보 1분
주소 164 Bạch Đằng, Tân Lập
문의 0372 776 778
영업 06:00~20:30
예산 반미 2만 5,000동~

퍼 63
Phở 63

위치	나트랑 대성당 주변
유형	로컬 맛집
주메뉴	퍼보

☺ → 가성비 높은 로컬 퍼보 맛집
☹ → 쌀국수 종류는 적은 편

여행자보다 현지인이 즐겨 찾는 퍼보 맛집으로 나트랑 대성당에서 가깝다. 퍼거우Phở Gấu는 지방이 많은 소고기를 올린 쌀국수로 이 집의 대표 메뉴. 다양한 소고기 부위가 함께 나오는 쌀국수는 닥비엣Đặc Biệt을 시키면 된다. 같이 나오는 숙주와 향채 등을 듬뿍 올리고 소스도 조금씩 넣어 가면서 즐겨 보자. 쌀국수의 국물도 진하고 고기 양도 많은 편이라 가성비가 높은 맛집이다.

📍 **가는 방법** 나트랑 대성당에서 3분
주소 63 Lê Thành Phương, Vạn Thắng **문의** 0258 3823 341
영업 05:30~21:30
예산 퍼거우 5만 5,000동, 닥비엣 7만 동

꽌 옥 응온
Quán Ốc Ngon

위치	응우옌 티엔 투엇 거리 주변
유형	로컬 맛집
주메뉴	해산물 요리

☺ → 저렴한 가격의 해산물
☹ → 협소한 공간과 위생 상태

가격 걱정 없이 해산물을 양껏 먹을 수 있다. 베트남 스타일의 포장마차라 노상에 간이 테이블을 놓고 앉아서 먹는 분위기라 호불호가 나뉜다. 그럼에도 가격이 워낙 저렴하고 맛도 괜찮은 편이라 인기가 뜨겁다. 새우구이, 조개볶음, 마늘 버터 랍스터, 성게구이, 오징어구이 등 규모에 비해 해산물 종류는 무척 다양한 편이다. 해산물 요리를 안주 삼아 술을 마시기에 좋은 곳이다.

📍 **가는 방법** 버고 호텔에서 도보 4분
주소 34/2/15, Nguyễn Thiện Thuật, Tân Lập
문의 0938 399 495
영업 10:00~23:00
예산 조개볶음 4만 동~, 새우구이 6만 동~

피자 포피스
Pizza 4P's

위치 골드 코스트 주변
유형 대표 맛집
주메뉴 피자, 파스타

☺ → 호텔 내에 있어 깔끔한 분위기
☹ → 현지 물가 대비 비싼 편

호찌민, 하노이, 다낭 등에도 체인을 거느린 피체리아pizzeria로 화덕에 구운 담백하면서도 맛있는 피자로 인기가 높다. 쉐라톤 호텔 1층에 위치해 깔끔하고 야외 자리에서는 바로 옆으로 나트랑 비치의 풍경이 펼쳐져 분위기도 좋다. 샐러드, 파스타, 라사냐 등 다양한 메뉴가 있으며 이 중 부라타 치즈와 파르마 햄을 올린 '부라타 파르마 햄 피자Burrata Parma Ham Pizza'가 대표 메뉴로 두 가지 맛을 골라 반반 피자로 주문할 수도 있다.

가는 방법 골드 코스트에서 도보 3분, 쉐라톤 호텔 1층
주소 28 Trần Phú, Lộc Thọ
문의 1900 6043
영업 11:00~22:00
예산 피자 16만 동~, 라사냐 17만 3,000동~

그릭 수블라키
Greek Souvlaki

위치 나트랑 야시장 주변
유형 신규 맛집
주메뉴 수블라키, 피타 랩

☺ → 나트랑에서 즐기는 그리스 요리
☹ → 실내가 좁은 편

그리스 대표 요리 수블라키를 맛볼 수 있는 곳이다. 간편하고 맛있는 피타 랩 맛집으로 유명하다. 담백한 피타 브레드에 닭고기, 소고기 등 원하는 재료로 꽉 채워서 주는데, 싼값에 비해 속도 든든하게 채울 수 있고 한국인의 입맛에도 잘 맞는다. 샐러드와 함께 피타 브레드, 구운 닭고기와 소고기 등이 나오는 푸짐한 구성의 믹스 박스는 맥주와 함께 먹으면 찰떡궁합이다. 포장도 가능하지만 눅눅해지므로 그 자리에서 먹을 것을 권한다.

가는 방법 사타 호텔 맞은편
주소 69 Nguyễn Thiện Thuật, Lộc Thọ
문의 0784 508 999
영업 11:00~22:00
예산 피타 랩 5만 5,000동~, 믹스 박스 19만 동~

삼러 타이 레스토랑
Sam Lor Thai Restaurant

위치 브이 프루트 주변
유형 신규 맛집
주메뉴 태국 음식

☺ → 시원한 실내와 분위기
☹ → 다소 순화된 태국의 맛

여행자 거리 중심에 위치하고 있어 접근성이 뛰어난 태국 레스토랑이다. 내부는 깔끔하고 시원하며 인테리어도 훌륭하고 플레이팅도 예뻐 인기가 많다. 추천 메뉴는 입맛을 돋우는 파파야 샐러드 솜땀, 태국식 볶음국수 팟타이, 파인애플 볶음밥, 태국식 돼지 등뼈 요리 랭쎕 등이다. 간단한 단품 요리부터 푸짐한 전골 요리, 태국 로컬 디저트까지 메뉴가 상당히 폭넓다. 현지 물가에 비해 약간 비싼 편이지만 음식의 양도 많고 퀄리티도 높은 편이다.

가는 방법 브이 프루트 맞은편
주소 76 Đồng Đa, Tân Lập
문의 0931 887 289
영업 11:00~14:00, 17:00~22:00
예산 솜땀 7만 5,000동~, 파인애플 볶음밥 10만 5,000동

껌땀 쫑동
Cơm Tấm Trống Đồng

위치	브이 프루트 주변
유형	로컬 맛집
주메뉴	껌스언

☺ → 로컬 식당치고는 깔끔한 편
☹ → 숯불 향이 다소 약한 편

껌스언Cơm Sườn은 맛있게 구운 돼지갈비와 달걀, 반찬 등을 한 접시에 담아 주는 메뉴로 현지인들이 백반처럼 즐겨 먹는다. 로컬 맛집치고는 실내가 깔끔하고 여행자들이 주문하기도 쉽게 되어 있어 인기가 많다. 양념을 발라 구운 돼지갈비에 느억맘 소스를 곁들여 먹으면 한 그릇 뚝딱 비우게 된다. 한국인 입맛에도 호불호 없이 잘 맞는 편이다. 돼지갈비 외에도 치킨, 삼겹살, 꼬치 등의 메뉴도 있고 달걀이나 수프 등을 추가할 수도 있다.

가는 방법 브이 프루트에서 도보 2분
주소 118 Hồng Bàng, Tân Lập
문의 0369 448 118
영업 07:00~20:00
예산 껌스언 4만 5,000동, 달걀 6,000동~

안어이퍼
Anh Ơi PHỞ

위치	쏨머이 시장 주변
유형	신규 맛집
주메뉴	퍼보

☺ → 가성비와 비교적 깨끗한 실내
☹ → 관광객이 많이 찾는 식당

한국인 입맛에 잘 맞는 쌀국수를 선보여 최근 뜨는 맛집이다. 특히 뜨끈한 뚝배기에 담아내는 쌀국수와 왕갈비가 들어 있는 쌀국수가 인기 있다. 뜨거운 뚝배기에 육수가 담겨 나오고 여기에 고기와 국수, 숙주, 향채 등을 취향에 따라 넣어 가면서 먹으면 된다. 주인장이 간단한 한국어가 가능하며 로컬 식당에 비해 실내도 깨끗하고 시원해 초행자가 가기에도 부담 없고 쌀국수 외에 냄꾸온, 반쌔오 같은 메뉴도 있어 다양하게 맛보기 좋다.

가는 방법 쏨머이 시장 도보 5분
주소 35 Đống Đa, Tân Lập
문의 0973 225 348
영업 10:00~20:00
예산 퍼보 6만 동~, 반쌔오 12만 동~

분까 나트랑 한니엔
Bún Cá Nha Trang Hạnh Nhiên

위치	드엉레 다이한 거리 주변
유형	로컬 맛집
주메뉴	분까

☺ → 가성비 높은 로컬 별미 요리
☹ → 메뉴판을 보기가 다소 어려움

색다른 베트남 국수에 도전하고 싶다면 분까스아Bún Cá Sứa를 먹어 보자. 해파리 국수라고도 불리는 음식으로 생선 살로 만든 어묵, 고등어 살, 해파리 등이 듬뿍 들어 있어 나트랑의 별미 요리로 통한다. 생선으로 만든 것 치고는 비리지 않고 우리에게 익숙한 어묵탕처럼 시원하고 담백한 맛이라 한국인 입맛에도 잘 맞는다. 쫄깃쫄깃한 해파리를 먹는 재미가 있으며 여기에 라임이나 소스 등을 넣으면 또 다른 풍미를 즐길 수 있다.

가는 방법 브이 프루트에서 도보 9분
주소 32c Đường Lê Đại Hành P
문의 0905 126 367
영업 06:00~13:00, 16:30~20:30
예산 분까스아 4만 동~, 반깐 3만 5,000동

옥꿘짬
Ốc Quỳnh Trâm

- **위치** 응우옌 티엔 투엇 거리 주변
- **유형** 로컬 맛집
- **주메뉴** 해산물 요리

😊 → 현지인처럼 즐기는 해산물 맛집
☹ → 골목 안에 있어 지나치기 쉬움

골목 안쪽에 숨은 해산물 맛집이다. 한쪽에는 조개, 오징어, 새우, 게 등 신선한 해산물이 준비되어 있고 바로 옆에서 굽는 모습도 볼 수 있다. 마당 같은 야외 공간에 놓인 낮은 의자에 앉아 왁자지껄한 분위기에서 술과 해산물 요리에 취하기 좋다. 간판 메뉴는 옥흐엉솟쯩무오이Ốc Hương Sốt Trứng Muối로 달팽이에 옥수수와 짭짤한 달걀 소스를 듬뿍 얹어서 담아낸다. 이 특제 소스에 반미 빵을 찍어 먹으면 단짠단짠의 맛에 빠져들게 된다.

📍 **가는 방법** 버고 호텔에서 도보 4분
주소 203 Nguyễn Thiện Thuật, Tân Lập
문의 0931 639 839
영업 14:30~21:30
예산 가리비구이 7만 동~, 오징어구이 15만 동

스트리트 푸드 나트랑
Street Food Nha Trang

- **위치** 리남데Lý Nam Đế 거리 주변
- **유형** 로컬 맛집
- **주메뉴** 해산물, 베트남 요리

😊 → 다양하게 골라 먹는 재미
☹ → 시내와 거리가 떨어져 있음

야시장 콘셉트로 베트남 요리를 비롯해 한식, 해산물, 꼬치구이 등을 파는 매장이 모여 있는 구조로 소규모 푸드 코트 같은 분위기다. 메뉴판에 한국어로 적혀 있어 주문하기 어렵지 않으며 종류가 다양해 입맛대로 골라 먹는 재미가 있다. 값도 싸고 술과 잘 어울리는 음식도 많아 시원한 생맥주를 곁들여 저녁을 먹으려는 사람들이 즐겨 찾는다. 시내까지 거리가 먼 편이라 빈원더스 나트랑이나 나트랑 하버 쪽으로 가는 일정이 있을 때 가면 편하다.

📍 **가는 방법** 나트랑 시내에서 차로 10분
주소 119 Lý Nam Đế, Phước Trung
문의 0903 501 257
영업 15:00~01:00
예산 굴구이 10만 동~, 반쌔오 2만 동~

기와미
Kiwami

- **위치** 브이 프루트 주변
- **유형** 신규 맛집
- **주메뉴** 일식

😊 → 일본 본토에 가까운 맛
☹ → 다소 비싼 가격

나트랑 시내 중심에 위치한 일본인이 운영하는 일식당. 사시미, 스시, 롤, 소바, 라멘 등 다양한 일식을 선보인다. 낮에는 단품 메뉴나 벤토 등을 고르면 적당하고, 저녁에는 술과 함께 요리를 먹으며 취하기에 알맞은 분위기다. 특히 숯불 향이 은은하게 나는 꼬치구이가 맛있는 곳이라 사케나 생맥주와 함께 즐기기 좋다. 신선한 재료를 사용해 수준 높은 일식을 선보여 마치 일본에 온 듯한 느낌을 받게 된다. 그만큼 현지 식당의 물가에 비해 음식값이 비싼 편이다.

📍 **가는 방법** 레스 참 호텔 맞은편
주소 136 Bạch Đằng, Tân Lập
문의 0344 092 390
영업 11:30~13:30, 17:00~22:00
휴무 화요일
예산 롤 9만 5,000동~, 사시미 28만 동~

나트랑 카페

베트남은 커피 문화가 발달했고, 베트남 사람들도 커피를 즐겨 마셔 카페가 많은 편이다. 베트남의 대표 카페 체인점인 까페 쓰어다를 비롯해 달콤한 열대 과일로 만든 스무디, 로컬 디저트를 다양하게 즐길 수 있는 카페가 거리 곳곳에 있다. 더위에 지치지 않도록 중간중간 카페에서 여유를 즐겨 보자.

안 카페
AN Cafe

- **위치** 드엉레 다이한 거리 주변
- **유형** 인기 카페
- **주메뉴** 커피, 주스, 케이크

🙂 → 베트남 커피부터 식사까지 다양한 메뉴 구성
😐 → 정원 자리는 더울 수 있음

현지인들의 아지트 같은 카페로 나무로 뚝딱뚝딱 지은 것 같은 내추럴한 감성이 매력적이다. 에스프레소를 이용한 커피 메뉴부터 베트남 핀 커피, 신선한 열대 과일 주스, 달콤한 디저트까지 두루두루 갖추고 있다. 음료 외에 볶음국수, 쌀국수, 볶음밥 등 다양한 식사 메뉴도 있어 언제든 부담 없이 찾아갈 수 있다. 시원한 실내 자리와 싱그러운 정원 속 야외 자리로 나뉜다. 이곳이 본점이고 2호점도 운영 중이다.

📍
가는 방법 브이 프루트에서 도보 8분
주소 40 Đường Lê Đại Hành, Tân Lập
문의 0258 3510 588
영업 06:30~22:00
예산 커피 3만 2,000동~, 국수 4만 9,000동~

CCCP 커피
CCCP Coffee

- **위치** 브이 프루트 주변
- **유형** 인기 카페
- **주메뉴** 코코넛 커피, 망고 스무디

🙂 → 저렴한 가격에 탁월한 양과 맛
😐 → 손님 대부분이 현지인보다는 관광객

나트랑에서 한국인 여행자들이 가장 많이 찾는 카페. 저렴한 가격에 양도 많고 맛도 좋아 늘 손님으로 북적인다. 로부스타 원두로 진하게 내린 베트남 커피와 달콤한 코코넛이 조화로운 코코넛 커피가 대표 메뉴로 더위를 날려 주는 맛이다. 망고를 듬뿍 넣어 만든 진한 맛의 망고 스무디도 인기 만점이다. 야외 자리는 조금 더운 것만 감수하면 거리 풍경을 감상하기 좋다. 최근에 홍방Hồng Bàng 거리에 더 큰 규모로 2호점을 오픈했다.

📍
가는 방법 브이 프루트에서 도보 1분
주소 22 Tô Hiến Thành, Tân Lập
문의 0904 118 605
영업 06:00~23:00
예산 코코넛 커피 4만 8,000동, 망고 스무디 4만 8,000동

브이 프루트
V Fruit

위치	레갈리아 골드 호텔 주변
유형	인기 카페
주메뉴	깸버, 스무디

🙂 → 찾기 쉬운 위치와 신선한 과일 메뉴
😐 → 손님이 많아 혼잡한 편

나트랑의 인기 과일 디저트 가게로 특히 아보카도 디저트 깸버Kem Bơ 맛집으로 통한다. 부드러운 아보카도 스무디에 코코넛 아이스크림과 말린 코코넛, 코코넛 과육을 올려 주는데 이 조합이 묘하게 중독성 있는 맛이다. 열대 과일을 듬뿍 넣은 스무디, 요거트 등도 있으며 여러 가지 과일을 소금과 함께 한 접시에 담아주는 과일 모둠 지아짜이꺼이 Dĩa Trái Cây, 망고에 소금을 뿌려 버무려 먹는 쏘아이락Xoài lắc도 별미다.

📍 **가는 방법** 레갈리아 골드 호텔에서 도보 1분
주소 24 Tô Hiến Thành, Tân Lập
문의 0905 068 910
영업 06:00~22:30
예산 깸버 4만 동, 스무디 3만 동~

올라 카페
Ola Café

위치	응우옌 흐우후언Nguyễn Hữu Huân 거리 주변
유형	인기 카페
주메뉴	커피, 주스

🙂 → 여심을 저격하는 포토제닉 카페
😐 → 메뉴에 따라 호불호가 크게 갈리는 편

화사한 핑크빛과 이국적인 분위기가 시선을 사로잡는 SNS 핫플 카페다. 외관의 독특한 건축 스타일 때문에 마치 핑크빛 동굴에 들어온 듯한 느낌을 받는다. 곳곳에 포토 존도 있어 여심을 저격하는 포토제닉한 카페다. 코코넛 밀크 커피, 애플 키위 재스민 티 등 시그니처 메뉴를 추천한다. 1층은 야외와 실내에 각각 자리가 있고 2층으로 올라가면 미로처럼 이어진다. 2층 테라스에서 포즈를 취하고 반대쪽 테라스에서 찍으면 예쁜 사진을 남길 수 있다.

📍 **가는 방법** 브이 프루트에서 도보 10분
주소 31 Nguyễn Hữu Huân, Phước Tiến
문의 0931 119 389
영업 07:30~22:00
예산 커피 3만 동~, 주스 5만 동~

비부 째
Vivu Chè

위치 찐 퐁Trịnh Phong 거리 주변
유형 로컬 카페
주메뉴 째, 밀크 티

🙂 → 베트남 로컬 디저트 째 맛집
☹ → 위치가 다소 애매함

베트남 사람들이 즐겨 먹는 디저트 째Chè 전문점이다. 째는 베트남 로컬 디저트로 녹두, 강낭콩, 과일, 푸딩, 타피오카 등 다양한 재료와 코코넛 밀크 등을 섞어서 먹는다. 들어가는 재료에 따라 종류가 무척 다양한데 두리안, 잭프루트, 망고 등을 넣은 째가 특히 인기가 많다. 시원하고 달콤한 맛에 후루룩 먹기 좋아 더위에 지쳤을 때 그만이다. 째 외에도 커피와 주스, 밀크 티 같은 메뉴를 다양하게 갖추고 있다.

📍 **가는 방법** 빈콤 플라자에서 도보 3분
주소 13 Tuệ Tĩnh, Lộc Thọ
문의 0971 961 010
영업 07:30~22:30
예산 째 2만 2,000동~, 밀크 티 3만 동~

카페 띠엔 니엔
Cafe Thiên Nhiên

위치 브이 프루트 주변
유형 로컬 카페
주메뉴 깸버, 스무디

🙂 → 싸고 맛있는 과일 음료
☹ → 손님이 많아서 혼잡한 편

쉴 새 없이 손님이 몰려드는 과일 음료 맛집이다. 손님 대부분은 현지인으로 인기 비결은 과일을 아낌없이 넣어서 만드는 생과일주스 신또Sinh Tố에 있다. 확실히 다른 가게보다 과일 주스가 진하고 맛이 좋다. 망고, 코코넛, 아보카도, 파파야 등 다양한데 이 중에서도 망고 신또가 압권이다. 부드러운 아보카도 스무디와 코코넛 아이스크림이 조화로운 깸버와 베트남의 인기 디저트 째도 색다른 맛으로 즐길 수 있다.

📍 **가는 방법** 브이 프루트에서 도보 3분
주소 21 Tô Hiến Thành, Tân Lập
문의 0258 3513 475
영업 10:00~23:00
예산 신또 3만 동~, 깸버 3만 5,000동

꽁 까페
Cộng Cà Phê

위치 골드 코스트 주변
유형 인기 카페
주메뉴 코코넛 커피, 베트남 커피

🙂 → 코코넛 커피의 원조 격
☹ → 서비스와 맛에 기복이 있는 편

베트남 카페 중에 한국인 여행자에게 가장 잘 알려진 프랜차이즈 카페로 특유의 빈티지한 인테리어와 코코넛 커피로 유명해졌다. 대표 메뉴는 코코넛 커피인 꼿즈아 까페Cốt Dừa Cà Phê로 코코넛 밀크와 연유를 넣은 시원한 스무디에 진한 커피를 섞어서 만드는데 더위에 지쳤을 때 먹으면 무척 맛있다. 이 밖에 다양한 커피 메뉴와 과일 주스, 요거트 등을 판매하며 인테리어도 독특해 구경하는 재미가 쏠쏠하다.

📍 **가는 방법** 골드 코스트에서 도보 5분
주소 23 Nguyễn Chánh, Lộc Thọ
문의 0243 733 9966
영업 07:30~23:00
예산 코코넛 커피 5만 5,000동~, 커피 3만 5,000동~

에그 커피
Egg Coffee

위치	브이 프루트 주변
유형	로컬 카페
주메뉴	에그 커피

😊 → 독특한 에그 커피 맛
😠 → 흡연하는 사람이 많음

상호에서 알 수 있듯이 베트남의 이색 커피인 에그 커피를 잘하는 집이다. 풍성한 달걀 거품을 올린 에그 커피는 커스터드 크림과 커피를 같이 먹는 것 같은 부드럽고 달콤한 풍미가 매력적이다. 식으면 달걀 특유의 비릿한 냄새가 날 수 있기 때문에 컵을 따뜻한 물에 담아내는데 커피가 식기 전에 거품을 잘 저어서 마시면 된다. 에그 커피 외에도 에그 코코아, 에그 말차, 에그 맥주 등 다양한 메뉴가 있으니 천천히 음미해 보자.

📍 **가는 방법** 브이 프루트에서 도보 4분
주소 67 Trịnh Phong, Tân Lập
문의 0905 157 137
영업 06:00~22:00
예산 에그 커피 3만 5,000동, 스무디 3만 5,000동

반 프루트 스토어
Vân Fruit Store

위치	버고 호텔 주변
유형	과일 가게
주메뉴	스무디, 열대 과일

😊 → 싸고 맛있는 과일
😠 → 길거리 가게라 포장만 가능

시내 중심에 위치한 가게로 신선한 열대 과일과 즉석에서 갈아 만든 생과일 스무디를 판다. 무엇보다 가격이 최고 강점이다. 계절에 따라 차이가 있지만 보통 망고는 1kg에 2만~3만 동, 망고 스무디는 한국 돈 1,000원 남짓으로 저렴하다. 망고, 망고스틴, 드래건 프루트, 잭푸르트 등도 구매할 수 있으며 요청하면 잘라서 포장까지 해준다. 가격이 적힌 메뉴판이 있어 바가지를 쓰거나 흥정하느라 기운을 뺄 일이 없다.

📍 **가는 방법** 버고 호텔에서 도보 1분
주소 19 Nguyễn Thiện Thuật, Lộc Thọ
문의 0905 122 695
영업 07:00~22:00
예산 주스 2만 동~, 망고 2만 동~

카페 호앙 뚜언
Cafe Hoàng Tuấn

위치	나트랑 대성당 주변
유형	로컬 카페
주메뉴	커피, 스무디, 아이스크림

😊 → 근사한 나트랑 대성당 뷰
😠 → 사람이 많고 혼잡한 편

나트랑 대성당과 마주하고 있는 전망 좋은 카페. 2층으로 올라가면 탁 트인 나트랑 대성당이 정면에 펼쳐져 멋진 뷰를 감상할 수 있다. 로컬 카페라 값도 싸고 현지인들의 카페 문화도 엿볼 수 있다. 추천 메뉴인 코코넛 커피는 시원하고 달콤한 코코넛 스무디와 커피 맛이 조화롭고, 상큼한 망고 스무디도 맛있다. 이 외에도 아이스크림, 밀크 티 등 메뉴가 다양하고 가격도 저렴해 잠시 여유롭게 쉬기에 그만이다.

📍 **가는 방법** 나트랑 대성당에서 도보 1분
주소 1-3 Nguyễn Trãi, Phước Tân
문의 0258 3510 499
영업 24시간
예산 커피 2만 4,000동~, 밀크 티 4만 2,000동~

나트랑 나이트라이프

나트랑의 나이트라이프는 고층 호텔의 분위기 좋은 루프톱 바와 나트랑의 푸른 바다를 코앞에 두고 즐길 수 있는 비치프런트 바로 나뉜다. 루프톱 바에서 야경을 내려다보며 칵테일에 취해도 만족스럽고, 파도 소리와 함께 해변의 낭만을 즐기며 나트랑의 밤을 만끽해도 좋다.

스카이라이트
Skylight

- **위치** 나트랑 비치 주변
- **유형** 루프톱 바
- **주메뉴** 칵테일, 맥주

😊 → 고층에서 즐기는 핫한 디제잉
😐 → 현지 물가 대비 술값이 비싼 편

아바나 호텔 45층의 루프톱 바로 나트랑 비치와 시내가 내려다보이는 멋진 전망을 자랑한다. 흥겨운 디제잉과 함께 팝, 케이팝, EDM 등 다양한 장르의 음악을 골고루 틀고 무대에서는 흥 넘치는 퍼포먼스까지 펼치며 분위기를 띄운다. 밀폐된 클럽이 아니라 탁 트인 360도 구조의 스카이 덱과 바닥이 투명한 유리로 된 스카이워크가 있어 나트랑의 야경을 눈에 담으려는 이들도 많이 찾는다. 꼭 춤을 추며 취하지 않더라도 가볍게 야경과 나이트라이프를 즐길 수 있는 부담 없는 분위기다. 입장료에 음료 한 잔이 포함되며 여성은 수요일에 무료입장이 가능하다.

가는 방법 아바나 호텔 내 위치
주소 38 Trần Phú, Lộc Thọ **문의** 0258 3528 988
영업 17:30~01:00 **휴무** 일~월요일
예산 입장료 화~목요일 남자 20만 동, 여자 15만 동, 금~토요일 남자 20만 동, 여자 20만 동
홈페이지 skylightnhatrang.com

앨티튜드 루프톱 바
Altitude Rooftop Bar

- **위치** 나트랑 비치 주변
- **유형** 루프톱 바
- **주메뉴** 칵테일, 와인

😊 → 시원하게 펼쳐지는 뷰
😐 → 호텔 루프톱 바이니만큼 가격대가 높은 편

쉐라톤 호텔의 루프톱 바로 멋진 전망을 발아래 두고 칵테일을 홀짝이며 야경에 흠뻑 취하기 좋은 곳이다. 비교적 혼잡하지 않은 분위기라 시끄럽고 사람 많은 클럽이나 펍이 부담스러운 이들에게 알맞다. 자리는 실내와 야외에 나누어 있다. 야외에 앉으면 나트랑 비치가 시원스럽게 내려다보이고, 어둠이 내린 후에는 화려하게 빛나는 야경까지 발아래 둘 수 있다. 다양한 와인과 칵테일을 갖추었으며 가벼운 스낵부터 해산물 요리까지 곁들일 음식 메뉴도 준비되어 있다. 오후 5시부터 6시까지는 1+1 해피 아워로 조금 더 알뜰하게 즐길 수 있다.

가는 방법 골드 코스트에서 도보 2분, 쉐라톤 호텔 28층
주소 28 Trần Phú, Lộc Thọ
문의 0258 3880 000
영업 15:00~24:00
예산 칵테일 18만 5,000동~, 맥주 9만 5,000동~
※ 서비스 차지 + 세금 13% 추가

세일링 클럽
Sailing Club

위치	나트랑 비치 주변
유형	비치프런트 레스토랑
주메뉴	칵테일, 맥주, 피자

🙂 → 오션 뷰 레스토랑과 펍
😐 → 아쉬운 서비스

낮에는 레스토랑이다가 저녁이면 펍으로 변신하는 곳으로 나트랑의 핫플로 통한다. 야자수 아래 모래사장에서 연결되는 구조로 시원한 오션 뷰를 감상하며 요리와 술을 즐기기에 제격이다. 공간도 넓고 자리도 편안한 편이라 가족 단위 여행객이 가기에도 부담 없다. 낮보다 해가 진 후 밤바다를 벗 삼아 술과 요리를 즐기기에 더할 나위 없는 분위기이다. 오후 7시 30분 이후 입장 시 입장료를 내야 하며 이때부터 디제잉과 라이브 공연이 펼쳐진다. 주말에는 불 쇼 같은 퍼포먼스가 벌어지기도 한다.

📍 **가는 방법** 빈콤 플라자에서 도보 1분
주소 72-74 Trần Phú, Lộc Thọ
문의 0858 306 679
영업 07:00~02:00
예산 입장료(오후 7시 30분 이후) 평일 15만 동, 주말 20만 동(음료 한 잔 포함), 피자 23만 동~
홈페이지 sailingclubnhatrang.com

루이지애나
Louisiane

위치	나트랑 비치 주변
유형	비치프런트 레스토랑
주메뉴	수제 맥주, 바비큐

🙂 → 라이브 공연과 수제 맥주
😐 → 살짝 올드한 분위기

바다를 코앞에 두고 있는 목 좋은 레스토랑 겸 브루어리로 수제 맥주 맛이 탁월한 곳이다. 호주산 맥아, 뉴질랜드산 홉 그리고 100% 로컬 재료를 이용해 만든 여섯 가지 수제 맥주를 선보인다. 주말에는 저녁 8시 30분부터 라이브 공연이 펼쳐져 해변의 정취를 오롯이 느끼며 기분 좋게 취할 수 있다. 수제 맥주와 잘 어울리는 바비큐와 소시지, 해산물 요리 등 메뉴도 다양해 술과 함께 저녁 식사를 하기에도 딱이다.

📍 **가는 방법** 빈콤 플라자에서 도보 5분
주소 Lô 29 Trần Phú, Lộc Thọ
문의 0258 3521 948
영업 07:00~24:00
예산 수제 맥주 6만 5,000동~, 포크립 32만 동~
홈페이지 louisianebrewhouse.com.vn

블루시 비치
Bluesea Beach

위치	나트랑 비치 주변
유형	비치 바
주메뉴	맥주, 칵테일

🙂 → 저렴한 비치 바
😐 → 특별한 메뉴가 없음

나트랑 비치의 모래사장 위에 놓인 색색의 빈백이 눈길을 끄는 곳이다. 코앞에 펼쳐지는 바다를 바라보며 느긋하게 빈백에 기대어 시원한 맥주잔을 비우기 좋다. 모래사장 위에 허술하게 지은 곳이라 특별한 메뉴는 없지만 가격 부담 없이 간단히 음료와 술을 마시기 좋아 여행자보다 현지인이 더 많이 찾는다. 낮에는 바다 풍경에 취하고, 저녁이면 파도 소리를 벗 삼아 기분 좋게 한잔하기 그만이다.

📍 **가는 방법** 세일링 클럽 옆
주소 70 Trần Phú, Lộc Thọ
문의 0905 068 856
영업 07:00~23:00
예산 맥주 2만 5,000동~, 감자튀김 7만 5,000동~

나트랑 쇼핑

나트랑에는 고급스러운 쇼핑몰보다는 저렴한 물건을 알뜰하게 구입할 수 있는 곳이 많아 가성비가 뛰어난 쇼핑이 가능하다. 베트남 특산품을 비롯해 라탄 소품이나 가방, 기념품 등을 살 데가 많고 마트에서는 식재료나 간식, 커피 등을 싸게 구매할 수 있어 인기가 많다.

나트랑 야시장
Chợ Đêm Nha Trang
Nha Trang Night Market

- **위치** 쌈흐엉 타워 주변
- **유형** 야시장
- **특징** 나트랑 인기 야시장

매일 밤 불야성을 이루는 나트랑의 인기 야시장이다. 나트랑 시내와 가까워 저녁 시간에 산책하듯 부담 없이 둘러보기 적당하다. 휴양지에서 휘뚜루마뚜루 입기 편한 열대풍 의류와 라탄 가방, 각종 기념품을 판매하며 건어물이나 건과일 같은 먹거리도 인기다. 말린 망고는 조금씩 포장해 파는 마트 제품보다 싼 편이라 대량으로 구매하면 훨씬 이득이다. 단, 시세를 미리 파악하고 가야 바가지를 쓰지 않으며 약간의 흥정도 필수다. 인기에 비해 규모가 작은 편이고 먹을거리가 많지 않은 점이 다소 아쉽다.

가는 방법 엠피리언 The Empyrean 호텔 옆 골목
주소 Trần Phú, Lộc Thọ
영업 18:00~22:00

 쇼핑 고수의 야시장 이용법

✓ 나트랑 야시장은 정찰제가 아니어서 가격대를 모르면 바가지를 쓸 위험이 크다. 티셔츠, 라탄 가방, 건과일 등은 어느 정도 적정 가격이 형성되어 있으므로 미리 파악해 두면 도움이 된다.
- 건망고 (작은 것) 1kg 약 12만 동, (큰 것) 1kg 약 15만 동
- 캐슈너트 1kg 약 20만 동, 마카다미아 1kg 약 15만 동
- 원피스 약 12만 동, 티셔츠 약 10만 동, 반바지 약 6만 동, 슬리퍼 약 15만 동

✓ 흔히 사는 망고 젤리나 과자 등은 진품과 비슷하게 만든 가품도 많으므로 잘 확인하고 사야 한다.

덤 시장

Chợ Đầm
Dam Market

위치	벤쩌Bến Chợ 거리 주변
유형	시장
특징	가격 부담 없이 쇼핑할 수 있는 로컬 시장

나트랑에서 가장 규모가 큰 시장으로 여행자들이 기념품과 의류, 잡화 등을 사기 위해 많이 찾는 곳이다. 독특한 원형 건축물이 구관, 그 옆의 네모반듯한 건물이 신관인데 여행자는 대부분 신관에서 쇼핑한다. 1층에서는 라탄 가방, 마그넷, 장신구 같은 잡화를 주로 팔고 말린 과일과 과자, 건어물 같은 먹거리도 다양하게 판매한다. 2층으로 올라가면 의류와 신발, 가방 등을 파는 상점이 주로 모여 있다. 여행자들이 선호하는 아이템은 의류로, 열대 분위기 물씬 나는 옷을 골라 커플 룩이나 패밀리 룩으로 맞춰 입기 좋아 인기가 높다. 디자인이나 품질이 수준 높은 건 아니지만 워낙 싸서 가성비를 따지면 만족할 만하다. 흥정만 잘하면 싼값에 다양한 물건을 쇼핑할 수 있지만, 시세를 모르면 바가지를 쓸 수 있으므로 주의가 필요하다.

가는 방법 나트랑 시내에서 차로 8분
주소 Đường Phan Bội Châu, Xương Huân
영업 05:00~18:30

FOLLOW UP
덤 시장에서 인기 있는 쇼핑 아이템

덤 시장은 나트랑 시내보다는 적은 돈으로 쇼핑을 할 수 있어 시내에서 꽤 떨어져 있음에도 일부러 찾아오는 사람들이 많다. 단, 가게에 따라 바가지를 씌우는 경우도 많기 때문에 적정가를 미리 파악하고 가는 것이 중요하다.

의류
열대 분위기를 물씬 풍기는 원피스와 셔츠, 편하게 입기 좋은 스포티한 티셔츠와 반바지, 점퍼 등이 제일 잘 팔리는 상품이다. 값이 워낙 싸서 왕창 사 가는 이들도 상당수다.
적정가 티셔츠 8만 동~, 과일 프린트 셔츠 8만 동~, 원피스 10만 동

라탄 제품
여성 여행객이 나트랑에서 가장 많이 구입하는 라탄 가방이나 라탄 트레이 같은 아이템이 인기다. 라탄 제품을 파는 가게는 주로 1층에 많이 모여 있다.
적정가 라탄 가방 20만 동~, 라탄 파우치 10만 동~, 라탄 트레이(3종) 30만 동~

건과일, 견과류
말린 망고를 비롯해 다양한 건과일과 견과류를 무게로 재서 파는 가게가 많다. 소량씩 포장해 판매하는 마트 제품보다는 확실히 값이 싸고 시식도 가능하다. 같은 건망고라도 종류와 크기에 따라 가격 차이가 꽤 나는 편이므로 꼼꼼히 따져 보고 골라야 한다.
적정가 건망고(1kg) 10만 동~

신발과 가방
편하게 신을 수 있는 샌들과 슬리퍼 등도 싼값에 살 수 있다. 여행용 캐리어도 저렴하게 판매한다. 캐리어가 파손되거나 추가로 필요한 경우 이곳에서 구매하면 좋다.
적정가 캐리어(20인치) 30만 동~, 슬리퍼 6만 동~

롯데마트
Lotte Mart

위치	나트랑 센터 주변
유형	쇼핑몰
특징	기념품 쇼핑을 위한 필수 코스

기존의 롯데마트 나트랑점은 시내 중심에서 거리가 꽤 멀어 접근성이 떨어졌는데, 시내 중심에 위치한 골드 코스트에 새롭게 문을 열어 훨씬 가까워졌다. 롯데마트는 여행자들이 구매하기 쉽게 인기 상품을 효율적으로 진열해 놓아서 편하게 쇼핑할 수 있다. 3층에는 여행자가 많이 구입하는 건과일, 젤리, 견과류, 라면, 과자, 과일 같은 먹거리가 다양하게 구비되어 있고 김치를 비롯해 고추장, 즉석 밥, 김, 라면, 소주 등 한국 식료품도 폭넓게 준비되어 있어 한식이 그리운 이들에게 유용하다. 4층에는 각종 세면용품과 베트남 커피, 차 등을 주로 판매해서 기념품으로 많이 구입한다. 짐이 있을 경우 3층 계산대 옆 보관소에 무료로 보관할 수 있다.

TIP
롯데마트 '스피드 엘Speed L' 앱을 통해 숙소로 편하게 배송받을 수 있다. 나트랑 시내의 주요 호텔로 배송하며 15만 동 이상 구매하면 무료로 배송해 준다. 카드 결제가 가능하며 배달 시간에 숙소에 없을 경우에는 호텔 로비에 미리 말해 보관해 두도록 하는 방법도 있다.

가는 방법 나트랑 센터에서 도보 1분, 골드 코스트 3~4층
주소 01 Trần Hưng Đạo, Lộc Thọ
문의 0339 683 368
영업 08:00~22:00
홈페이지 lottemart.com.vn

골드 코스트
Gold Coast

위치	나트랑 센터 주변
유형	쇼핑몰
특징	나트랑 최고 인기 쇼핑몰

나트랑을 대표하는 쇼핑몰로 한국인 여행자들 사이에서 필수 코스로 통힌다. 롯데마트기 입점해 있어서 더욱 인기가 높다. 1층에는 의류와 잡화, 화장품 브랜드가 입점해 있고 '더 커피 하우스' 카페가 있어 쇼핑 전후로 커피나 차를 마시며 잠시 쉬기 좋다. 2층에는 스포츠와 의류 브랜드 제품을 팔고, 3~4층에는 롯데마트가 있어 기념품이나 열대 과일, 간식 등을 구매하기 알맞다. 6층과 7층에는 한식당이 있고 오락 시설과 기념 삼아 사진 찍기 좋은 '인생네컷'도 있어 쇼핑과 식도락, 오락을 한꺼번에 즐길 수 있다.

골드 코스트 층별 매장 안내

층	매장 안내
7	게임 존, 식당가, 인생네컷
6	한식당(두끼 · 고구려), 해피 브레드 반미
5	홈 데코
3~4	롯데마트, 롯데리아, 미니소
2	나이키, 아디다스, 망고, 지오다노, 크록스
1	카페, 버켄스탁, 캘빈 클라인, 타이포

가는 방법 나트랑 센터에서 도보 1분
주소 01 Trần Hưng Đạo, Lộc Thọ
문의 0914 032 038
영업 09:00~22:00
홈페이지 goldcoastmall.vn

빈콤 플라자
Vincom Plaza

위치	나트랑 비치 주변
유형	쇼핑몰
특징	나트랑 시내 중심에 위치한 복합 쇼핑몰

나트랑 시내 중심에 위치한, 이 일대에서 가장 번듯한 최신식 쇼핑몰이다. 의류와 잡화 브랜드, 카페, 레스토랑 등이 입점해 있으며 4층에 롯데시네마Lotte Cinema 영화관이 있어 현지인에게는 여가 시간을 보내는 쇼핑몰로 인기 높다. 2층에는 슈퍼마켓 윈마트WinMart가 있어 짧은 시간에 필요한 물건을 일괄적으로 쇼핑하기 편하다. 신선한 열대 과일을 비롯해 과자, 커피, 견과류, 건과일 등 선물용으로 많이 사는 식품류도 다양하게 갖추고 있다.

🚶 **가는 방법** 세일링 클럽에서 도보 1분
주소 78-80 Trần Phú, Lộc Thọ
문의 0793 841 987
영업 09:30~22:00

고 나트랑
GO! Nha Trang

위치	빈 디엠 쭝Vĩnh Điềm Trung 거리 주변
유형	쇼핑몰
특징	현지인이 즐겨 찾는 대형 마트

롯데마트가 여행자를 위한 쇼핑몰이라면 고 나트랑은 현지인이 애용하는 대형 마트다. 규모가 크고 CGV 영화관과 카페, 레스토랑, 패스트푸드점 등 먹을거리도 다양해 여가 시간을 보내는 곳으로 사랑받는다. 가격은 롯데마트보다 조금 더 저렴하고, 채소와 과일을 비롯한 식품의 종류가 다양하고 신선하다. 그 대신 여행자가 주로 사는 상품의 종류가 다소 부족하고 진열이 잘되어 있지 않은 편이다. 나트랑 시내에서 거리가 꽤 떨어져 있어 교통비가 더 드는 점도 단점이다.

> **TIP**
> - 2층 입구 쪽에 짐을 맡길 수 있는 로커가 있으므로 짐을 맡기고 편하게 쇼핑을 즐기자.
> - 30만 동 이상 구매한 경우 10km 이내 거리까지 무료로 배송해 준다.

🚶 **가는 방법** 나트랑 시내에서 차로 12분
주소 Lô số 4, đường 19/5, Vĩnh Điềm Trung
문의 0258 3894 888
영업 08:00~22:00
홈페이지 go-vietnam.vn

키사 수비니어
Kissa Souvenirs

위치	브이 프루트 주변
유형	기념품, 도자기 가게
특징	질 좋은 기념품을 파는 가게

베트남의 이색 기념품을 모아 놓은 종합 선물 세트 같은 곳이다. 핸드메이드 잡화, 아기자기한 기념품, 베트남 색이 짙은 도자기, 라탄 소품, 아오자이 등 종류도 다양하고 시장이나 노점의 상품보다 질이 우수하다. 2층으로 올라가면 흔히 보기 힘든 아이템과 업사이클링 아이템도 다양하게 판매한다. 시장보다는 비싸지만 물건의 질이 좋고 정찰제라 바가지 쓸 걱정을 하지 않아도 된다.

가는 방법 브이 프루트에서 도보 2분
주소 1b Ngô Thời Nhiệm, Tân Lập
문의 0337 356 076
영업 09:00~21:00
홈페이지 kissasouvenirsnhatrang.com

엘 스토어
L. Store

위치	브이 프루트 주변
유형	건과일, 기념품 가게
특징	선물용으로 적당한 건과일, 커피, 꽃차 구비

소량씩 포장한 건과일과 베트남 커피, 꽃차 등을 판매하는 기념품 상점. 건과일이 주 종목으로 망고, 잭프루트, 파인애플, 구아버, 자몽 등을 살 수 있고 시식도 가능하다. 건과일은 한 봉지에 6만 ~7만 동으로 현지 시장이나 마트에 비하면 다소 비싼 편이며 종류는 많지 않지만 포장이 깔끔하고 고급스러워 가족과 지인을 위한 선물로 알맞다.

가는 방법 CCCP 커피 맞은편
주소 37 Tô Hiến Thành, Tân Lập
문의 0975 910 565
영업 08:00~20:30

쏨머이 시장
Chợ Xóm Mới

위치	쩐 응우옌 한Trần Nguyên Hãn 거리 주변
유형	시장
특징	나트랑의 로컬 재래시장

현지인이 주로 이용하는 재래시장으로 나트랑 시내에서 가까워 여행자도 찾아가기 쉽다. 건물 안에 의류, 잡화, 기념품, 생활용품 등을 파는 상점이 모여 있는데 여행자가 살 만한 물건은 별로 없다. 시장 건물 주변으로 크고 작은 가게가 모여 있는데, 열대 과일을 파는 가게가 많고 값도 싸서 여행자들 사이에서 인기가 높다.

> 망고스틴, 망고, 두리안 등을 파는 과일 가게가 많고 먹기 좋게 썰어서 포장해 주기도 합니다. 과일은 철에 따라 값이 많이 차이 나니 시세를 미리 알아 두어 바가지 쓰지 않도록 주의하세요.
> **적정가** 망고스틴 1kg 8만~15만 동, 망고 1kg 2만~4만 동
> ※철에 따라 다름

가는 방법 브이 프루트에서 도보 7분
주소 49 Ng. Gia Tự, Phước Tiến
영업 06:00~17:00

JW 기프트
JW Gift

위치	브이 프루트 주변
유형	의류, 기념품 가게
특징	정찰제로 알뜰 쇼핑이 가능한 기념품 가게

한국인이 운영하는 가게로 라탄 가방, 열대풍 의류와 모자, 샌들, 건과일 같은 다양한 기념품을 판매한다. 덤 시장이나 나트랑 야시장에서 파는 상품과 질이 비슷한데 정찰제라 바가지 쓸 걱정이나 흥정하느라 진을 뺄 필요가 없다는 것이 장점이다. 1층과 2층으로 구조가 나뉘어 있으며 라탄 가방은 15만~25만 동, 티셔츠나 원피스는 10만 동 안팎으로 저렴한 편이다. 종류가 아주 많은 편은 아니지만 가격이 적당하고 쇼핑하기 편해 인기가 많다.

가는 방법 브이 프루트에서 도보 4분
주소 92a Hồng Bàng, Tân Lập
문의 0774 538 388
영업 10:00~20:00

나트랑 스파 & 마사지

나트랑에는 크고 작은 중저가 스파와 네일 숍이 많고 규모와 프로그램도 비슷한 편이다. 나트랑 시내 중심에 많이 모여 있는 데다 부담 없는 가격에 마사지와 케어를 받을 수 있으니 1일 1마사지는 필수다. 대부분 카카오톡이나 인스타그램을 통해 예약이 가능하므로 미리 예약하고 방문할 것을 권한다.

온시 스파 *Onsi Spa*

위치 멜리아 빈펄 호텔 주변
유형 중급 로컬 스파

😊 → 적당한 비용에 시원한 마사지
😐 → 계단을 많이 올라가는 경우가 있음

가는 방법 멜리아 빈펄 호텔에서 도보 1분
주소 08 Nguyễn Thiện Thuật, Lộc Thọ
문의 0984 446 642
영업 09:00~22:00
예산 핫 스톤 마사지(75분) 42만 동, 아로마 오일 마사지(60분) 38만 동
홈페이지 onsispa.com
카카오톡 ID onsispa

나트랑에서 시원한 손맛과 친절로 유명한 스파. 깔끔한 시설에서 적당한 비용에 세심한 서비스를 받을 수 있어 인기 있다. 요청하면 샤워 시설이 있는 룸을 이용할 수 있으며 짐 보관도 가능하다. 마사지를 받는 도중에도 압력, 실내 온도 등을 세심하게 신경 써주는 편이고 시간도 정확하게 지킨다. 핫 스톤 마사지, 아로마 오일 마사지가 인기 있고 두 가지를 결합한 마사지를 받을 수도 있다. 이 외에도 타이 마사지, 딥 티슈 마사지, 키즈 마사지, 스크럽 등 프로그램이 퍽 다양하고 전문적인 편이다. 워낙 인기가 높아 예약은 필수이며 카카오톡을 통해 쉽게 예약할 수 있다.

원 스파
ONE SPA

위치	홍방 거리 주변
유형	중급 스파

😊 → 깨끗한 시설과 한국어 소통 가능
😑 → 마사지 프로그램 종류가 단출한 편

한국인이 운영하는 스파로 규모는 아담하지만 친절한 서비스와 깔끔한 시설, 편안한 한국어 소통, 뛰어난 마사지 실력으로 다녀온 사람들의 만족도가 높은 곳이다. 원 스파 스페셜 마사지가 대표적이며 핫 스톤 마사지를 포함한 스파도 인기 있다. 자외선에 피부가 그을었을 때 받으면 효과적인 선번 케어, 임신부와 어린이를 위한 마사지도 있다. 오전 10~12시에 방문할 경우 10~20%, 재방문 시 10% 할인 혜택이 있다. 카카오톡으로 예약 가능.

📍
가는 방법 브이 프루트에서 도보 4분
주소 79 Hồng Bàng, Tân Lập
문의 0905 056 482
영업 10:00~22:00
예산 원 스파 스페셜 마사지(60분) 38만 동, 선번 케어(60분) 38만 동
카카오톡 ID onespa

카사 스파
CASA SPA

위치	포티크 호텔 주변
유형	중급 스파

😊 → 마사지와 네일 아트를 한곳에서
😑 → 마사지에 대해 호불호가 갈리는 편

여심을 저격하는 화사한 인테리어로 꾸민 중급 스파로 다양한 마사지 프로그램에 네일 아트와 페디큐어까지 함께 받을 수 있다는 장점이 있다. 오전 10시부터 낮 12시 30분까지 해피 아워로 20% 할인해 주고 재방문 시 마사지 20%, 네일 아트 10% 할인 혜택을 제공하니 알아 두자. 마사지는 시간에 따라 일정 금액의 매너 팁(60분 4만 6,000동, 90분 6만 9,000동)이 추가된다. 카카오톡으로 예약 가능하다.

📍
가는 방법 포티크 호텔 맞은편
주소 9 Mới, Hùng Vương, Lộc Thọ
문의 0258 6512 988
영업 10:00~22:00
예산 아로마 마사지(60분) 37만 동, 젤 네일 24만 동~
카카오톡 ID casaspa

센 스파
Sen Spa

위치	뽀나가르 참 탑 주변
유형	고급 스파

- 😊 → 탁월한 마사지 실력
- 😑 → 시내 중심에서 다소 먼 거리

숲이 울창한 열대 리조트 같은 분위기에서 힐링의 시간을 보낼 수 있는 대형 스파. 아름다운 정원과 쾌적한 스파 룸이 돋보이며 뷰도 좋아 호사스러운 스파를 받는 기분을 느낄 수 있다. 오일과 허브를 이용해 부드럽게 근육을 이완하는 센 스파 시그니처 마사지와 따뜻한 돌로 뭉친 근육을 풀고 혈액 순환에 도움을 주는 핫 스톤 마사지가 인기 있다. 스파 후 나트랑 시내를 비롯해 덤 시장, 뽀나가르 참 탑 등으로 1회 셔틀 서비스를 제공한다.

📍 **가는 방법** 나트랑 시내에서 차로 15분
주소 241 Ngô Đến, Ngọc Hiệp
문의 0908 258 121
영업 08:30~20:30
예산 센 스파 시그니처 마사지(90분) 63만 동, 핫 스톤 마사지(90분) 73만 동

아만 헤리티지 스파
Aman Heritage Spa

위치	브이 프루트 주변
유형	고급 스파

- 😊 → 고급스러운 분위기에서 누리는 스파
- 😑 → 가격대가 다소 비싼 편

최근 오픈한 스파로 나트랑 시내 중심에 위치하고 있어 접근성이 탁월하다. 입구부터 리조트에 온 듯 고급스러운 시설이 돋보이며 쾌적한 분위기에서 스파를 즐길 수 있다. 사전 예약 시, 오전 10시부터 낮 12시 30분까지 방문 시, 재방문 시에 다양한 할인 혜택을 제공한다. 마사지를 받으면 시간에 따라 일정 금액의 매너 팁(60분 4만 6,000동, 90분 6만 9,000동)이 추가되므로 알아 두자. 마사지 후에는 간단한 과일과 차를 내온다.

📍 **가는 방법** 브이 프루트 대각선 방향에 위치, 도보 1분
주소 83 Tô Hiến Thành, Tân Lập
문의 0258 6286 291
영업 10:00~22:00
예산 아로마 마사지(60분) 65만 동, 스페셜 아만 마사지(90분) 88만 동

미우미우 스파
MIU MIU SPA

- **위치** 쏨머이 시장 주변
- **유형** 저가 스파

- 😊 → 합리적인 가격
- 😐 → 인기가 높아 사전 예약 필수

아담한 규모의 로컬 스파지만 합리적인 가격에 정성스러운 마사지를 제공해 소문이 자자한 곳이다. 내부는 깔끔하게 관리되고 있으며 간단한 한국어 소통도 가능해서 큰 불편이 없다. 발 마사지를 포함한 전신 마사지가 대표 프로그램으로 60분에서 120분 중 다양하게 선택 가능하다. 따뜻하게 달군 돌로 부드럽게 근육을 이완시키는 핫 스톤 마사지도 인기 있다. 마사지 후에는 달콤한 망고까지 서비스로 내온다. 규모는 작은데 인기가 높아 사전 예약 후 찾아가는 편이 좋다.

📍
가는 방법 쏨머이 시장에서 도보 3분
주소 36 Bạch Đằng, Phước Tiến
문의 0904 912 366
영업 10:00~22:00
예산 보디 & 발 마사지(60분) 26만 6,000동, 핫 스톤 마사지(60분) 38만 5,000동

제니스 네일 룸
Jenny's Nails Room

- **위치** 쏨머이 시장 주변
- **유형** 네일 아트, 페디큐어 전문

- 😊 → 뛰어난 가성비
- 😐 → 위생이 아쉬움

한국에 비하면 훨씬 저렴한 가격에 네일 아트와 페디큐어를 받을 수 있는 네일 숍이다. 로컬이라고 해도 시설이 적당히 깔끔하고 실력도 나쁘지 않다. 일반 젤 네일 아트는 한국 돈 1만 원대에 받을 수 있어 가성비가 뛰어나다. 다양한 디자인 샘플 중에 선택할 수 있으며 원하는 디자인의 사진을 준비해 보여 줘도 된다. 네일 아트 외에도 페디큐어를 비롯해 간단한 발 마사지, 스크럽 등의 코스도 갖추고 있다. 인스타그램을 통해 사전 예약도 가능하다.

📍
가는 방법 브이 프루트에서 도보 4분
주소 67 Bạch Đằng, Tân Lập
문의 0917 466 969
영업 09:00~20:00
예산 네일 아트 10만 동~, 발 마사지(25분) 15만 동
인스타그램 ID @jennys_nailsroom

노라 네일 스튜디오
Nora Nail Studio

- **위치** 멜리아 빈펄 호텔 주변
- **유형** 네일 아트, 페디큐어 전문

- 😊 → 고객 맞춤형 디자인
- 😐 → 인기가 많아 사전 예약 필수

나트랑 시내에 새로 문을 연 로컬 네일 숍으로 밝은 분위기의 인테리어와 깔끔한 시설, 트렌디한 디자인, 꼼꼼하고 뛰어난 실력으로 최근 인기가 높아지고 있다. 네일 아트와 페디큐어 전문으로 다양한 네일 아트 디자인이 준비되어 있으며 원하는 디자인의 샘플을 미리 준비해서 요청해도 된다. 젤 네일 아트는 간단한 디자인을 선택할 경우 한국 돈 1만~2만 원으로 가성비가 높다. 규모가 작아 인스타그램을 통해 예약하고 방문하는 편이 안전하다.

📍
가는 방법 브이 프루트에서 도보 2분
주소 9 Nguyễn Thiện Thuật, Lộc Thọ
문의 0935 041 406
영업 09:30~19:30
예산 젤 네일 아트 15만 동~, 핸드 마스크 10만 동~
인스타그램 ID @nora.nailstudio

FOLLOW

DA LAT

달랏

달랏은 해발 1,500m에 위치한 고원 도시로 베트남 사람들에게는 더위를 피할 수 있는 최고의 여행지이자 신혼여행지로도 사랑받는 곳이다. 최근 한국에서 출발하는 달랏 직항이 생기면서 여행자도 늘어났다. 연중 18℃ 정도의 온화한 기후로 사계절 내내 기분 좋은 날씨를 즐길 수 있고, 눈부신 신록이 무성하고 꽃들이 만발한 풍광은 '영원한 봄의 도시'라는 수식어를 낳았다. 비옥한 토양 덕분에 커피 원두를 비롯해 와인의 재료가 되는 포도와 그 밖의 과일과 채소, 아티초크 등 작물도 잘 자라 베트남을 대표하는 특산물 산지로도 유명하다. 프랑스인이 개발한 휴양지라는 역사적 배경 때문에 그 시대의 아름다운 빌라와 정원이 현재까지도 다수 보존되어 있어 유럽의 정취가 짙게 흐른다. 이국적인 풍경과 때 묻지 않은 웅장한 자연, 흐드러지게 핀 꽃들과 호수가 아름다운 달랏의 매력에 빠지면 쉬 헤어나기 어려울지 모른다.

달랏 들어가기

최근 우리나라에서 달랏으로 가는 직항 편이 생겨 편리하게 갈 수 있다. 나트랑에서 달랏으로 갈 때는 슬리핑 버스나 리무진 차량을 이용한다. 달랏은 해발 1,500m 고원지대로 기차는 없으며, 저녁에 운행하는 버스도 거의 없다.

비행기

인천–달랏: 비엣젯항공, 제주항공
김해–달랏: 비엣젯항공

인천국제공항과 김해국제공항에서 달랏 리엔크엉 국제공항Sân Bay Quốc tế Liên Khương (DLI)까지는 직항 편이 매일 운항하며, 4시간 45분~5시간 걸린다. 항공사는 비엣젯항공과 제주항공이 담당한다.
홈페이지 www.vietnamairport.vn/lienhuongairport

달랏 국제공항에서 시내 들어가기

❶ **택시** 공항에서 달랏 시내까지 30km 떨어져 있으며, 차로 약 40분 걸린다. 여러 택시 회사 부스가 모여 있는데 라도Rado Taxi 택시, 호아빈Hòa Binh 택시가 대표적이다. 요금은 정찰제다.
요금 4인승 기준 라도 택시 15만 5,000동, 호아빈 택시 17만 5,000동

❷ **그랩** 정찰제인 택시보다 비싼 편이라 이용하는 여행자는 많지 않다. 원하는 그랩 카의 종류를 선택하면 된다.
요금 29만~40만 동 ※톨게이트 비용 포함

❸ **공항버스** 공항 밖 풍짱(FUTA) 버스 회사의 버스를 이용한다. 단, 인원이 어느 정도 차야 출발한다. 쑤언흐엉 호수 앞 정류장에 내려 주므로 숙소까지 이동해야 하는 번거로움이 따른다.
요금 1인 5만 동

슬리핑 버스

베트남 전역을 연결하는 버스로, 다양한 현지 회사가 있다. 나트랑에서 달랏으로 이동할 경우, 안푸An Phú가 대표적이다. 버스 통합 예약 앱인 베세레Vexere를 통해 출발 시간, 소요 시간, 요금, 버스 크기 확인 후 좌석 지정과 결제까지 가능하다. 대부분의 버스가 달랏 중심 지역의 숙소 앞에 내려 준다.
예약 vexere.com ※앱 다운로드 추천
요금 나트랑 ↔ 달랏(편도) 34인승 버스 1인 30만 동 **소요 시간** 약 4시간

리무진 차량

나트랑에서 달랏으로 이동할 때 가장 많이 이용한다. 차량 종류는 9~11인승 밴이다. 대표적인 회사는 칸퐁Khanh Phong이며, 나트랑 시내에서 요청하면 픽업도 가능하다. 슬리핑 버스보다 승차감이 좋고, 내부도 더 쾌적하다. 베세레 앱에서 예약 가능하다.
요금 9인승 버스 1인 23만 동 **소요 시간** 약 3시간 30분

전세 차량

일행이 4인 이상이거나 아이를 동반한다면 한인 여행사에서 전세 차량을 빌리는 방법도 있다. 요금은 비싸지만 단독으로 이용할 수 있어 쾌적하고, 이동시간도 가장 짧다.
예약 cafe.naver.com/mindy7857
요금 나트랑 ↔ 달랏(편도) 4인승 8만 5,000원, 7인승 9만 5,000원

달랏 시내 교통

달랏 시내는 쑤언흐엉 호수를 중심으로 달랏 야시장과 맛집까지 대부분 걸어서 다닌다.
핵심 관광 명소인 다딴라 폭포나 랑비앙산은 달랏 근교에 있어 그랩이나 투어 프로그램에 참여해
이동하면 되므로 큰 어려움은 없다.

택시

달랏은 택시가 활성화되어 있고, 미터 요금제로 운영한다. 달랏 중심부를 벗어난 곳에 자리한 관광 명소와 카페는 요금을 흥정해서 가는 게 더 유리하다. 여러 회사 중 마일린Mail Linh 택시와 라도Rodo 택시가 믿을 만하다.
요금 기본 1만 2,000동~

● **라도 택시**
달랏을 대표하는 택시 회사로 원하는 시간만큼 대절이 가능해 여행자들이 반나절 투어 시 많이 활용한다. 카카오톡 채팅으로 문의 및 예약이 가능하며, 원하는 시간에 요청한 장소로 픽업을 온다. 최소 1일 전에는 예약할 것을 추천한다.
카카오톡 ID ladotaxi
요금 택시 대절(4인승 기준) 4시간 55만 동(34km 이내), 6시간 70만 동(55km 이내), 8시간 90만 동(75km 이내) ※1km 추가 시 1만 3,000동, 1시간 추가 시 10만 동

TIP
차량 공유 서비스인 그랩도 편하게 이용할 수 있다. 현재 위치에서 부를 수 있고, 정해진 요금만 지불하기 때문에 바가지요금 걱정도 덜하다. 요금은 4만~8만 동.

시내버스

현지인이 주로 이용하는 교통수단이지만 달랏 근교의 다딴라 폭포, 랑비앙산, 메린 커피 농장으로 갈 때 편리하다. 버스 번호가 정확하지 않으므로 경유지, 버스 색깔을 보고, 탑승 시 목적지를 꼭 확인하자. 요금은 현금으로 준비한다.
요금 5,000동~2만 동

TRAVEL TALK

시티 투어 버스 타고 달랏 한 바퀴!

달랏 도심을 도는 달랏 시티 투어 관광버스가 새로 생겼어요. 빨간색 2층 버스로 달랏 야시장, 크레이지 하우스, 달랏역 등 달랏 도심을 한 바퀴 크게 돌아요. 자유롭게 타고 내릴 수 있는 데이 투어와 내리지 않고 둘러보는 나이트 투어로 구분해요. 홈페이지에서 사전 예약하거나 달랏 야시장 부근 티켓 부스에서 직접 구매할 수 있어요.

위치 달랏 야시장에서 도보 2분 **주소** D. Nguyễn Văn Cừ, Phường 1 **문의** 091 533 8865
운영 데이 투어 08:30, 09:00, 10:00, 11:00, 13:00, 14:00, 15:00, 16:00, 17:00 / 나이트 투어 18:00, 19:00 **요금** 데이 투어 일반 20만 동, 어린이 15만 동 / 나이트 투어 일반 13만 동, 어린이 10만 동 **홈페이지** vn-sightseeing.com

Da Lat **Best Course**

달랏 추천 코스

일정별 코스

여유로운 달랏 여행!
인기 명소 섭렵하는 2박 3일

달랏의 시내는 큰 편은 아니라서 도보로 이동 가능하지만, 주요 관광 명소는 대부분 외곽에 있어서 여행사의 투어에 참여하거나 택시를 대절해 이동하는 것이 효율적이다. 달랏 시내와 외곽 지역까지 일정을 적절히 분배해서 달랏을 구석구석 여행해 보자.

TRAVEL POINT
- **이런 사람 팔로우!** 달랏을 처음 여행한다면
- **여행 적정 일수** 꽉 채운 3일
- **여행 준비물과 팁** 자외선 또는 서늘한 날씨에 대비한 얇은 긴소매, 편한 운동화, 모자
- **사전 예약 필수** 데이 투어 또는 택시 대절

DAY 1

달랏 시내 중심의 명소 산책

- **소요 시간** 10~11시간
- **예상 경비**
  입장료 38만 동 + 교통비 20만 동~ + 식비 40만 동 + 마사지 25만 동~
  = Total 123만 동~
- **점심 식사는 어디서 할까?**
  사랑의 계곡 안의 레스토랑
- **기억할 것** 달랏 시내는 거리상으로는 가까워도 골목이 연결되지 않는 곳이 많아 미로처럼 이어지는 지형이 많다. 가까운 거리도 돌아가는 경우가 많으니 알아 두자.

사랑의 계곡 P.079 — 도보 — 사랑의 계곡에서 점심 식사 — 차로 10분 — 쑤언흐엉 호수 산책 P.070

쑤언흐엉 호수에서 오리 배 타기 P.070 — 도보 10분 — 카페 추천 테이스티 달랏 P.088

도보 — 달랏 야시장 P.075 — 도보 1분 — 특산품 쇼핑 추천 랑팜 P.096 — 도보 4분

도보 2분 — 저녁 식사 추천 곡 하 탄 P.084 — 도보 1분 — 스파 & 마사지 추천 필 굿 스파 P.099

DAY 2
달랏 근교의 인기 관광지 투어

- **소요 시간** 10~11시간

- **예상 경비**
  투어 45만 동 + 입장료 53만 동 + 식비 20만 동
  = Total 118만 동~

- **점심 식사는 어디서 할까?**
  보통 투어에 포함

- **기억할 것** 달랏의 주요 관광지는 근교에 많아서 여행사의 투어를 이용하는 편이 효율적이다. 활동적으로 다녀야 하는 관광지가 많으므로 편한 복장과 신발이 필수다.

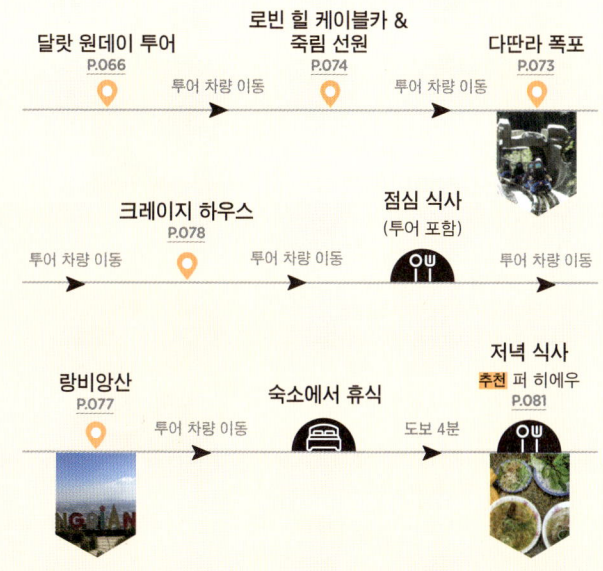

달랏 원데이 투어 P.066 → 투어 차량 이동 → 로빈 힐 케이블카 & 죽림 선원 P.074 → 투어 차량 이동 → 다딴라 폭포 P.073

크레이지 하우스 P.078 → 투어 차량 이동 → 점심 식사 (투어 포함) → 투어 차량 이동

랑비앙산 P.077 → 투어 차량 이동 → 숙소에서 휴식 → 도보 4분 → 저녁 식사 추천 퍼 히에우 P.081

DAY 3
구석구석 둘러보며 달랏 여행 마무리

- **소요 시간** 9~10시간

- **예상 경비**
  입장료 19만 동 + 교통비 30만 동 + 식비 50만 동
  = Total 99만 동~

- **점심 식사는 어디서 할까?**
  달랏 대성당 근처 가정식 맛집

- **기억할 것** 달랏역은 실제 기차역은 아니지만 특별한 관광 열차를 운행한다. 향수를 불러일으키는 레트로풍 열차를 타고 기념사진을 찍은 뒤 린프억 사원에 다녀오는 일정으로 즐길 수 있다. 마지막으로 달랏 쇼핑몰에서 알찬 쇼핑을!

바오다이 황제 여름 별장 P.076 → 차로 5분 → 달랏 대성당 P.076 → 도보 4분 → 점심 식사 추천 껌 라 쭈오이 P.083

→ 차로 8분 → 달랏역 P.071 → 관광 열차 이동 → 린프억 사원 P.072 → 관광 열차 이동

카페 추천 라티카 P.091 → 차로 5분 → 쇼핑 추천 고 달랏 P.095 → 차로 6분 → 저녁 식사 추천 꽌 느엉 쭈 P.083

특별한 하루 코스 1

달랏 근교 포토 존으로 떠나는 핫플 여행

달랏은 울창한 숲과 아름다운 호수가 곳곳에 있어 이런 풍광을 눈과 마음에 담으며 힐링의 시간을 보낼 수 있는 외곽 지역의 대형 카페나 정원으로 가 보자. 온갖 꽃이 흐드러지게 핀 정원, 멋진 조형물과 포토 존이 즐비한 명소가 많으니 멋진 풍광을 배경으로 인생샷을 남겨 보자.

FOLLOW 이런 사람 팔로우!
- 카페 투어를 좋아하는 커피 마니아
- 멋진 인생 사진을 남기고 싶다면

▸ **소요 시간** 10~11시간

▸ **예상 경비**
입장권 25만 동 + 교통비 70만 동~ + 식비 80만 동
= Total 175만 동~

▸ **기억할 것** 외곽의 명소는 대중교통으로 찾아가기 힘든데, 원하는 시간만큼 택시를 대절해서 가면 편하고 요금도 그리 비싸지 않은 편이다. 달랏의 대표 택시 회사인 라도 택시에서 쉽게 예약할 수 있는데, 최소 1일 전에는 예약하는 것이 안전한다. 요금은 4시간 55만 동(34km 이내), 6시간 70만 동(55km 이내)이다.

크레이지 하우스

프레시 가든 P.080

차로 8분

크레이지 하우스 P.078

도보 8분

라벤더 달랏 카페

점심 식사
추천 껌 라 쭈오이 P.083

차로 20분

카페에서 커피 & 포토 존 즐기기
추천 라벤더 달랏 카페 P.093

차로 10분

클레이 터널 P.079

차로 25분

클레이 터널

포토 카페에서 인증 샷
추천 그린 힐 P.090

차로 8분

쑤언흐엉 호수 산책 & 오리 배 타기 P.070

도보 8분

달랏 야시장 P.075

도보 10분

달랏 야시장

저녁 식사
추천 꽌 느엉 쭈 P.083

특별한 하루 코스 2

〈나 혼자 산다〉 따라 즐기는 먹방 여행

달랏 여행이 최근 더 각광받는 데는 TV 예능 프로그램 〈나 혼자 산다〉에서 결성된 '팜유 패밀리'의 달랏 먹방 투어가 한몫했다. 믿고 먹는 쌀국수부터 왁자지껄한 야시장의 먹거리, 싸고 맛있는 반미와 이색적인 케이크 등등. 달랏의 별미를 제대로 즐길 수 있는 코스로 먹방 여행을 떠나자.

▶ 소요 시간 10~11시간

▶ 예상 경비
입장권 6만 동 + 교통비 20만 동~ + 식비 60만 동
= Total 86만 동~

▶ 기억할 것 달랏 시내는 쑤언흐엉 호수를 중심으로 걸어서 이동이 가능하지만 크레이지 하우스나 고 달랏 같은 곳은 꽤 걸어야 하는 만큼 요금이 저렴한 그랩이나 라도 택시 등을 이용해서 이동하자. 쑤언흐엉 호수는 호숫가를 산책해도 좋고 자전거나 오리 배를 타는 경험도 특별하다. 야시장은 노점에서 파는 간식으로 가볍게 배를 채우며 돌아봐도 좋고, 야시장 내 식당에서 해산물 요리나 전골 등을 맛보며 본격적인 식사를 즐길 수도 있다.

FOLLOW
이런 사람 팔로우!
- 맛집 순례를 좋아하는 식도락가
- 로컬 요리에도 도전할 수 있는 미식가

반미로 아침 식사
추천 리엔 호아 P.082

리엔 호아

도보 12분

쑤언흐엉 호수 산책 & 자전거 타기 P.070

차로 4분

점심 식사
추천 퍼 히에우 P.081

쑤언흐엉 호수

차로 10분

크레이지 하우스 P.078

차로 7분

베트남 여행 기념품 쇼핑하기
추천 고 달랏 P.095

도보 12분

달랏 야시장

저녁 식사
추천 달랏 야시장 P.075

도보 1분

특산품 쇼핑
추천 랑팜 P.096

차로 4분

야식
추천 꽌 빅 33 P.087

핵심 명소 한 번에! vs 핫플 투어

달랏을 알차게 즐기는 하루 여행법

달랏을 대표하는 관광 명소를 하루에 둘러보는 핵심 투어를 비롯해 새롭게 뜨는 핫 플레이스를 찾아가는 핫플 투어, 이른 새벽부터 일출을 보러 떠나는 클라우드 헌팅 투어 등 다양한 관광 상품이 있다. 시내를 벗어난 관광 명소는 길이 험하고 거리도 먼 곳이 많아 개별적으로 이동하려면 시간과 비용이 많이 든다. 데이 투어로 명소 대여섯 곳을 둘러보는 편이 더 효율적이고 편리하게 알찬 투어를 즐기는 비법이다.

TOUR 01 보는 재미 가득한 달랏 원데이 투어

달랏 내 호텔 리셉션이나 여행사를 통해서 쉽게 예약할 수 있는 대표적인 달랏 투어를 소개한다. 개별적으로 가려면 다소 먼 다딴라 폭포, 랑비앙 산, 죽림 선원, 로빈 힐 케이블카 등 달랏을 대표하는 관광 명소가 대부분 포함되어 있어 편히게 이동할 수 있다. 보통 아침 8시 전후로 시작해 오후 4시 정도에 끝나는 일정으로 여럿이 함께 하는 조인 투어로 진행한다. 달랏 주요 명소를 효율적인 동선으로 알차게 둘러볼 수 있다.

❶ 로빈 힐 케이블카를 타고 멋진 전망을 감상하기

❷ 케이블카에서 내려 죽림 선원 둘러보기

❸ 다딴라 폭포 구경하고 신나는 알파인 코스터 타기

❹ 딸기 농장에서 달랏 특산물인 딸기 따기 체험하기

❺ 기이하고 독특한 크레이지 하우스 탐방하기

❻ 지프를 타고 랑비앙산에 올라 전망 감상하기

TOUR 02 카메라 셔터가 멈추지 않는 달랏 핫 플레이스 투어

달랏은 고지대에 위치해 전망이 멋진 곳이 많고 울창한 숲속에 있는 듯한 대규모 정원 카페, 목장을 체험할 수 있는 농장 카페 등 이색적인 명소가 곳곳에 포진해 있다. 이 중에서 외곽에 위치해 개별적으로 찾아가기 힘든 곳을 모은 색다른 투어다. 아름다운 자연 풍광, 멋진 전망, 온갖 꽃이 만발한 모습을 볼 수 있으며 색다른 포토 존이 많아서 사진 찍는 걸 좋아하는 이들에게는 그야말로 꿈같은 하루를 선사한다.

❶ 도이머이 달랏Đồi Mây Đà Lạt에서 정원 구경하며 인생 샷 남기기

❷ 딸기 농장에서 달랏 특산물 딸기를 따고 맛보는 체험하기

❸ 귀여운 알파카, 양, 염소가 있는 치카 팜Chika Farm 구경하기

❹ 투어에 포함된 식당에서 점심 식사하기

❺ 콤비 랜드 커피Kombi Land Coffee에서 커피 & 포토 타임

❻ 아름다운 정원 꿰 가든QUÊ Garden에서 사진 찍기

 달랏 투어 예약하기

현지 호텔 리셉션이나 여행사를 통하거나 클룩, 마이 리얼 트립 같은 여행 플랫폼에서도 가능하다. 현지 여행사 중에서는 해피 데이 트래블이 가장 유명하며 호텔에서 투어 예약을 요청하면 대부분 이 업체로 연결해 준다.

TIP
대부분 입장료와 점심 요금은 포함되어 있지 않다
투어 상품 대부분이 입장료와 액티비티 요금은 포함되어 있지 않아 개별적으로 현장에서 지불하게 된다. 점심 식사는 보통 투어 코스에 포함되어 있으나 비용은 별도로 추가되므로 현금을 챙겨 가는 것이 좋다.

해피 데이 트래블 Happy Day Travel
달랏을 대표하는 여행사로 다양한 투어 상품을 운영한다. 달랏의 관광 명소를 집중적으로 둘러보는 투어부터 1박 2일, 2박 3일 상품도 다양하고 최근 뜨는 곳을 둘러보는 핫 플레이스 투어, 이른 새벽에 몽환적인 구름을 볼 수 있는 구름 사냥 투어 등 이색 상품도 많다. 예약은 달랏 중심가에 있는 사무실에 가서 해도 되고 홈페이지에서 해도 편하다.
주소 127 Phan Bội Châu, Phường 2
문의 0263 3986 986 **예산** 달랏 원데이 투어 45만 동, 달랏 핫 플레이스 투어 55만 동
홈페이지 happydaytravel.com

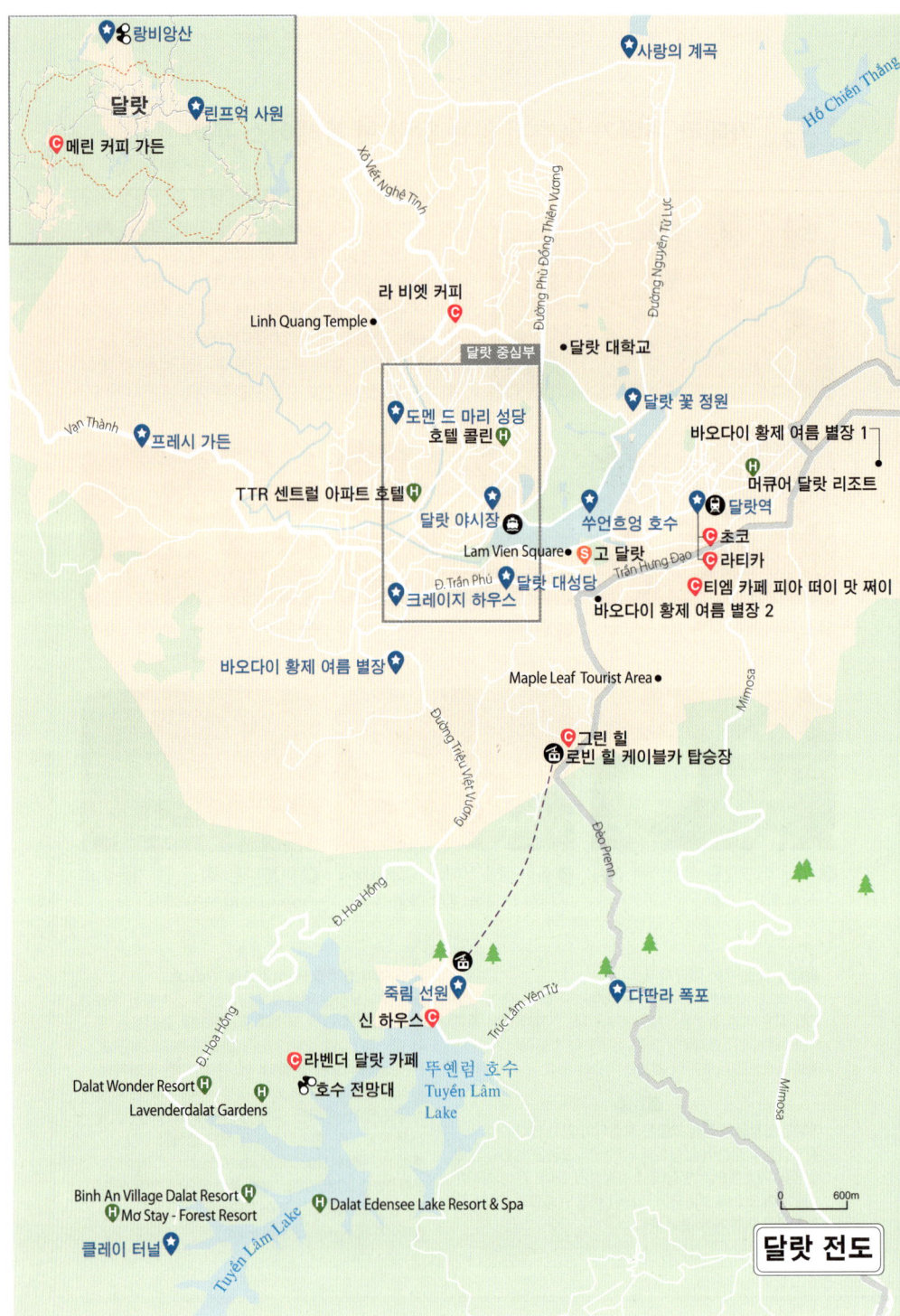

달랏 관광 명소

달랏 여행은 크게 시내와 근교 여행지로 나뉜다. 달랏 시내의 중심에는 쑤언흐엉 호수를 따라 산책로가 잘 조성되어 있고, 매일 밤 불야성을 이루는 야시장도 빼놓을 수 없는 인기 관광 명소다. 울창한 숲 사이로 떨어지는 폭포, 끝없이 펼쳐지는 꽃 정원, 푸른 호수 등 아름다운 자연을 생생하게 느낄 수 있는 명소가 근교 곳곳에 포진해 있다. 근교의 명소들은 대중교통으로 이동하기에는 다소 어려움이 있으므로 여행사의 투어 프로그램이나 택시를 대절해서 이동하면 편하게 둘러볼 수 있다.

01 쑤언흐엉 호수
Hồ Xuân Hương

추천

TIP

호수를 색다르게 즐기는 방법은 오리 배를 타는 것이다. 1~2시간 동안 유유자적 호수를 누빌 수 있다. 요금은 구명조끼 대여료를 포함해 2인 7만 동, 4인 14만 동 수준이다.

달랏 중심에 있는 낭만 가득한 호수

시내 중심에 자리 잡은 아름다운 호수로 시내 어디서든 호수 풍경을 볼 수 있어 달랏을 상징하는 존재다. 프랑스 식민지 시대이던 1919년에 홍수를 막기 위해 조성한 인공 호수로 둘레가 7km에 이를 정도로 거대하다. 호숫가를 산책해도 좋고 자전거나 오리 배, 마차 등 다채로운 방법으로 호수를 즐길 수 있다. 해 질 무렵이면 아름다운 노을을 보려는 이들이 호숫가에 모여든다. 한낮에는 더우므로 오전 시간이나 해 질 무렵에 가야 쾌적하게 둘러볼 수 있다.

지도 P.068
가는 방법 달랏 시내 중심에 위치, 달랏 야시장에서 도보 3분
주소 1 Đ. Trần Quốc Toản, Phường 2

⓶ 달랏역
Ga Đà Lạt

100년 역사의 아름다운 기차역

베트남에서 가장 오래된 기차역이자 아름다운 기차역으로 꼽히는 곳으로 프랑스 건축가가 설계했다. 과거에는 달랏과 판랑Phan Rang을 오가는 100km에 달하는 철로가 있었으나 베트남전쟁 당시 선로가 유실되어 현재는 달랏역에서 짜이맛역Ga Trại Mát까지 7km 구간만 관광 열차를 운행한다. 옛 정취를 풍기는 외관이 인상적이며 안으로 들어가면 증기기관차를 복원해 놓아 포토 존 역할을 하며 공중 부양한 대형 수도꼭지에서 물이 나오는 듯한 재미있는 분수도 있어 기념사진도 많이 찍는다. 하루 다섯 차례 관광 열차를 운행해 여행자들이 즐겨 찾는다.

📍
지도 P.068
가는 방법 달랏 시내에서 차로 약 10분
주소 01 Quang Trung, Phường 9
운영 07:00~18:00

TIP

1930년대 기차의 모습을 그대로 재현한 관광 열차는 달랏역에서 짜이맛까지 하루 5편 운행하며 30분 정도 소요된다. 기차 요금은 좌석에 따라 네 가지로 달라지며 달랏역을 직접 방문하거나 현지 여행사를 통해 예매 가능하다.

달랏역 ▶ 짜이맛역 07:50, 09:55, 12:00, 14:05, 16:10
짜이맛역 ▶ 달랏역 08:50, 10:55, 13:00, 15:05, 17:10
요금 편도 7만 2,000동~10만 동, 왕복 10만 8,000동~15만 동

린프억 사원

Chùa Linh Phước
Linh Phuoc Pagoda

유리 조각으로 만든 독특한 불교 사원

달랏 시내에서 약 7km 떨어진 짜이맛에 위치한 불교 사원으로 1952년 완공되었다. 깨진 도자기 파편과 유리 조각을 재활용해서 모자이크처럼 꾸민 사원이라 유리 사원이라고도 불린다. 본당 입구에 관우상이 있고, 안으로 들어가면 용을 새긴 기둥 사이로 황금 불상이 나타난다. 본당 앞으로는 37m 높이의 7층 종탑이 있는데 베트남에서 높이로 수위를 다툰다. 달랏역에서 출발하는 관광 열차의 종착지와 가까워 관광 열차의 필수 코스로 묶어서 둘러보면 편하다.

지도 P.068
가는 방법 달랏역에서 관광 열차를 타고 약 30분, 달랏 시내에서 차로 20분
주소 Trai Mat
운영 06:00~17:30

04 다딴라 폭포
Thác Datanla
추천

웅장한 폭포에서 즐기는 액티비티

다딴라 폭포는 달랏 여행에서 꼭 가 봐야 하는 필수 코스. 울창한 원시림과 그 사이를 뚫고 시원스레 물줄기가 쏟아지는 폭포 풍경이 장관이다. 게다가 대자연 속에서 즐길 수 있는 액티비티도 다양해 많은 사람들이 찾는다. 소나무 숲 사이로 이어지는 산책로를 따라 걸으면 거대한 폭포가 도도한 자태를 드러낸다. 약 20m 높이에서 웅장하게 쏟아지는 폭포수를 배경으로 인증 샷도 남겨 보자. 크고 작은 5개의 폭포가 협곡 같은 구조로 이어지므로 시간 여유가 있다면 숲속을 거니는 기분으로 찬찬히 둘러보자. 폭포를 배경으로 즐길 수 있는 알파인 코스터, 하이 로프 코스, 집라인 같은 액티비티도 경험해 볼 만하다.

💬 다딴라 폭포에서 즐기는 난이도별 액티비티 정보는 ➡ 1권 P.040

지도 P.068
가는 방법 달랏역에서 차로 약 20분 **주소** QL20 Đèo Prenn, Phường 3
문의 0263 3533 899 **운영** 07:00~17:00
요금 입장권 일반 5만 동, 어린이 2만 5,000동 **홈페이지** dalattourist.com.vn

05 로빈 힐 케이블카
Robin Hill Cable Car

달랏을 한눈에 내려다볼 수 있는 케이블카

2003년부터 운행을 시작한 로빈 힐 케이블카는 타고 정상에 오르면 달랏 풍경을 한눈에 내려다볼 수 있어 인기가 높다. 총길이가 4km에 달하며 정상까지 오르는 데 20분 정도 걸린다. 울창한 숲과 달랏 풍경을 발아래 두고 내려다보며 정상에 도착하면 명소인 죽림 선원과 연결된다. 왕복으로 끊을 경우 로빈 힐로 다시 돌아올 수 있고, 편도로 끊을 경우 택시나 그랩을 타고 다음 장소로 이동하면 된다.

> **TIP**
> - 케이블카는 안전 점검을 위해 운행을 중단하는 경우가 종종 있으므로 방문하기 전에 반드시 운행 여부를 확인해야 한다.
> - 케이블카 하차장에서 죽림 선원은 걸어서 갈 수 있고, 다딴라 폭포는 그랩이나 택시로 10분 정도 걸릴 만큼 가까워 같이 묶어서 둘러보기도 한다.

지도 P.068 **가는 방법** 고 달랏에서 차로 7분
주소 Đồi Robin, Phường 3 **문의** 0263 3837 938
운영 07:30~11:30, 13:00~17:00 **요금** 일반 편도 10만 동, 왕복 12만 동 / 어린이 편도 8만 동, 왕복 9만 동

06 죽림 선원
Thiền Viện Trúc Lâm
Truc Lam Buddhist Monastery

달랏에서 규모가 가장 큰 사원

100여 명의 승려가 수행하는 선원으로 베트남을 대표하는 불교 수도원으로 꼽힌다. 호찌민의 명소인 통일궁을 설계한 응오 비엣 투Ngô Viết Thụ의 작품으로 1993년에 지어졌다. 대웅전에는 2m에 달하는 거대한 부처 좌상이 있으며, 정교한 아름다움이 감탄을 자아내는 분재 정원이 있다. 사원 내에서는 민소매나 짧은 하의를 입을 수 없으므로 주의해야 한다. 로빈 힐에서 케이블카를 타거나 택시 또는 그랩 등을 타고 바로 가면 된다.

지도 P.068
가는 방법 로빈 힐에서 케이블카로 이동 또는 달랏 시내에서 차로 약 15분
주소 Trúc Lâm Yên Tử, Phường 3
운영 07:00~17:00

달랏 야시장
Chợ Đêm Đà Lạt

추천

불야성을 이루는 야시장

매일 열리는 야시장으로 달랏 시장 앞 원형 광장을 중심으로 오후에 노점이 깔리면서 분주해지기 시작한다. 달랏의 특산품인 아티초크와 탐스러운 딸기, 건과일, 견과류는 물론 의류와 잡화 등 다양한 상품을 파는 상인과 관광객으로 북새통을 이룬다. 달랏 야시장의 명물 먹거리로 통하는 반짱느엉을 비롯해 꼬치구이, 아보카도 스무디 깸버, 소금에 버무린 딸기, 찰밥 등 로컬 음식을 다양하게 판매해 낯선 맛에 푹 빠져 이국의 밤을 즐길 수 있다.

지도 P.068　**가는 방법** 달랏 시장에서 도보 1분
주소 6b Đường Nguyễn Thị Minh Khai, Phường 1　**운영** 17:00~24:00

달랏 야시장의 로컬 먹거리 베스트

① 반짱느엉
Bánh Tráng Nướng
달랏 사람들이 가장
사랑하는 별미 간식

④ 수어쭈어넵깜
Sữa Chua Nếp Cẩm
달콤한 요거트에 찰흑미를
넣은 디저트

② 더우떼이락
Dâu Tây Lắc
딸기와 소금을 넣고
흔들어서 먹는 별미 음식

⑤ 수어더우난
Sữa Đậu Nành
따뜻한 두유와 함께 즐기는
구운 빵

③ 로띠
Roti
얇은 반죽을 기름에 구워
만든 팬케이크

⑥ 꼬치구이
Xiên Nướng
입맛 따라 고르면 바로
구워 주는 꼬치구이

⑧ 달랏 대성당
Nhà thờ Chính Tòa Đà Lạt

⑨ 도멘 드 마리 성당
Nhà thờ Domaine de Marie

⑩ 바오다이 황제 여름 별장
Dinh Bảo Đại III

건축미가 돋보이는 대성당

달랏을 대표하는 로마네스크 양식의 아름다운 성당으로 프랑스 식민지 시대에 프랑스인이 세웠다. 1931년에 짓기 시작해 내부는 1942년에 완공되었다. 47m에 달하는 높이의 종탑은 달랏 시내 어디서나 보일 만큼 높다. 탑 위에 수탉 모양 풍향계가 있어 수탉 교회Nhà thờ Con Gà라고도 불린다. 내부는 둥근 아치형 천장과 스테인드글라스가 특히 아름답다. 미사가 열리는 평일 05:15, 17:15, 일요일 05:30, 07:00, 08:30, 16:15, 18:00에는 입장할 수 없다.

🛈
지도 P.068
가는 방법 크레이지 하우스에서 도보 10분 **주소** 17 Đ. Trần Phú, Phường 3
문의 0263 3821 421
운영 05:15~18:15

포토 스폿인 핑크 성당

17세기 프랑스 양식과 베트남 전통 양식이 공존하는 독특한 건축양식이 인상적인 수녀원이다. 화사한 핑크빛 외관 덕분에 핑크 성당이라 불리며 최근에는 SNS에 자주 등장해 포토 존으로 인기가 높다. 1943년 완공되었으며, 당시 50여 명의 수녀들이 아이들을 돌보며 보육원 역할을 한 것을 계기로 지금까지 소외 계층을 위해 봉사해 온 곳이다. 규모가 크지는 않지만 동서양의 미감이 어우러진 건축물과 예쁜 정원이 있어 잠시 둘러볼 만하다.

🛈
지도 P.068
가는 방법 달랏 시장에서 차로 7분
주소 1 Ngô Quyền, Phường 6
운영 07:30~11:30, 13:00~17:30

마지막 황제의 여름 별장

베트남 응우옌 왕조의 마지막 황제 바오다이와 그의 가족이 여름을 보낸 별장으로 1938년 지어졌다. 당시 프랑스에서 유행하던 아르데코 양식의 영향을 받은 외관이 특징이다. 안으로 들어가면 황제가 머물렀던 방, 집무실, 실제 사용한 가구 등을 볼 수 있다. 전체적으로 규모가 큰 편은 아니라 가볍게 둘러보기 좋으며 화려하기보다는 검소하고 정갈한 느낌을 준다. 야외 정원에는 당시 타던 오래된 자동차와 마차도 남아 있다.

🛈
지도 P.068
가는 방법 달랏 시장에서 차로 7분
주소 1 Đường Triệu Việt Vương, Phường 4 **문의** 0263 3837 938
운영 07:00~17:30 **요금** 일반 4만 동

⑪ 랑비앙산
Núi Langbiang

 지도 P.068
가는 방법 달랏 시내에서 차로 약 20분
운영 06:00~18:00
요금 입장권 일반 5만 동, 어린이 2만 5,000동 ※지프 요금 별도

달랏에서 가장 높은 산

랑비앙산은 해발고도 2,167m에 달하는 달랏에서 가장 높은 산으로 달랏의 지붕이라 불린다. 과거 군용 시설이던 1,950m 지점은 현재 전망대로 사용되고 있으며, 이곳에서 내려다보는 탁 트인 파노라마 뷰가 그야말로 장관이다. 전망대까지 올라가기 위해 지프를 타고 꼬불꼬불한 길을 달리는데 이 또한 색다른 즐길 거리다. 전망대에는 아기자기한 포토 존이 있어 사진을 찍는 재미를 느낄 수 있으며, 카페와 상점이 모여 있어 같이 둘러보기도 그만이다.

> **TIP**
>
>
>
> 랑비앙산은 입구에 위치한 지프 스테이션에서 전용 차량을 타고 올라가야 한다. 걸어서 오를 수도 있지만, 2시간 가까이 걸리는 데다 체력 소모도 상당히 크기 때문에 대부분 차량을 이용한다. 차량은 7인승으로 일반 차량과 지프 두 종류를 운영 중이며 정원이 차면 바로 출발한다. 지프 1인당 요금은 12만 동. 여행사 투어 상품을 이용하면 트레킹, 캠핑 등을 함께 즐기는 프로그램도 있다.

⑫ 크레이지 하우스
Biệt thự Hằng Nga
Crazy House

📍
지도 P.068
가는 방법 달랏 시장에서 차로 5분
주소 03 Đ. Huỳnh Thúc Kháng, Phường 4
문의 0263 3822 070
운영 08:30~19:00
요금 일반 6만 동, 어린이 2만 동
홈페이지 www.crazyhouse.vn

상상을 현실로 재현한 달랏의 명소

베트남 여성 건축가 당 비엣 응아Đặng Việt Nga가 베트남의 가우디를 표방하며 1990년부터 건축을 시작해 여전히 짓고 있는 건물이다. 화려한 색과 과감한 곡선을 도입해 비대칭적 형태로 건축한, 이름 그대로 별나고 기괴한 분위기로 이목을 모은다. 좁은 통로와 계단이 미로처럼 복잡하게 이어져 재미도 있지만, 계단의 난간이 낮고 안전장치가 별도로 없기 때문에 다소 위험한 곳이기도 하므로 어린이와 노약자는 주의해서 둘러보는 편이 안전하다.

> **TIP**
>
> 숙소도 함께 운영하므로 판타지 세계에 들어온 듯한 독특한 호텔에서 하룻밤을 보내고 싶다면 선택해 보기 바란다. 객실마다 스타일과 콘셉트가 다르고 일반 객실은 다소 평범한 편이어서 룸 타입을 잘 살펴보고 예약해야 한다.

⑬ 클레이 터널
Đường Hầm Điêu Khắc
Clay Tunnel

⑭ 사랑의 계곡
Thung lũng Tình Yêu
Valley of Love

이색 조형물이 가득한 테마파크

조형물 수십 개를 설치해 둔 거대한 테마파크다. 흙, 돌가루, 시멘트를 이용해 거대한 동물 모형, 달랏역, 교회, 사원 등을 만들어 놓아 사진을 찍으며 구경하는 재미가 쏠쏠하다. 가장 인기 있는 포토 존은 연못 안에 거대한 남녀 조각상이 마주 보고 있는 조형물로 베트남 판 로미오와 줄리엣이라 불리기도 한다. 이곳에서 기념사진을 찍으려면 기다림은 필수다. 울창한 정원과 웅장한 조각을 둘러보며 산책하듯 구경하고 사진을 찍기 좋다.

TIP
- 간단한 먹을거리를 파는 매점, 기념품을 파는 상점 등이 있고 베트남 소수민족의 전통 의상(10만 동)도 빌려주어 원하면 특별한 사진을 남길 수 있다.
- 시내에서 거리가 꽤 먼 편이라 택시를 왕복 또는 시간으로 대절해서 이동하는 것이 편하다.

지도 P.068
가는 방법 달랏 시내에서 차로 30분
주소 Phường 4
문의 098 1166 088   **운영** 07:00~17:00
요금 일반 12만 동, 어린이 5만 동

호수를 품은 거대한 규모의 꽃 정원

달랏이 영원한 봄의 도시라 불리는 이유를 온전히 수긍할 수 있는 테마파크다. 거대한 숲과 깊은 계곡, 호수를 품고 있으며 곳곳에 아름다운 꽃들이 만발한 풍경이 펼쳐진다. 테마별로 각각 다른 정원으로 꾸며져 있으며, 규모가 워낙 커서 전체를 걸어서 돌아보기에는 무리가 따르므로 무료로 순환 운행하는 셔틀 트레인을 타고 이동하자. 아이들이 즐기기 좋은 집라인, 호수를 떠다니는 오리배도 무료로 이용할 수 있다.

TIP
입장료가 현지 물가 대비 약간 비싼 편인데 런치 뷔페가 포함된 패키지로 구입하는 편이 오히려 실속 있다. 베트남 현지 요리와 음료, 과일 등으로 구성된 뷔페로 메뉴가 알차다. 규모가 매우 크므로 먼저 식사를 든든하게 한 후 본격적으로 구석구석 둘러보는 편이 낫다.

지도 P.068   **가는 방법** 달랏 시내에서 차로 15분
주소 5-7 Đường Mai Anh Đào, Phường 8
문의 0263 3821 448   **운영** 07:30~17:00
요금 입장권 일반 25만 동, 어린이 12만 5,000동 /
입장권 + 런치 뷔페 일반 31만 동, 어린이 15만 5,000동

⑮ 달랏 꽃 정원
Vườn hoa thành phố Đà Lạt

⑯ 프레시 가든
Fresh Garden

꽃들이 만발하는 아름다운 정원

1966년에 조성한 달랏을 대표하는 꽃 정원으로 쑤언흐엉 호수 북동쪽에 있다. 꽃의 도시라 불리는 달랏에서 오랫동안 사랑받고 있는 정원이다. 수국, 미모사, 장미, 라벤더 등 300여 종의 꽃들이 계절마다 알록달록 만발하며 중앙 쪽에는 연못도 있다. 곳곳에 사진 찍기 좋게 포토 존을 꾸며 놓아 현지인의 데이트 코스로 인기가 높다.

지도 P.068
가는 방법 쑤언흐엉 호수 앞, 달랏 시장에서 차로 9분
주소 02 Đ. Trần Nhân Tông, Phường 8
문의 0263 3837 771　**운영** 06:30~17:30
요금 입장권 일반 10만 동, 어린이 5만 동

새롭게 뜨고 있는 알록달록한 정원

축복받은 날씨와 자연환경 덕분에 달랏에는 유명한 꽃 정원이 많은데, 그중 최근 가장 주목받는 곳이다. 아름다운 자연 속에서 흐드러지게 피어 있는 꽃들의 향연이 펼쳐진다. 얼음 동굴, 유리 다리, 거대한 고양이 조형 등 곳곳에 재미있고 예쁜 포토 존을 꾸며 놓아 SNS에 올릴 인생 샷을 찍으려는 여성들이 특히 많이 찾는다. 근사한 레스토랑과 카페가 있고 숙소도 함께 운영한다.

지도 P.068　**가는 방법** 달랏 시내에서 차로 15분
주소 90B Vạn Thành, Phường 5
문의 090 897 4949　**운영** 07:30~17:30
요금 입장권 일반 12만 동, 어린이 8만 동
홈페이지 http://www.freshdalat.vn

달랏 맛집

달랏은 정통 베트남 요리를 맛볼 수 있는 로컬 식당부터 이국적인 요리를 선보이는 분위기 좋은 레스토랑까지 다양해 식도락을 폭넓게 즐길 수 있다. 다른 지역보다 선선한 날씨 덕분에 바비큐, 전골 같은 따뜻한 음식을 즐기는 문화도 발달했다. 달랏 야시장에서는 달랏 로컬 스트리트 푸드를 싸게 파는 곳이 많으니 현지인처럼 주전부리를 즐기며 돌아보자.

퍼 히에우 *Phở Hiếu*

위치 링선사 주변
유형 대표 맛집
주메뉴 퍼보, 분보후에

🙂 → 가성비가 뛰어난 국수 맛집
😐 → 위치가 다소 애매함

가는 방법 달랏 시장에서 차로 6분
주소 103 Nguyễn Văn Trỗi, Phường 2
문의 097 125 7848
영업 06:00~20:30
예산 퍼보 5만 동, 분보후에 5만 동

현지인 사이에서는 이미 유명한 쌀국수 맛집이었는데 최근 한국 TV 예능 프로그램에 소개되면서 손님이 더 많아졌다. 대표 메뉴는 소고기 쌀국수 퍼보이며 뜨끈한 뚝배기에 나오는 쌀국수도 있다. 진한 국물에 부드러운 국수와 고기가 넉넉하게 들어 있어 먹으면 속이 든든하다. 더 색다른 맛을 즐기고 싶다면 후에Hue 지역의 명물 국수인 분보후에를 추천한다. 특수 부위 고기가 듬뿍 들어 있고 국물도 진해서 먹으면 속이 풀리는 느낌이 든다. 한국어 메뉴판도 있어 쉽게 주문할 수 있다.

리엔 호아 *Liên Hoa*

위치	달랏 시장 주변
유형	로컬 맛집
주메뉴	베이커리, 반미

 → 싸고 맛있는 빵과 디저트, 반미 맛집
→ 빵 맛이 뛰어난 편은 아님

가는 방법 달랏 시장에서 5분
주소 19 Ba Tháng Hai, Phường 1
문의 0263 3837 303
영업 05:00~24:00
예산 빵 1만 동~, 반미 1만 8,000동~

달랏을 대표하는 베이커리로 단순한 빵집을 넘어서 랜드마크 역할을 한다. 갓 구운 다양한 빵을 비롯해 케이크, 반미, 피자, 요거트 등을 먹을 수 있다. 싸고 맛도 괜찮은 편이라 하루 종일 손님들로 붐빈다. 최근 한국 TV 예능 프로그램에 소개되면서 한국 여행자들에게도 유명해졌다. 빵도 맛있지만 가성비가 뛰어난 먹거리는 단연 반미! 즉석에서 만들어 주는 반미는 값도 무척 싼 데다 맛도 좋아 한 끼 식사로 안성맞춤이다.

TIP

리엔 호아의 반미는 종류가 다양한데 그중에서도 채소와 특제 소스, 달걀을 넣은 반미쯩Bánh Mì Trứng을 추천한다. 달랏 스타일 메뉴를 즐기고 싶다면 따뜻한 미트볼 수프에 빵이 함께 나오는 반미짼씨우마이Bánh Mì Chén Xíu Mại가 제격이다. 또한 요거트가 맛있기로 유명한 달랏인 만큼 달콤하고 부드러운 맛의 수제 치즈 요거트 요거트 포마이Yaourt Phô Mai도 꼭 맛보자.

꽌 느엉 쭈
Quán Nướng Chu

위치 헴 부이 티 쑤언Hẻm Bùi Thị Xuân 거리 주변
유형 로컬 맛집
주메뉴 바비큐, 전골

☺ → 달랏 스타일 바비큐
☹ → 주문 오류가 종종 있는 편

달랏은 베트남에서 시원한 고원지대에 속하는 지역이라 타 지역보다 바비큐를 즐겨 먹는다. 꽌 느엉 쭈는 달랏의 많은 바비큐 가게 중에서도 맛집으로 소문난 곳으로 뜨거운 돌판 위에 지글지글 고기를 구워 먹는 이색 경험을 할 수 있다. 새우, 오징어, 돼지고기 등 구워 먹는 재료가 다양하며, 따뜻한 국물을 먹을 수 있는 전골 요리도 인기 메뉴다. 바삭바삭 고소한 맛이 매력적인 참깨 빵도 판다.

📍 **가는 방법** 달랏 야시장에서 도보 12분
주소 LÔ B1_ 8 KQH GOLF VALLEY, Phường 2
문의 091 201 6892
영업 24시간
예산 돼지고기 5만 5,000동, 볶음밥 9만 동

껌 라 쭈오이
Cơm Lá Chuối

위치 달랏 대성당 주변
유형 로컬 맛집
주메뉴 베트남 가정식

☺ → 베트남 스타일의 백반 경험
☹ → 냉방이 취약한 편

집밥처럼 소박한 베트남 가정식 요리를 맛볼 수 있는 식당이다. 단품 메뉴가 따로 없고 그날그날 조금씩 다르게 밥과 국, 반찬 네댓 가지로 푸짐하게 차려 내며 1인당 요금으로 계산하는 방식이 우리의 백반집과 비슷하다. 보통 생선조림, 나물 반찬, 국 등 종류도 다양하고 양도 꽤 많은데, 값은 저렴한 편이고 밥과 반찬을 먹는 것이 우리나라와 비슷해 입에 잘 맞는다. 색다른 베트남 집밥을 먹어 볼 기회다.

📍 **가는 방법** 달랏 대성당에서 도보 4분
주소 9 Đ. Trần Phú, Phường 3
문의 0263 6511 500
영업 10:30~20:00
예산 1인당 8만 5,000동

곡 하 탄
Góc Hà Thành

위치	리엔 호아 주변
유형	대표 맛집
주메뉴	냄란, 냄루이

😊 → 한국인 입맛에도 잘 맞는 베트남 요리
😑 → 손님 대부분이 외국인

여행자 사이에서 맛집으로 소문이 자자한 곳이다. 다양한 베트남 요리를 맛볼 수 있고 대체로 맛이 좋아 호불호가 크게 갈리지 않는다. 바삭하게 튀긴 냄란, 바구니 한가득 온갖 채소와 향채, 라이스페이퍼를 담아 함께 내는 냄느엉이 대표 메뉴이다. 채소와 고기, 튀김을 라이스페이퍼에 싸서 먹으면 배부르고 건강해지는 듯한 알찬 한 끼로 그만이다. 그 외에도 마늘 볶음밥, 코코넛 치킨 카레 등이 추천 메뉴로 전체적으로 향신료 맛이 강하지 않아 한국인 입맛에도 잘 맞는다.

📍
가는 방법 리엔 호아에서 도보 3분
주소 51 Đường Trương Công Định, Phường 1
문의 094 699 7925   **영업** 11:00~21:30
예산 냄란 7만 9,000동, 코코넛 치킨 카레 13만 9,000동

반깐 07 땅밧호
Bánh Căn 07 Tăng Bạt Hổ

위치	리엔 호아 주변
유형	대표 맛집
주메뉴	반깐

😊 → 달랏의 별미 요리
😑 → 메뉴가 다양하지 않음

달랏에 간다면 꼭 맛봐야 하는 별미 반깐Bánh Căn 맛집이다. 반깐은 한 입 크기의 베트남식 풀빵 같은 요리로 틀에 넣어 만드는 모습을 바로 앞에서 볼 수 있어 흥미롭다. 쌀가루와 달걀을 섞어서 부치고 거기에 새우, 오징어 등을 넣는다. 씨우마이 Xiu Mai라 불리는 미트볼이 들어 있는 소스가 함께 나오는데, 반깐을 여기에 푹 찍어 먹으면 새콤달콤하면서 맛의 조화가 훌륭하다. 닭고기와 야채, 국수를 비벼 먹는 달랏의 명물 요리 반웃Bánh Uớt도 맛볼 수 있다.

📍
가는 방법 리엔 호아에서 도보 3분
주소 7 Đường Tăng Bạt Hổ, Phường 1
문의 092 509 0999
영업 06:00~18:00
예산 반깐 3만 5,000동~, 씨우마이 1만 동

프리마베라
Primavera

위치	리엔 호아 주변
유형	대표 맛집
주메뉴	피자, 파스타

☺ → 제대로 즐기는 화덕 피자 맛
☹ → 현지 물가에 비해 다소 비싼 편

좁은 골목 안에 숨어 있지만 소문이 자자한 맛집답게 찾아오는 손님들로 붐빈다. 이탈리언 레스토랑으로 파스타와 뇨키, 라사냐, 피자, 스테이크 등의 메뉴를 갖추고 있으며 이 중 대표 메뉴는 화덕에 구운 피자다. 10종이 넘는 피자가 있는데 부라타 치즈와 루콜라를 듬뿍 올린 부라타 피자Burrata Pizza가 압권이다. 따뜻한 분위기로 꾸민 내부도 예쁜데 공간에 비해 손님이 많아 다소 협소하게 느껴진다. 가장 인기 있는 자리는 2층 테라스 자리로 골목 풍경을 감상하기 좋다.

📍 **가는 방법** 리엔 호아에서 도보 3분
주소 54/7 Phan Đình Phùng, Phường 1
문의 0263 3582 018 **영업** 12:00~22:00
예산 파스타 21만 동~, 피자 22만 동
※ 서비스 차지 5% 추가

남 느엉 달랏
Nậm Nướng Đà Lạt

위치	호앙 지에우Hoàng Diệu 거리 주변
유형	로컬 맛집
주메뉴	베트남식 바비큐

☺ → 현지 분위기에서 즐기는 달랏 바비큐
☹ → 다소 애매한 위치

매일 저녁 왁자지껄한 분위기에서 바비큐를 즐기려는 이들로 가게 안이 꽉 차는 바비큐 맛집이다. 삼겹살을 비롯해 다양한 고기와 새우나 오징어 같은 해산물을 구워 먹는 바비큐가 대표 메뉴로 샐러드 바에는 무료로 가져다 먹을 수 있는 채소와 소스, 김치까지 준비되어 있다. 바비큐 외에 튀김, 샐러드, 볶음밥, 전골 등의 메뉴도 있다. 술과 함께 푸짐하게 즐기기 안성맞춤인 곳으로 한국 술도 팔아서 더욱 반갑다. 큼직한 사진이 있는 메뉴가 있어 주문도 어렵지 않다.

📍 **가는 방법** 리엔 호아에서 도보 8분
주소 07 Đ. Hoàng Diệu, Phường 5
문의 1900 4516
영업 16:00~23:00
예산 새우 8만 동~, 소고기 9만 9,000동

비앙 달랏 가든 레스토랑
Biang Da Lat Garden Restaurant

위치	신투어리스트 주변
유형	대표 맛집
주메뉴	스테이크, 피자, 파스타

😊 → 고급스러운 분위기와 요리
😐 → 현지 물가 대비 비싼 편

달랏에서 분위기 좋고 고급스러운 레스토랑에서 호사스러운 식사를 하고 싶다면 추천한다. 퓨전 베트남 요리를 비롯해 스테이크, 피자, 파스타 등의 요리를 선보이는 레스토랑으로 친절한 서비스, 정성스러운 플레이팅과 맛, 고급스러운 분위기 덕분에 인기가 높다. 독특한 시그니처 칵테일을 비롯해 다양한 와인이 준비되어 있어 술과 함께 요리를 즐기기 좋아 특히 저녁 시간에 인기가 많다. 초목이 싱그러운 정원과 이국적인 실내 분위기도 근사하다.

📍 **가는 방법** 달랏 시장에서 차로 6분
주소 94 Đường Lý Tự Trọng, Phường 2
문의 0911 063 194 **영업** 11:00~14:30, 17:00~22:00 **예산** 샐러드 11만 9,000동~, 파스타 22만 5,000동~ ※VAT 10% 추가

퍼 박 남
Phở Bắc Nam

위치	리엔 호아 주변
유형	로컬 맛집
주메뉴	퍼보

😊 → 저렴하고 맛있는 쌀국수 찐 맛집
😐 → 로컬 식당이라 내부는 허름함

외관은 허름해 보이지만 내공은 강한, 현지인이 사랑하는 쌀국수 맛집이다. 퍼보, 퍼가, 후띠우 등 여러 가지 국수를 파는데 그중에서도 소고기 쌀국수, 퍼보의 맛이 일품이다. 깔끔한 맛의 육수에 부드러운 국수와 고기가 듬뿍 들어 있다. 값도 무척 싼 편이라 가성비가 탁월하다. 테이블에 있는 요거트는 먹은 만큼 계산하는데, 달랏은 요거트가 맛있기로 유명한 만큼 꼭 먹어 보자. 깔끔한 닭 육수에 담백한 맛이 매력적인 퍼가도 인기 메뉴로 소스까지 넣어 먹으면 얼큰하게 즐길 수 있다.

📍 **가는 방법** 리엔 호아에서 도보 3분
주소 1C Đường Tăng Bạt Hổ, Phường 1
영업 06:00~22:00
예산 퍼보 5만 동, 퍼가 5만 동

껌땀 꼬 하이
Cơm Tấm Cô Hai

위치	하이 트엉Hải Thượng 거리 주변
유형	로컬 맛집
주메뉴	껌땀

😊 → 로컬 식당치고는 깔끔한 편
😒 → 골목 안쪽에 있어 지나치기 쉬움

껌땀은 양념한 돼지고기를 숯불에 구워서 밥과 함께 먹는 음식으로 베트남 사람들이 우리네 백반처럼 즐겨 먹는다. 마치 돼지갈비 같아 웬만한 한국인 입맛에도 잘 맞는다. 로컬 식당인데도 제법 깔끔한 편이고 메뉴에 한국어도 적혀 있어 주문하기도 수월하다. 돼지갈비 구이에 달걀, 반찬 등이 함께 나오는 껌스언Cơm Sườn이 대표 메뉴이며 반찬과 고기 부위에 따라 값에 약간씩 차이가 있다. 껌스언 양이 많은 편은 아니니 돼지갈비를 더 먹고 싶다면 스언Sườn만 추가 주문하면 된다.

📍 **가는 방법** 리엔 호아에서 도보 8분
주소 56/2 Hải Thượng, Phường 6
문의 090 483 3810
영업 07:30~20:00
예산 껌스언 3만 5,000동~

꽌 빅 33
Quán Bích 33

위치	드엉 하이바쯩Đường Hai Bà Trưng 거리 주변
유형	로컬 맛집
주메뉴	달팽이 요리, 바비큐, 전골

😊 → 이색적인 베트남 달팽이 요리
😒 → 다소 시끄러운 실내 분위기

최근 한국 TV 예능 프로그램에 소개되면서 더 유명해진 곳으로 베트남 사람들이 좋아하는 달팽이 요리를 비롯해 베트남 스타일 바비큐, 전골 등을 맛볼 수 있는 식당이다. 왁자지껄한 분위기에서 여럿이 먹고 마시는 분위기라 호불호가 갈릴 수 있다. 대표 메뉴 옥뇨이팃Ốc Nhồi Thịt은 달팽이 속에 고기 완자와 레몬그라스를 넣고 찐 요리로 담백하면서 맛있고 이색적이다. 이 외에도 보글보글 끓여 먹는 전골류와 화로에 고기와 새우 등을 구워 먹는 바비큐 메뉴가 있다.

📍 **가는 방법** 리엔 호아에서 도보 10분
주소 224 Đường Hai Bà Trưng, Phường 2
문의 0919 440 322
영업 09:30~22:00
예산 옥뇨이팃 16만 동, 볶음밥 7만 동~

달랏 카페

커피 문화가 발달한 베트남에서도 최고의 커피 도시로 꼽히는 곳이 바로 달랏이다. 달랏은 베트남 최대 원두 생산지로 베트남 고유의 커피 문화를 즐길 수 있는 카페가 곳곳에 있다. 또한 고원지대에 위치하고 아름다운 자연환경에 둘러싸인 덕분에 멋진 풍광을 자랑하는 전망 좋은 카페도 많아 커피 마니아에게는 천국 같은 곳이다.

테이스티 달랏
TASTY Đà Lạt

위치 달랏 시장 주변
유형 대표 카페
주메뉴 커피, 티

😊 → 달랏 도심을 내려다볼 수 있는 곳
☹ → 현지 물가 대비 약간 비싼 편

복잡한 달랏 시장 위에 있는 히든 플레이스로 이곳에서 내려다보는 시내 뷰가 압권이다. 꽤 넓은 공간으로 탁 트인 야외 자리와 시원한 실내 자리로 나뉘며 분위기도 트렌디하게 꾸며 놓아 여성들이 특히 좋아한다. 커피를 비롯해 과일 차, 과일 요거트 등의 음료 메뉴가 다양하고 반미, 후띠에우 같은 간단한 아침 식사, 달콤한 디저트 메뉴까지 갖추고 있다. 낮이면 푸른 하늘 아래 펼쳐진 시원한 풍경을, 저녁이면 분주한 야시장 풍경을 내려다볼 수 있는 전망 좋은 찻집이다.

📍 **가는 방법** 달랏 시장 루프톱에 위치
주소 Khu Hoà Bình, Phường 1
문의 090 155 6683 **영업** 06:30~22:30
예산 커피 4만 동, 스무디 6만 8,000동
홈페이지 tastydalat.com.vn

안 카페
An Cafe

위치 리엔 호아 주변
유형 대표 카페
주메뉴 커피, 티

😊 → 초록빛이 싱그러운 카페
☹ → 음식 양이 다소 적은 편

달랏을 찾는 여행자들 사이에서 오랫동안 사랑방 같은 역할을 해 온 카페. 계단 위에 있으며 나무로 뚝딱뚝딱 지은 오두막 같은 분위기, 싱그러운 초록 식물이 어우러진 매력적인 곳이다. 커피와 티, 요거트 메뉴를 비롯해 샐러드, 파스타 같은 간단한 식사 메뉴까지 골고루 갖추고 있어 가벼운 브런치로 즐기기에도 좋다. 메뉴에 한국어가 적혀 있어 주문하기 쉽고, 커피도 맛있는 편이라 잠깐 쉬기에 알맞다.

📍 **가는 방법** 리엔 호아에서 도보 2분
주소 63 Bis Ba Tháng Hai, Phường 1
문의 097 573 5521
영업 07:00~21:30
예산 아메리카노 4만 4,000동, 티 4만 4,000동

티엠 카페 피아 떠이 맛 쩌이
Tiệm Cafe Phía Tây Mặt Trời

위치	달랏역 주변
유형	인기 카페
주메뉴	커피, 티

😊 → 예쁜 인테리어와 힐링을 선사하는 뷰
😐 → 다소 좁은 실내와 일부러 찾아가야 하는 위치

달랏 중심에서 멀지 않은 곳에 있음에도 드라마틱한 전망을 품은 곳으로 골목길 너머 언덕에 위치하고 있다. 현지인 사이에서 핫플로 통하며 인생 사진을 찍을 수 있는 포토 존으로 유명하다. 독특한 건축양식과 바깥 자리에서 보이는 풍광이 상쾌한 기분과 힐링을 선사한다. 초록 식물이 가득한 감성적인 분위기가 매력적이며 해 질 무렵에 가면 멋진 노을을 바라보며 감흥에 빠질 수도 있다.

가는 방법 달랏역에서 차로 5분
주소 12_6, Lê Văn Tám, Phường 10
문의 0772 277 444
영업 07:00~20:00
예산 커피 4만 동, 티 6만 동~

라 비엣 커피
Lá Việt Coffee

위치	응우옌 꽁 쯔Nguyễn Công Trứ 거리 주변
유형	대표 카페
주메뉴	커피

😊 → 원산지의 신선한 커피 맛
😐 → 시내에서 거리가 다소 먼 편

달랏에서 재배한 원두로 로스팅한 신선하고 맛있는 커피를 맛보고 싶다면 이곳으로 가 보자. 원두는 베트남에서 생산한 로부스타종과 아라비카종을 함께 취급해서 베트남 전통 커피와 에스프레소로 베리에이션한 커피를 모두 마실 수 있다. 친절한 직원이 바로 앞에서 정성껏 내려 주는 커피를 즐길 수 있어 더 매력적이다. 간단한 식사 메뉴도 갖추고 있으며 달랏에서 생산해 로스팅한 다양한 원두도 구입할 수 있다. 달랏과 호찌민에 5개의 분점이 있다.

가는 방법 달랏 시장에서 차로 약 10분
주소 200 Nguyễn Công Trứ, Phường 8
문의 0263 3981 189 **영업** 07:00~22:00
예산 커피 3만 5,000원~, 티 4만 5,000원~
홈페이지 laviet.coffee

꽁 까페
Cộng Cà Phê

위치	판딘풍Phan Đình Phùng 거리 주변
유형	인기 카페
주메뉴	코코넛 커피

☺ → 코코넛 커피 찐 맛집
☹ → 다소 애매한 위치

베트남의 인기 카페 브랜드 꽁 까페의 달랏 매장으로 특유의 빈티지한 인테리어가 멋스럽고 높은 천장에서 오는 개방감이 시원스럽다. 베스트셀링 메뉴는 코코넛 커피 꽃 즈아 까페Cốt Dừa Cà Phê. 코코넛 밀크와 얼음, 연유를 넣고 갈아서 만든 스무디에 진한 로부스타 커피를 섞은 것으로 시원하면서도 달콤한 맛이 더위를 식혀 준다. 베트남식 연유 라테 박씨우 Bạc Xiu도 달콤하면서도 진한 맛이 매력적이며, 쌀쌀한 날씨에는 따뜻한 차를 마셔도 좋다.

가는 방법 리엔 호아에서 도보 6분
주소 94 Phan Đình Phùng, Phường 2
문의 0889 455 252 **영업** 07:00~23:00
예산 커피 2만 9,000동, 주스 3만 9,000동~
홈페이지 congcaphe.com

그린 힐
Green Hills

위치	달랏 케이블카역 주변
유형	신규 카페
주메뉴	커피, 티

☺ → 색다른 인증 샷을 남기기 좋은 카페
☹ → 실제로 보면 다소 아쉬운 포토 존 장식

이색적인 포토 테마 카페로 각 구역을 벚꽃, 사원, 풍차 등 다양한 테마로 꾸며 놓아 곳곳에서 사진을 찍는 재미가 쏠쏠하다. 입장료에 기본 음료 1종이 포함되어 있으며 의상도 빌려준다. 가장 인기 있는 포토 존은 발리 사원의 문을 본뜬 것으로 전담 직원이 거울을 이용해 반영 사진을 찍어 준다. 포토 존이 실제로 보면 다소 허름하지만 사진은 잘 나오는 곳이라 인증 샷을 원한다면 가볼 만하다.

가는 방법 달랏 케이블카역 맞은편
주소 3 Bis Đường Đống Đa, Phường 3
문의 096 402 4282
영업 06:00~17:00
예산 입장료 1인 10만 동(음료 1종 포함)

탄투이 블루 워터 카페
Thanh Thủy Blue Water Cafe

라티카
LATICA

초코
The Choco

- **위치** 쑤언흐엉 호수 주변
- **유형** 대표 카페
- **주메뉴** 커피, 스무디, 딤섬

- 😊 → 호수를 가장 가까이에서 볼 수 있는 전망
- 🟢 → 뷰 외에는 가성비가 떨어짐

- **위치** 달랏역
- **유형** 신규 카페
- **주메뉴** 베트남 커피, 칵테일

- 😊 → 달랏역 안에 있는 감성 카페
- 🟢 → 탁 트인 야외 자리라 날씨 영향을 많이 받음

- **위치** 달랏역
- **유형** 신규 카페
- **주메뉴** 수제 초콜릿, 초콜릿 음료

- 😊 → 맛이 탁월한 수제 초콜릿
- 🟢 → 현지 물가 대비 초콜릿은 비싼 편

쑤언흐엉 호수를 가장 가까이에서 즐길 수 있는 카페로 마치 호수 위에 떠 있는 듯한 기분이 든다. 실내와 야외 자리가 있는데 호수를 바로 눈앞에서 볼 수 있는 야외 자리가 인기 있다. 딤섬이나 국수 같은 간단한 식사부터 음료까지 메뉴가 다양한데 맛과 가성비는 다소 떨어지는 편이다. 전망이 워낙 좋아 호수 풍경을 보러 일부러 찾아오는 곳인 만큼 가볍게 음료를 마시면서 아름다운 호수를 만끽해 보자.

달랏을 찾는 여행자들이 꼭 들르는 달랏역 안에 숨어 있는 카페. 덱 위에 통나무 테이블과 작은 나무 의자가 옹기종기 놓인 풍경이 마치 캠핑장에 있는 듯 색다른 기분을 느끼게 한다. 진한 베트남 커피부터 블렌딩한 티와 달콤한 디저트까지 두루 갖추고 있으며 기분 좋게 취하기 좋은 칵테일까지 있다. 저녁이면 모닥불을 피워 더욱 감성에 젖기 좋은 분위기로 변신한다. 달랏역을 돌아본 후 잠깐 여유를 누리기에 제격이다.

달랏역 안에 있는 수제 초콜릿 카페. 베트남에서 재배하는 질 좋은 카카오로 만드는 고급 수제 초콜릿 브랜드로 마니아가 꽤 많다. 다양한 맛의 생초콜릿 중에서도 코코넛, 위스키, 민트, 말차 등이 인기 있다. 구매 전 시식도 가능해 먹어 보고 고를 수 있다. 생초콜릿 외에 초콜릿을 이용한 여러 음료도 판매해 초콜릿 마니아라면 꼭 가 봐야 한다. 리엔 호아 쪽에도 작은 분점이 있는데 달랏역 안의 매장이 훨씬 크고 분위기도 좋다.

가는 방법 쑤언흐엉 호수 앞, 달랏 야시장에서 도보 4분
주소 02 Nguyễn Thái Học, Phường 1
문의 0263 3531 668
영업 06:30~22:00 **예산** 커피 8만 8,000동~, 누들 8만 8,000동~

가는 방법 달랏역 안에 위치
주소 01 Quang Trung, Phường 9
문의 093 776 3995
영업 06:30~23:00
예산 커피 4만 5,000동~, 주스 5만 동~

가는 방법 달랏역 안에 위치
주소 01 Quang Trung, Phường 9
문의 0382 362 978
영업 08:00~21:30
예산 생초콜릿 15만 동~

꽌 꼬룽
Quán Cô Lũng

- **위치** 신투어리스트 주변
- **유형** 로컬 카페
- **주메뉴** 반짱느엉, 커피

- 😊 → 달랏의 명물 반짱느엉 종류별로 즐기기
- 😐 → 흡연자가 많은 편

평범한 작은 로컬 카페처럼 보이지만 비밀의 시간이 있다. 오후 4시가 되면 작은 화로에 10가지가 넘는 반짱느엉을 굽기 시작하고 손님들도 모여든다. 반짱느엉은 얇은 라이스페이퍼를 깔고 옥수수, 햄, 달걀, 치즈를 올린 뒤 각종 소스를 뿌려 굽는 달랏의 별미 간식이다. 야시장에서 파는 것보다 종류가 다양하고 맛도 좋은 데다 자리에 앉아 편하게 먹을 수 있어 인기 있다. 커피 맛도 좋고 차나 스무디 종류도 다양하다.

❗ **가는 방법** 신투어리스트에서 도보 1분
주소 41 Đường Bùi Thị Xuân, Phường 2 **문의** 090 868 8174
영업 음료 09:00~22:00(반짱느엉은 16:00~22:00)
예산 커피 2만 동~, 반짱느엉 2만 동~

꽌 호아 스어
Quán Hoa Sữa

- **위치** 리엔 호아 주변
- **유형** 로컬 디저트
- **주메뉴** 두유

- 😊 → 특색 있는 달랏의 명물 두유 즐기기
- 😐 → 맛은 다소 밋밋한 편

베트남의 타 지역보다 쌀쌀한 날씨 때문에 달랏 현지인들은 따뜻한 두유, 스어 더우Sữa Đậu를 즐겨 먹는다. 달랏 스타일의 두유를 즐기기 좋은 소박한 가게로 따뜻한 두유는 물론 함께 먹기 좋은 빵도 판다. 두유는 기본 두유 이외에 땅콩, 말차 등 다양한 맛이 있고 설탕 맛 또는 연유 맛으로 선택 가능하다. 여기에 빵까지 함께 먹으면 든든한 간식으로 그만이다. 대단히 맛있는 건 아니지만 값도 싸고 은근히 쌀쌀한 저녁에 먹으면 별미다.

❗ **가는 방법** 리엔 호아에서 도보 2분
주소 3F Đường Tăng Bạt Hổ, Phường 1
문의 098 665 3737
영업 16:00~23:00
예산 두유 1만 1,000동, 빵 7,000동~

깸풍
Kem Phụng

- **위치** 링선사 주변
- **유형** 로컬 디저트
- **주메뉴** 깸버, 아이스크림

- 😊 → 베트남 스타일의 아이스크림 맛집
- 😐 → 중심가에서 다소 떨어진 위치

베트남 사람들이 사랑하는 로컬 디저트 맛집으로 열대 과일을 이용한 디저트와 깸버가 특히 맛있다. 반으로 자른 코코넛을 접시 삼아 코코넛 칩을 올린 코코넛 아이스크림, 아보카도를 부드럽게 간 스무디 위에 코코넛 아이스크림을 올린 깸버가 베스트셀링 메뉴이다. 이 외에도 딸기, 용과 등의 과일과 아이스크림을 조합한 메뉴가 다양하다. 더위에 지쳤을 때 당을 충전하기에 제격이다.

❗ **가는 방법** 달랏 시장에서 도보 15분
주소 97A Nguyễn Văn Trỗi, Phường 2
문의 093 414 1948
영업 09:00~23:00
예산 깸버 2만 5,000동, 코코넛 아이스크림 3만 5,000동

SPECIAL THEME

베트남 커피의 자부심
달랏의 커피 맛집 즐기기

달랏은 베트남 최대 원두 생산지이자 최고의 커피를 맛볼 수 있는 곳이다. 고지대인 달랏에서는 로부스타종은 물론 아라비카종까지 다양한 원두를 생산하는 커피 농장에 방문해 색다른 경험을 할 수 있다. 거리가 꽤 멀기 때문에 택시 투어로 방문하거나 달랏 버스 터미널Trạm xe buýt Đà Lạt에서 현지 버스를 타고 이동한다.

01 메린 커피 가든 Mê Linh Coffee Garden

시내에서 벗어난 외곽에 있으며 드넓은 커피 농장과 그곳에서 난 원두로 내린 커피를 비롯해 각종 커피를 즐길 수 있는 카페를 함께 운영 중이다. 커피 종류가 다양한데, 커피 열매를 먹고 사는 사향 족제비의 배설물에서 원두를 채취해 만드는 위즐weasel 커피도 경험할 수 있다. 울창한 숲으로 둘러싸인 풍광도 아름답고 포토 존도 곳곳에 있어 기념사진을 찍고 맛있는 커피도 마시며 여유롭게 시간을 보내기에 부족함이 없다.

가는 방법 달랏 버스 터미널에서 메린 커피 가든행 버스를 타고 약 40분 **주소** Tổ 20 thôn 4, Tà Nung, Tp **문의** 091 961 9888 **영업** 07:00~18:00 **예산** 입장료 8만 5,000동~

02 라벤더 달랏 카페 Lavender Da Lat Cafe

이름처럼 보랏빛 라벤더를 비롯해 싱그러운 꽃과 초목이 채우고 있는 카페다. 높은 지대에 위치해 시원스레 펼쳐지는 파노라마 뷰가 먼저 반겨 준다. 쭉 뻗은 나무들 사이에 자리 잡은 야외석에서는 숲속에서 캠핑하는 기분을 만끽할 수 있고, 평화로운 호수 풍경도 감상할 수 있다. 베트남 커피를 비롯해 과일 주스, 코코아, 차와 간단한 디저트 외에 샐러드, 볶음밥, 국수 같은 식사 메뉴도 갖추고 있다. 최근 글램핑 시설도 오픈했다. 현지 물가 대비 약간 비싼 편이지만 수려한 자연 속에서 힐링의 시간을 보낼 수 있다.

가는 방법 달랏 시내에서 차로 25분 **주소** Số 1 Đường Hoa Hoàng Anh, Hồ Tuyền Lâm, Phường 4 **문의** 0965 838 289 **영업** 07:30~20:00 **예산** 커피 7만 5,000동, 코코넛 아이스크림 6만 5,000동 **홈페이지** lavenderdalat.com

03 신 하우스 The Seen House

달랏 시내를 벗어나 한적한 뚜옌럼 호수Hồ Tuyền Lâm 근처에 비밀스레 자리한다. 카페 문을 여는 순간 푸른 호수의 풍경이 파노라마로 펼쳐진다. 호젓한 호숫가 오두막집 같은 감성이 느껴지는 예쁜 카페로 다양한 커피와 간단한 식사 메뉴를 갖추고 있다. 정성껏 내려 주는 핸드 드립 커피와 짭짤한 크림을 올린 소금 커피가 일품이다. 커피 한잔의 여유와 함께 선물 같은 호수 풍경에 푹 빠져 힐링의 시간을 보낼 수 있다.

가는 방법 달랏 시내에서 차로 약 15분 **주소** Tổ 18 KDL hồ Tuyền Lâm P.3 **문의** 091 979 5785 **영업** 07:00~19:00 **예산** 카페 라테 6만 5,000동, 샐러드 9만 8,000동~

달랏 나이트라이프

달랏의 나이트라이프는 화려한 클럽보다는 이색적이고 개성 있는 바와 펍이 주를 이룬다. 독특한 인테리어의 바에서 시원한 맥주를 들이켜거나 열정 넘치는 바텐더가 만들어 주는 칵테일을 마시며 달랏의 밤에 빠져 보자.

메이즈 바
Maze Bar

위치 달랏 시장 주변
유형 펍, 바
주메뉴 칵테일, 맥주

🙂→ 동굴 같은 독특한 분위기
🙁→ 인테리어가 다소 조잡하게 느껴질 수 있음

어둡고 낯선 동굴에 온 것 같은 기이한 인테리어가 이색적인 바. 지하에서부터 시작해 옥상까지 이어지는 내부는 미로처럼 연결되는 구조로 어두컴컴해 밤에 가면 으스스한 기분까지 든다. 옥상으로 올라가면 달랏 시내의 풍경이 한눈에 들어와 또 다른 매력을 발견할 수 있다. 술을 파는 바이기는 하지만 이른 시간부터 문을 열기 때문에 낮 시간에 가도 시원한 달랏 풍경을 감상할 수 있다.

📍 **가는 방법** 콜린 호텔에서 도보 1분
주소 57 Phan Bội Châu, Phường 1
문의 090 304 0202
영업 08:00~24:00
예산 맥주 4만 5,000동~, 달랏 와인 5만 5,000동

온더록스 칵테일 바
On the Rocks Cocktail Bar

위치 리엔 호아 주변
유형 칵테일 바
주메뉴 칵테일

🙂→ 수준 높은 칵테일과 친절한 바텐더들
🙁→ 현지 물가에 비하면 가격대가 높은 편

달랏에서 수준 높은 칵테일을 즐기고 싶다면 이곳으로 가자. 프로페셔널한 바텐더들이 만들어 주는 이색적이면서도 맛이 뛰어난 칵테일을 즐길 수 있다. 현지인 사이에서 핫플로 통하는 바로, 블랙 컬러에 조명으로 포인트를 준 내부 인테리어도 트렌디하면서도 고급스럽다. 영어로 소통 가능한 바텐더들이 친절하게 응대하면서 칵테일을 만들어 주기 때문에 혼자 가기에도 부담 없다. 오후 8시 전에는 해피 아워 이벤트를 열어 클래식 칵테일을 1+1으로 즐길 수 있다.

📍 **가는 방법** 리엔 호아에서 도보 4분
주소 Tầng Hầm, 69 Đường Trương Công Định, Phường 1 **문의** 0326 001 088 **영업** 18:30~02:00
예산 칵테일 16만 9,000동~, 치즈 플래터 35만 9,000동

달랏 쇼핑

달랏은 축복받은 자연환경과 기후 덕분에 베트남의 다른 지역과 뚜렷이 구별되는 특산품으로 유명하다. 달랏을 대표하는 특산물 브랜드 랑팜을 비롯해 다양한 상점에서 견과류, 건과일, 차, 커피 등을 구매하기 좋다. 대형 쇼핑몰 고 달랏은 알뜰하게 마트 쇼핑을 즐길 수 있어 여행의 필수 코스로 통한다.

고 달랏 GO! Đà Lạt

- **위치** 람 비엔 광장 주변
- **유형** 쇼핑몰
- **특징** 달랏 대표 쇼핑몰

- **가는 방법** 달랏 시장에서 차로 4분, 람 비엔 광장에서 연결
- **주소** Quảng Trường Lâm Viên, Trần Quốc Toản, Phường 10
- **문의** 0263 3545 088
- **영업** 07:30~22:00
- **홈페이지** go-vietnam.vn

달랏을 대표하는 쇼핑몰이자 달랏에서 규모가 가장 큰 대형마트로 현지인과 관광객 모두 애용하는 곳이다. 신선한 채소, 해산물, 고기, 열대 과일은 물론이고 여행자들이 주로 구매하는 커피, 차, 견과류, 건과일, 각종 소스 등등 없는 것 없이 다양한 물건을 판매한다. 특히 한국 라면, 고추장, 즉석 밥 등도 팔아서 여행하는 동안 자주 이용하게 된다. 덮밥이나 샐러드 등 간편식도 다양하게 판매하고 먹을 수 있는 자리도 있어 저렴하게 한 끼를 해결하기에 좋다. 마트 외에도 영화관, 푸드 코트, 전자제품 매장이 있고 의류나 잡화를 파는 상점들도 있다.

고 달랏은 람 비엔 광장Lam Vien Square과 연결되는데요. 람 비엔 광장은 달랏 사람들에게 만남의 광장 같은 곳으로 언제나 활기가 넘쳐요. 데이트하는 커플과 가족, 친구들이 모여 여가 시간을 즐기고 반쌍느엉, 옥수수 등을 파는 노점들이 있어 길거리 음식을 맛보기도 좋아요. 일몰 시간에는 멋진 노을까지 감상할 수 있으니 꼭 가 보세요.

랑팜 *L'angfarm*

- **위치** 달랏 야시장 주변
- **유형** 특산품 가게
- **특징** 달랏을 대표하는 로컬 브랜드

고산지대에 위치한 달랏은 특산품으로도 유명하다. 베트남의 다른 지역 사람들도 달랏에서 생산한 질 좋은 차, 아티초크, 과일 등을 대량으로 구입한다. 1995년 오픈한 랑팜은 달랏 특산품 브랜드 중에서도 믿고 살 수 있는 대표 로컬 브랜드로 다낭, 호찌민, 하노이 등의 롯데마트에 입점했다. 달랏에서 가장 유명한 특산품인 아티초크로 만든 차를 비롯해 건과일, 견과류, 아로마 캔들, 와인 등 다양한 상품을 판다. 달랏에서 생산한 농산물을 이용해 만든 상품은 질도 높고 가격도 적당한 데다 패키지도 예뻐서 선물용으로도 안성맞춤이다. 달랏 내에 워낙 많은 지점이 있어 어디서든 쉽게 발견할 수 있으며, 이 매장은 2층에 베트남식 디저트와 간식을 맛볼 수 있는 뷔페(1인당 6만 9,000동)를 운영해 손님이 더 많다.

가는 방법 달랏 야시장에서 도보 1분
주소 6 Đường Nguyễn Thị Minh Khai, Phường 1
문의 0263 3510 520
영업 07:30~22:30
홈페이지 www.langfarm.com

🛍 베스트 쇼핑 아이템

- 아티초크 티(티백 100개, 11만 9,000동)
- 건과일(200g, 7만 5,000동~)
- 견과류(125g, 3만 3,000동~)
- 티(120g, 6만 2,000동~)
- 아티초크 앰풀(10개, 6만 5,000동)
- 그래놀라(200g, 7만 6,000동~)
- 젤리(300g, 4만 4,000동~)
- 아로마 향초(120g, 13만 5,000동~)
- 달랏 와인(750ml, 11만 8,000동~)

응온 라 달랏
Ngon Lạ Đà Lạt

위치	리엔 호아 주변
유형	특산품 가게
특징	선물용 기념품 가게

달랏에서 생산한 특산품과 함께 아기자기한 소품, 잡화 등의 기념품을 파는 선물 가게 같은 곳이다. 망고나 잭프루트를 말린 건과일부터 견과류, 젤리 등 예쁜 패키지에 담긴 간식 종류가 인기로 한 봉지에 4만 9,000동 수준이다. 패션프루트, 멀베리, 딸기 등으로 만든 과일 청 종류도 다양하고 생강, 연잎, 아티초크 등의 차와 꿀도 인기 있다. 라탄 가방과 모자, 열쇠고리 등 소소한 잡화와 기념품도 판다.

🛈 **가는 방법** 리엔 호아 맞은편
주소 14 Ba Tháng Hai, Phường 1
문의 0898 981 589
영업 07:30~22:00

어 데이 꼬못 꼰메오
Ở Đây Có Một Con Mèo

위치	리엔 호아 주변
유형	기념품점
특징	달랏 기념품 가게

아기자기한 소품과 잡화를 파는 선물 가게 같은 상점으로 달랏 여행을 기념할 만한 소소한 기념품이 다양하게 구비되어 있다. 달랏 하면 떠오르는 반쌍느엉, 깸버 같은 간식을 그린 스티커, 수첩, 엽서, 독특한 액세서리 등 귀여운 물건이 많고 값도 비싸지 않아 부담 없이 구경하기 좋다. 특히 고양이를 테마로 한 고양이 모양 코스터(컵 받침), 티스푼, 머그 등이 많아 애묘인이라면 한번 가볼 만하다.

🛈 **가는 방법** 리엔 호아에서 도보 2분
주소 23 Đường Trương Công Định, Phường 1
문의 0798 870 796
영업 08:00~22:00

달랏 시장
Chợ Đà Lạt

위치	달랏 야시장 주변
유형	시장
특징	달랏 대표 재래시장

달랏 시내 중심가에 위치한 재래시장으로 아침부터 저녁까지 북적북적 활기가 넘친다. 달랏의 특산품인 아티초크, 딸기, 차는 물론 다양한 식재료와 의류, 잡화 등을 파는 상점들이 빼곡히 들어서 있다. 안쪽으로 들어가면 달랏 센터Da Lat Center와 연결되는 구조로 주로 여행자들이 사는 건과일, 견과류, 아티초크 등을 판다. 대량으로 팔아서 흥정만 잘하면 싸게 구매할 수 있다. 저녁이 되면 시장 앞쪽으로 야시장이 펼쳐진다.

🛈 **가는 방법** 달랏 야시장에서 도보 1분
주소 05 Đường Nguyễn Thị Minh Khai, Phường 01
영업 08:00~22:00

달랏 스파 & 마사지

달랏에는 곳곳에 중저가 스파가 많아 부담 없는 비용으로 시원한 마사지를 받으며 여독을 풀 수 있다. 단, 소규모로 운영하는 곳이 대부분이라 인기 업소는 예약 경쟁이 치열하다. SNS의 채팅 등으로 쉽게 예약할 수 있으므로 사전 예약을 하고 방문해야 헛걸음하는 일이 없다.

옷 케어 스파
Ớt Care Spa

위치 크레이지 하우스 주변
유형 로컬 마사지

☺→ 가성비 높고 세러피스트의 실력이 뛰어남
☹→ 달랏 시내에서 거리가 있어 접근성이 떨어짐

골목 안쪽에 위치한 스파로 내부 시설이 정갈하고 깔끔하다. 분리된 공간에서 편안하게 마사지를 받을 수 있고 세러피스트의 마사지 실력도 훌륭해 다녀온 이들의 만족도가 높다. 간단하게 받기 좋은 발 마사지부터 어깨와 머리를 집중적으로 받을 수 있는 마사지, 핫 스톤과 허브 등을 이용한 전신 마사지까지 다양한 메뉴가 있고 요금도 저렴한 편이다. 추가 요금을 내면 사우나도 이용 가능하다.

📍 **가는 방법** 크레이지 하우스에서 도보 5분
주소 25 Đ. Trần Phú, Phường 4
문의 0263 3833 893
영업 09:30~21:00 **예산** 보디마사지(60분) 24만 동, 발 마사지(45분) 20만 동

안 스파 세러피
An Spa Therapy

위치 크레이지 하우스 주변
유형 로컬 마사지

☺→ 합리적인 요금에 시원한 마사지
☹→ 세러피스트의 실력에 편차가 있는 편

깔끔한 시설을 갖춘 아담한 스파로 가격 대비 세러피스트들의 마사지 실력이 뛰어나 호평이 자자한 곳이다. 발 마사지와 전신 마사지, 페이셜 마사지까지 고루 갖추고 있으며 마사지 압이 강한 편이라 시원하게 눌러 주는 마사지를 좋아하는 이들에게 제격이다. 따뜻하게 달군 돌로 근육을 부드럽게 이완시켜 주는 핫 스톤 마사지와 2명의 세러피스트가 동시에 마사지를 해주는 포 핸즈 마사지가 인기 있다.

📍 **가는 방법** 크레이지 하우스에서 도보 5분
주소 25 Đ. Trần Phú, Phường 4
문의 0263 3817 899
영업 09:00~21:30 **예산** 보디마사지(60분) 24만 동, 발 마사지(40분) 16만 동

필 굿 스파
Feel Good Spa

위치	리엔 호아 주변
유형	로컬 마사지

😊 → 편리한 접근성
😐 → 단독 룸이 아니라 트인 공간에서 받는 구조

달랏 시내 중심에 위치해 접근성이 뛰어난 로컬 마사지 숍이다. 부담 없는 요금으로 시원한 손맛의 마사지를 받을 수 있어 인기가 많다. 메뉴는 단순하게 발 마사지와 발 마사지가 포함된 보디마사지로 나뉘며 시간에 따라 요금에 차이가 있다. 보디마사지는 따뜻하게 달군 핫 스톤을 이용해 뭉친 근육을 풀어 준다. 인기가 많아 예약하고 가는 편이 안전하며, 프라이빗 룸이 아니라 공용 공간에서 받는 구조라 조금 불편할 수 있다.

📍 **가는 방법** 리엔 호아에서 도보 2분
주소 18 Đường Trương Công Định, Phường 1
문의 0263 3556 761
영업 09:00~23:30 **예산** 보디마사지(60분) 24만 동, 발 마사지(30분) 25만 동

카 쩌우 스파 마사지
Kha Châu Spa Massage

위치	드엉 하이바쯩Đường Hai Bà Trưng 거리 주변
유형	중급 스파

😊 → 깔끔하고 쾌적한 시설
😐 → 로컬 스파치고는 조금 비싼 편

깔끔한 시설을 갖춘 스파로 간단한 발 마사지부터 보디마사지를 비롯해 사우나와 스팀 배스를 포함한 콤보 패키지까지 골고루 갖추고 있다. 근육을 시원하게 이완시켜 주는 타이 마사지, 아로마 오일로 뭉친 근육을 부드럽게 풀어 주는 스웨디시 마사지가 대표적이다. 현지 스파치고는 내부 시설이 쾌적하고 세러피스트의 실력도 뛰어나 다녀온 이들의 만족도가 높다. 그만큼 가격은 다른 곳에 비해 비싸다.

📍 **가는 방법** 달랏 시장에서 도보 10분
주소 139 Đường Hai Bà Trưng, Phường 6
문의 0969 467 879
영업 09:00~22:30 **예산** 보디마사지(60분) 45만 동, 발 마사지(60분) 45만 동

MUI NE
무이네

무이네는 베트남 남동부에 위치한 작은 바닷가 마을로 나트랑에서 약 220km 떨어져 있다. 조용하던 해안 마을이 사막 같은 풍광을 연출하는 해안사구에 매료된 여행자들이 모여들면서 인기 휴양지로 각광받기 시작했다. 투박한 지프차를 타고 해안 도로를 달리고 레드 샌듄과 화이트 샌듄을 비롯해 피싱 빌리지, 요정의 샘 등을 둘러보는 지프 투어는 무이네 여행의 하이라이트로 꼽힌다. 강한 바람이 불어오는 지형적 영향으로 카이트서핑의 메카로 통하며 매년 세계 대회가 열리면 수많은 카이트서핑 서퍼들이 무이네로 모여든다. 무이네는 10km에 달하는 해변을 따라 크고 작은 리조트와 빌라, 식당, 바, 여행사가 이어진다. 무이네 비치에 자리한 트로피컬 리조트에서 온전한 휴양으로 심신을 살찌우고, 신나는 해양 액티비티로 에너지를 충전하자.

무이네 들어가기

무이네는 달랏에서 약 95km, 나트랑에서 약 220km 떨어져 있다. 보통 슬리핑 버스나 리무진 차량으로 이동한다. 일정이 여유롭다면 나트랑에서 달랏을 거쳐 무이네로 가는 것이 좋지만, 일정이 짧은 여행자들은 나트랑에서 무이네까지 투어를 이용해 당일치기로 다녀온다.

슬리핑 버스

베트남 전역을 이어 주는 현지 회사가 다양하다. 버스 통합 예약 앱인 베세레 Vexere를 통해 출발 시간, 소요 시간, 요금, 버스 크기를 확인 후 좌석 지정과 결제까지 가능하다. 예약 시 픽업 여부도 확인할 수 있으니 이왕이면 숙소 픽업까지 가능한 버스 회사로 예약하자. 예약 후에는 전날 또는 출발 2~3시간 전에 바우처에 나와 있는 전화번호로 연락해 다시 한 번 확인하는 것이 좋다. 숙소의 직원에게 부탁해 확인하는 방법도 있다.

예약 베세레 www.vexere.com

달랏에서 무이네 들어가기

안푸An Phú와 탄릭Thanh Lich이 대표적이다. 안푸는 달랏에서 무이네를 가장 활발하게 연결하는 버스 회사로, 40인승 2층 구조의 버스로 시설이 열악한 편이다. 달랏 오피스에 직접 가서 탑승하며 무이네의 숙소 앞에서 내려 준다. 앱에서는 이동 시간이 4시간 30분으로 나오지만 실제로는 5시간 30분~6시간 정도 걸리므로 여유있게 일정을 고려하자.

요금 40인승 1인 20만 동~ **소요 시간** 5시간~

나트랑에서 무이네 들어가기

안푸An Phú와 짜란비엔Trà Lan Viên이 대표적이다. 안푸는 스케줄과 요금에 따라 버스 종류에 차이가 있다. 24인승 버스는 비싸지만 쾌적해 장거리 여행에 적합하다. 41인승 버스는 요금이 더 저렴하며, 그만큼 덜 쾌적하다. 짜란비엔은 21인승과 34인승 버스가 있다. 안푸에 비해 가격 대비 더 쾌적한 편이다. 두 회사 모두 무이네까지 약 5시간 걸린다.

요금 안푸 24인승 50만 동, 41인승 25만 동 / 짜란비엔 21인승 40만 동, 34인승 32만 동

TIP

한인 여행사의 전세 차량을 빌리는 방법도 있다. 비용은 비싸지만 단독으로 이동할 수 있어 쾌적하고 시간 활용도 효율적이다. 인원이 4인 이상일 때 이용하면 좋다.
예약 베나자 cafe.naver.com/mindy7857
요금 나트랑 ↔ 무이네(편도) 4인승 8만 9,000원~

 무이네 효율적으로 여행하는 방법

무이네는 메인 거리를 따라서 도로가 일직선으로 이어져 있다. 길을 찾거나 돌아다니기 어렵지 않지만 메인 거리가 꽤 길게 이어지고 교통 체증이 없어 걷기 힘들 때는 택시나 그랩을 적절히 이용하는 것이 더 빠르고 편리하다. 최근에는 여행자들이 그랩을 주로 이용하는 추세지만 택시도 여전히 활발하게 운행하고 있다. 베트남의 대표 택시 회사인 마일린 택시가 가장 믿을 만하다. 기본 요금은 1만 동부터 시작한다. 한국인 여행자들은 보통 여행사의 투어 프로그램을 이용해 무이네의 사막 투어와 주요 볼거리를 알차게 둘러본다.

▶ 무이네 투어 정보 1권 P.044

Mui Ne **Best Course**

무이네 추천 코스

1일 코스

무이네의 대표 관광지를 만끽하는 하루

무이네는 아름다운 해변과 이색적인 해안사구 풍광으로 유명한 만큼 레드 샌듄과 화이트 샌듄을 알차게 둘러보는 투어가 필수! 일출을 볼지, 일몰을 볼지에 따라 투어 종류가 달라지고 포함되는 장소는 동일하다.

TRAVEL POINT

- **이런 사람 팔로우!** 무이네에서 알찬 하루를 보내고 싶다면
- **여행 적정 일수** 1일
- **여행 준비물과 팁** 뜨거운 햇볕을 가리는 모자와 선글라스, 샌듄에서 멋진 사진을 찍기 위한 드레스 코드에 맞는 옷
- **사전 예약 필수** 선라이즈 투어, 선셋 투어

- **소요 시간** 10~12시간
- **예상 경비**
  투어 50만 동~ + ATV 30만 동
  + 식비 40만 동
  = Total 120만 동~
- **점심 식사는 어디서 할까?**
  무이네 메인 거리의 케밥 레스토랑에서
- **기억할 것** 무이네 주요 관광 명소는 선라이즈 투어 또는 선셋 투어를 하면 대부분 둘러볼 수 있으므로 꼭 참여하자.

무이네 도착 & 숙소 체크인 → 이동 → **무이네 비치** P.105 → 도보 5분 →

점심 식사 **추천** 신드바드 레스토랑 P.112 → 투어 차량 픽업 → **요정의 샘** P.108 → 이동 → **피싱 빌리지** P.108 →

용과 농장 또는 더블 로드 포토 존 → 이동 → **화이트 샌듄** P.106 → 이동 →

레드 샌듄 P.107 → 이동 → 저녁 식사 **추천** 꽌 비보 P.111

무이네

무이네 전도

화이트 샌듄 ↗

0 1km

Thiện Hòa
Khu Phố 3
한 카페
무이네 중심부
무이네 미네랄 머드 센터
Khu Phố 2
Nguyễn Đình Chiểu
Khu Phố 4
무이네
레드 샌듄
RD 와인 캐슬
호앙 응옥 비치 리조트
요정의 샘
● Hòn Rơm
무이네 비치
Vịnh Phan Thiết
센타라 미라지 리조트 무이네
골프장
뱀부 빌리지 비치 리조트 & 스파
스파 센버리
피싱 빌리지
워터 릴리 스파
Hải Long
비폴 무이네 호텔
C2Sky Kite Surfing

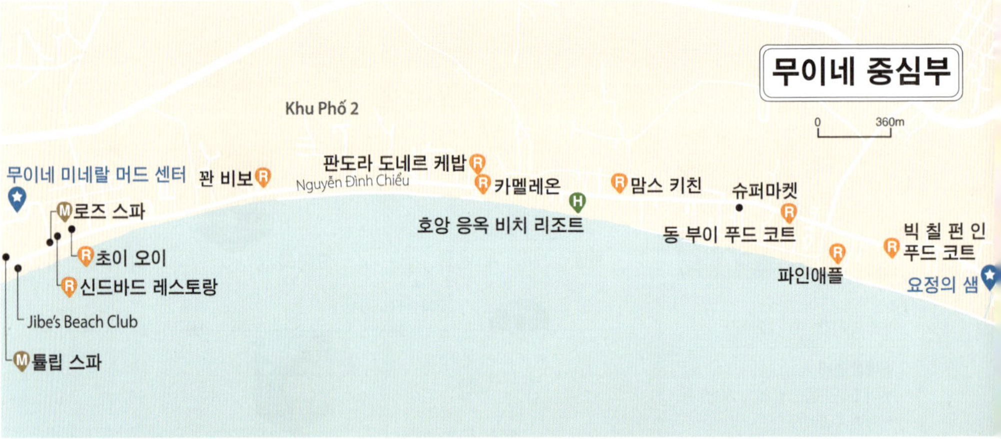

무이네 중심부

Khu Phố 2
0 360m

무이네 미네랄 머드 센터
꽌 비보
판도라 도네르 케밥
슈퍼마켓
Nguyễn Đình Chiểu
카멜레온
맘스 키친
빅 칠 펀 인 푸드 코트
로즈 스파
호앙 응옥 비치 리조트
초이 오이
동 부이 푸드 코트
신드바드 레스토랑
파인애플
요정의 샘
Jibe's Beach Club
튤립 스파

무이네 관광 명소

무이네는 10km에 달하는 무이네 비치를 따라서 메인 로드가 길게 이어지고 리조트, 레스토랑, 바 등이 즐비하다. 무이네의 인기 관광 명소는 투어로 즐기는 것이 효과적인데, 주요 관광 명소를 지프차를 타고 구석구석 누비면서 화보 같은 사진까지 찍을 수 있어 일석이조다. 열대의 낭만이 넘실대는 해변에서 느긋하게 즐길 수도 있다.

01

무이네 비치
Bãi Biển Mũi Né
Mui Ne Beach

`추천`

 지도 P.104
 가는 방법 아난타라 무이네 리조트에서 도보 4분
 주소 Đường Xuống Biển, khu phố 1, Thành phố Phan Thiết

열대의 매력이 가득한 해변

전 세계 여행자들이 줄을 잇는 무이네 비치는 약 10km에 달하는 아름다운 해변으로 고운 모래사장을 따라 매력적인 리조트가 이어진다. 바람이 많이 부는 거친 바다라 카이트서핑을 즐기기에도 최상의 조건을 가졌다. 특히 강풍이 부는 10월부터 4월까지 전 세계 카이트서핑 마니아들이 모여든다. 거친 파도와 바람을 타며 바다 위를 날아가듯 묘기를 부리는 카이트서핑을 지켜보는 것만으로도 짜릿하다.

> **TIP**
>
> 무이네 비치 주변에는 카이트서핑을 비롯해 해양 스포츠를 배울 수 있는 스쿨이 여럿 있다. 고난도의 스포츠라 평판이 좋고 믿을 수 있는 업체를 선택해야 한다. 레슨 비용은 일대일 비기너 코스일 경우 2시간에 US$100 수준이다.

추천 업체

Jibe's Beach Club
주소 90 Nguyễn Đình Chiểu, khu phố 1
홈페이지 vietnam-kitesurf.com

C2Sky Kite Surfing
주소 16 Nguyễn Đình Chiểu
홈페이지 c2skykitecenter.com

⑫ 화이트 샌듄 추천
White Sand Dunes

TIP
- 화이트 샌듄 입구에서 ATV 요금을 지불하면 티켓을 주는데 돌아올 때도 타야 하므로 잘 챙겨 두자.
- 강렬한 햇볕을 피할 곳이 없기 때문에 모자, 선글라스, 선크림 등으로 자외선에 대비해야 한다.
- 장판처럼 생긴 샌드 보드를 타고 모래언덕에서 빠른 속도로 슬라이딩하는 체험도 할 수 있다. 요금은 약 5만 동.
- 일출을 보기 위해 화이트 샌듄에 가면 이른 새벽 시간이라 생각보다 춥고 바람도 많이 불기 때문에 외투나 스카프 따위를 챙기면 유용하다.

자연이 만든 걸작품
무이네가 이토록 사랑받는 이유는 해안사구가 있기 때문이다. 건조한 날씨와 강한 바람 때문에 해변의 모래가 쌓여 사막 같은 형상의 화이트 샌듄이 탄생했다. 이름처럼 하얀 모래가 무척 곱고, 고운 모래가 사구를 이룬 풍광이 독특해 무이네 최고의 명소로 꼽힌다. 마치 사막의 오아시스처럼 푸른 호수를 품고 있어 더욱 이색적이고 그림 같은 풍광을 선사한다. 이곳을 찾을 때는 개별적으로 가는 방법도 있고 투어로 가는 방법도 있는데, 일출 투어를 선택할 경우 화이트 샌듄에서 경이로운 일출을 감상하며 시작한다. 화이트 샌듄 입구에서부터 사구 꼭대기까지 걸어 올라갈 수도 있지만 발이 푹푹 빠지는 모래사막을 걷는 것은 생각보다 힘들고 날씨도 무덥기 때문에 대부분 ATV를 타고 이동한다. ATV 요금은 정찰제로 1인당 30만 동. 이동 수단인 동시에 짜릿한 즐거움을 느낄 수 있는 액티비티 역할도 하기 때문에 타볼 만하다. 특히 모래언덕에서 하강할 때는 롤러코스터를 탄 듯한 짜릿함에 비명이 절로 터져 나올 정도로 스릴 넘친다. ▶ 무이네 투어 정보 1권 P.044

지도 P.104 **가는 방법** 요정의 샘에서 차로 40분
주소 Hoà Thắng, Bắc Bình District

03 레드 샌둔 `추천`
Red Sand Dunes

해안사구를 붉게 물들이는 선셋 명소

화이트 샌둔에 비해 규모가 작지만 모래언덕에 오르면 푸른 바다를 볼 수 있어 또 다른 매력이 있다. 화이트 샌둔이 일출 명소라면 이곳은 일몰 명소로 통한다. 해 질 무렵이면 황홀하게 물드는 노을을 감상하기 위해 인파가 모여드는 선셋 지프 투어의 하이라이트다. 낮에는 노란빛이 도는 황금빛 모래라면 해가 지기 시작하면 모래가 노을에 붉게 물들어 장관을 이룬다. 장판처럼 생긴 샌드 보드를 렌트해 주는 상인도 많은데, 시세는 약 5만 동이므로 바가지를 쓰지 않도록 주의하자.

지도 P.104
가는 방법 요정의 샘에서 차로 10분
주소 01 Hòn Rom, ĐT716

④ 요정의 샘
Suối Tiên
Fairy Stream

베트남의 작은 그랜드캐니언

수오이suối는 시냇물, 띠엔tiên은 요정이라는 뜻으로 말 그대로 요정이 살 것 같은 이색적인 풍광으로 유명해진 곳이다. 붉은 사암 절벽과 초록 숲길 사이로 시냇물이 흐르는데, 맨발로 혹은 샌들을 신고 물속으로 들어가 걸으면서 둘러보면 된다. 단, 바닥에 돌과 작은 물웅덩이가 있는 곳이 있으니 주의해야 한다. 끝까지 걸으면 왕복 1시간 정도 소요되며 큰 볼거리가 있는 건 아니어서 잠시 둘러보면 충분하다.

지도 P.104
가는 방법 호앙 응옥 비치 리조트에서 차로 12분
주소 40B Huỳnh Thúc Kháng, Phường Hàm Tiến
운영 06:30~17:30
요금 입장권 1만 5,000동

⑤ 피싱 빌리지
Làng Chài Mũi Né
Fishing Village

무이네 사람들의 삶을 엿볼 수 있는 바닷가 마을

오래전부터 무이네 주민들의 생계 수단이던 어업을 여전히 이어가고 있는 마을이다. 인근 해역에서 고기를 잡은 어선들이 항구로 돌아오는 이른 아침 시간대에 가장 활기가 넘친다. 생선을 부리고 나르고 손질하고 흥정하며 사고파는 현지인들의 역동적인 삶의 풍경을 생생하게 엿볼 수 있다. 베트남의 전통 배가 항구 앞 바다 가득 떠 있는 풍경이 이색적이라 잠시 멈춰 기념사진을 찍는 여행객도 많다. 레드 샌듄으로 가는 길목에 있어 잠시 둘러보기 좋은 곳이다.

지도 P.104
가는 방법 레드 샌듄에서 차로 6분
주소 165 Huỳnh Thúc Kháng, Mũi Né

06 무이네 미네랄 머드 센터
Trung Tâm Bùn Khoáng Mũi Né
Mui Ne Mineral Mud Center

이색적인 머드 스파로 힐링

무이네에서도 이색적인 머드 스파를 경험할 수 있다. 리조트처럼 꾸민 시설 안에 각각의 욕조가 준비되어 있고, 따뜻한 머드를 가득 채워 주어 일행끼리 독립적으로 즐길 수 있다. 미네랄을 함유해 피부 미용과 건강 증진에 효과적인 머드 스파를 비롯해 꽃잎을 띄운 스파, 핫 스톤 마사지 등 다양한 세러피를 제공한다. 이 밖에 수영장도 갖추어 스파 후 원하면 수영을 할 수 있다. 패키지에 따라 비용이 달라지며 비가 자주 내리는 우기에 잘 어울리는 활동이다.

지도 P.104
가는 방법 신드바드 레스토랑에서 도보 6분
주소 133 Nguyễn Đình Chiểu, Phường Hàm Tiến
문의 0252 3743 481 **운영** 08:00~20:00
요금 머드 스파 50만 동~
홈페이지 bunkhoangmuine.com

07 RD 와인 캐슬
RD Wine Castle

유럽풍의 와인 테마파크

유럽의 고성처럼 웅장하고 고풍스러운 건축미를 자랑하는 어마어마한 규모의 와인 캐슬이다. 오크통과 와인이 빼곡하게 진열된 저장고와 와인 제조 과정을 살펴볼 수 있다. 나파 밸리Napa Valley에서 생산한 와인을 전시 및 판매하며 가이드가 영어로 간단하게 설명해 준다. 투어 시 와인도 시음하고 싶다면 와인 네 잔 시음이 가능한 입장권을 구매하면 된다. 요금은 25만 동. 인공 폭포와 연못이 있는 야외 정원도 퍽 아름답고 내부가 시원해 더위를 피할 겸 가볍게 구경하기 좋다.

지도 P.104
가는 방법 시 링크Sea Links 리조트 내에 위치
주소 Km9, Đường Nguyễn Thông, Phường Phú Hài
문의 0252 3719 299 **운영** 08:00~17:00
요금 일반 12만 5,000동
홈페이지 www.sealinkscity.com

무이네 맛집

무이네의 주요 식당은 무이네 비치를 따라 길게 이어지는 메인 로드에 모여 있다.
베트남 음식을 맛볼 수 있는 로컬 식당이나 신선한 해산물이 푸짐하게 나오는 해산물 식당도 인기가 많다.
이 외에 무이네 비치를 바라보며 식사할 수 있는 비치프런트 레스토랑도 있고,
이국적인 맛의 케밥도 무이네의 명물 먹거리로 통한다.

동 부이 푸드 코트 *Dong Vui Food Court*

위치	응우옌 딘 찌에우Nguyễn Đình Chiểu 거리 주변
유형	대표 맛집
주메뉴	베트남 요리, 인도 요리, 해산물

😊→ 싼값에 입맛대로 골라 먹는 즐거움
😑→ 오픈된 구조라 냉방이 취약

가는 방법 요정의 샘에서 도보 13분
주소 246 Nguyễn Đình Chiểu, Phường Hàm Tiến
문의 0834 517 858
영업 08:30~23:00
예산 샐러드 6만 동~, 바비큐 포크립 10만 동

무이네의 저녁 시간에 사람들로 가장 북적이는 곳이다. 여러 가지 음식을 한자리에서 맛볼 수 있는 푸드 코트 콘셉트로 열대 정원에 방갈로처럼 꾸민 테이블과 조명까지 더해져 분위기가 퍽 좋다. 요리 종류도 다양한데 베트남 요리부터 이탈리아 요리, 바비큐 포크립, 해산물 요리, 인도 카레, 태국 요리에 한식 메뉴까지 10개가 넘는 부스에서 다채로운 맛의 음식을 골라 먹는 재미가 있다. 와인과 생맥주를 파는 바 코너가 따로 있고, 술 종류도 꽤 많아서 요리와 함께 즐기기에 그만이다. 오픈된 곳이라 냉방이 취약하므로 더운 한낮보다는 저녁때 가는 것이 바람직하다.

꽌 비보 *Quán BIBO*

위치 응우옌 딘 찌에우 거리 주변
유형 대표 맛집
주메뉴 해산물 요리

☺ → 적당한 가격에 즐기는 해산물
☹ → 도로 건너편이라 바다를 볼 수 없음

비슷한 해산물 식당이 모여 있는 이 부근에서 비교적 믿고 먹을 수 있는 해산물 맛집으로 가성비도 높은 편이다. 입구에 랍스터, 새우, 조개, 오징어 등 신선한 해산물이 잔뜩 쌓여 있는데, 직접 해산물을 골라서 주문해도 되고 메뉴판에 있는 정찰 가격의 요리 중에서 골라도 된다. 수조에서 고를 경우 해산물 시세는 때에 따라 차이가 있는 편이다. 그릴, 찜, 튀김 중에서 조리법을 선택할 수 있고 소스도 타마린드, 갈릭, 칠리 등 다양하니 입맛에 맞게 즐겨 보자. 땅콩 가루를 듬뿍 뿌린 조개구이, 담백한 새우구이, 오징어튀김, 치즈를 듬뿍 올린 랍스터 구이와 함께 모닝글로리 볶음, 볶음밥 등을 곁들이면 최고의 해산물 성찬이 완성된다.

📍
가는 방법 신드바드 레스토랑에서 도보 13분
주소 191 Nguyễn Đình Chiểu, Phường Hàm Tiến
문의 0902 896 055
영업 10:30~22:30
예산 새우 소금구이 12만 5,000동, 볶음밥 5만 5,000동

TRAVEL TALK

버캐 거리에서 해산물 즐기기

버캐 Bờ Kè 거리라 불리는 이 일대에는 비슷한 해산물 레스토랑들이 줄지어 모여 있어요. 바다 바로 옆에서 해산물을 즐길 수 있어 여행자들에게 인기가 많죠. 대부분 분위기가 비슷하고, 해산물을 직접 골라서 무게에 따라 가격이 정해지는 곳이 많아요. 해산물 식당의 특성상 정찰제가 아니라 시가로 청구하는 곳이 많아 두세 곳은 비교해 봐야 해요. 꼭 주문 전 무게와 가격을 확인하세요.

신드바드 레스토랑
Sindbad Restaurant

위치	응우옌 딘 찌에우 거리 주변
유형	대표 맛집
주메뉴	케밥, 샐러드, 기로스

😊 → 푸짐한 양과 저렴한 가격
😣 → 실내가 협소하고 더운 편

무이네에서 끼니때면 손님이 가장 많은 인기 맛집. 오랫동안 값싸고 맛있고 푸짐한 케밥으로 사랑받고 있다. 샐러드부터 도네르 케밥, 기로스, 꼬치에 나오는 시시 케밥 등 종류가 꽤 다양하고 들어가는 재료와 사이즈도 고를 수 있다. 간판 메뉴는 소고기 도네르 케밥과 치킨 도네르 케밥이다. 맛있는 건 물론이고 양이 푸짐해서 기본 사이즈로 시켜도 배가 부를 정도다. 점심시간에는 단체 투어의 코스로도 많이 찾아 더욱 붐빈다.

📍 **가는 방법** 한 카페에서 도보 6분
주소 133 Nguyễn Đình Chiểu, Phường Hàm Tiến
문의 0359 328 950
영업 08:00~22:00
예산 도네르 케밥 4만 2,000동~, 기로스 7만 5,000동

파인애플
Pineapple

위치	응우옌 딘 찌에우 거리 주변
유형	신규 맛집
주메뉴	칵테일, 커피, 스무디

😊 → 해변의 감성이 가득한 분위기 맛집
😣 → 오픈된 구조라 냉방이 취약

무이네 비치 바로 앞에 위치한 히든 플레이스. 모래사장 위에 놓인 알록달록한 빈백과 야자수 나무 사이로 걸린 해먹, 바다를 향해 날아가듯 탈 수 있는 그네 등 열대 감성을 오롯이 느낄 수 있다. 누들, 볶음밥, 샌드위치 같은 간단한 식사 메뉴도 있고 열대 과일을 듬뿍 넣은 스무디, 달콤한 베트남 커피도 맛있다. 해 질 무렵에 가면 아름다운 노을을 보며 낭만에 젖고, 빛깔 고운 칵테일을 마시면서 취하기에도 더없이 좋은 분위기다.

📍 **가는 방법** 요정의 샘에서 도보 10분
주소 16A Lãn Ông, Xương Huân
문의 0258 3826 737
영업 07:30~20:30
예산 샌드위치 11만 동~, 칵테일 9만 5,000동

판도라 도네르 케밥
Pandora Doner Kebab

위치	호앙 응옥 비치 리조트 주변
유형	신규 맛집
주메뉴	케밥, 기로스

😊 → 값싸고 푸짐한 케밥
😐 → 다소 애매한 위치

새롭게 뜨고 있는 케밥 맛집으로 실내가 넓고 깨끗한 데다 음식도 싸서 소문이 자자하다. 대표 메뉴는 담백한 빵 안에 구운 고기와 채소를 듬뿍 넣은 도네르 케밥. 소고기, 닭고기, 채식 중에 고를 수 있고 사이즈 변경도 가능하다. 기본 사이즈도 큼직하기 때문에 라지로 시키면 2명이 먹어도 될 정도로 양이 푸짐하다. 도네르 케밥 외에 꼬치구이로 나오는 시시 케밥, 샐러드, 기로스 같은 메뉴도 있다.

📍 **가는 방법** 호앙 응옥 비치 리조트에서 도보 4분
주소 235A Nguyễn Đình Chiểu, Khu Phố 2
문의 0399 915 245
영업 10:00~23:00
예산 샐러드 4만 9,000동~, 도네르 케밥 4만 동~

초이 오이
CHOI OI

위치	응우옌 딘 찌에우 거리 주변
유형	대표 맛집
주메뉴	베트남 요리

😊 → 깨끗하고 쾌적한 실내와 친절한 직원
😐 → 평범하고 무난한 맛

무이네의 메인 거리에 위치한 식당으로 깨끗하고 밝은 실내 분위기, 친절한 환대로 호평을 받는 곳이다. 쌀국수인 퍼보를 비롯해 짜조, 볶음밥, 반쌔오, 분팃느엉 등 간단하게 먹을 수 있는 베트남 음식들을 선보인다. 음식 맛이 전체적으로 거부감 없는 대중적인 맛이라 한 끼 식사를 하기에 무난하다. 후식으로 베트남 커피와 주스 메뉴도 다양하고, 진한 망고 주스와 상큼한 과일 요거트도 더위에 지쳤을 때 먹으면 좋다.

📍 **가는 방법** 한 카페에서 도보 6분
주소 137 Nguyễn Đình Chiểu, Phường Hàm Tiến
문의 0252 3741 428
영업 월~토요일 08:30~19:30, 일요일 08:30~16:30
예산 냄느엉 5만 동, 분팃느엉 5만 5,000동

맘스 키친
Mom's Kitchen

위치 호앙 응옥 비치 리조트 주변
유형 대표 맛집
주메뉴 한식

- 😊 → 무이네에서 찾기 힘든 한식
- 😐 → 현지 식당 대비 약간 비싼 편

무이네에서 한식이 그리울 때 갈 만한 곳이다. 실내가 깨끗하고 넓은 데다 냉방 시설이 잘 갖춰져 쾌적하게 식사를 할 수 있다. 한국인이 운영하는 한식당으로 김치찌개나 된장찌개 같은 간단한 메뉴부터 삼겹살 구이까지 반가운 한식 메뉴를 골고루 갖추고 있다. 찌개류와 국밥이 특히 맛있고, 정갈하게 나오는 반찬과 한식 요리도 맛있는 편이라 현지 음식이 질릴 때 가볼 만하다.

📍 **가는 방법** 호앙 응옥 비치 리조트에서 도보 3분
주소 277 Nguyễn Đình Chiểu, Phường Hàm Tiến
문의 0347 596 496
영업 09:30~21:30
예산 김치찌개 16만 동, 된장찌개 16만 동

카멜레온
Chameleon

위치 호앙 응옥 비치 리조트 주변
유형 신규 맛집
주메뉴 태국 음식

- 😊 → 바다를 보며 즐기는 태국 요리
- 😐 → 맛보다는 뷰가 좋음

눈앞에서 출렁이는 푸른 바다를 느끼며 태국 음식을 먹을 수 있는 레스토랑 겸 바. 야자수 아래 모래사장에 테이블을 놓고 포토 존을 꾸며 놓아 핫플로 통한다. 태국 요리를 다양하게 선보이는데, 음식 맛보다는 남다른 뷰로 첫손에 꼽히는 곳이다. 칵테일을 비롯해 주류도 다양하게 갖추어 한잔하기에도 좋다. 해 질 무렵이면 멋진 노을도 볼 수 있어 풍경과 열대의 분위기에 취하기에 그만이다.

📍 **가는 방법** 호앙 응옥 비치 리조트에서 도보 6분
주소 138 Nguyễn Đình Chiểu, Phường Hàm Tiến
문의 0252 6550 777
영업 월~금요일 08:00~21:00, 토~일요일 08:00~23:00
예산 볶음밥 7만 동~, 칵테일 7만 동~

빅 칠 펀 인 푸드 코트
Big Chill Fun in Food Court

위치 요정의 샘 주변
유형 신규 맛집
주메뉴 인도 요리, 피자, 타코

- 😊 → 입맛대로 골라 먹는 즐거움
- 😐 → 오픈된 구조라 냉방이 취약

열정 넘치는 친절한 주인이 운영하는 푸드 코트로 여러 부스가 모여 있어 취향껏 음식을 골라 즐길 수 있다. 그중에서도 20여 가지 화덕 피자를 맛볼 수 있는 이탈리아 음식 코너와 정통 카레와 난, 탄두리 치킨을 먹을 수 있는 인도 요리, 재료를 아낌없이 넣은 멕시코 요리가 맛있다. 맥주도 저렴하고 와인도 다양하게 준비되어 있어 저녁을 먹으면서 가볍게 한잔하기에도 썩 괜찮은 곳이다.

📍 **가는 방법** 요정의 샘에서 도보 6분
주소 16 Huỳnh Thúc Kháng, Phường Hàm Tiến
문의 0345 616 105
영업 09:00~22:00
예산 피자 16만 동~, 카레 16만 5,000동

무이네 스파 & 마사지

무이네의 스파는 메인 로드에 위치한 로컬 마사지 숍과 리조트 내에 있는 고급 스파로 나뉜다. 메인 로드에는 가성비 높은 마사지 숍이 꽤 있어 하루의 여독을 풀기에 제격이다. 쾌적한 시설에서 호사스러운 스파를 하며 일상을 벗어난 기분을 오롯이 느끼고 싶다면 리조트 내 스파를 이용하는 편이 좋다.

스파 센버리
SPA Cenvaree

위치 센타라 미라지 리조트 주변
유형 중급 스파

🙂 → 고급스러운 시설과 분위기
😐 → 약간 높은 가격대

최근에 오픈한 대형 리조트 내에 위치한 스파로 시설이 매우 쾌적하고 스파 룸도 고급스럽다. 페이셜 트리트먼트, 보디마사지, 네일 트리트먼트 등 다양한 코스가 있고, 커플을 위한 커플 스파 패키지가 있어 커플 여행자에게 특히 인기다. 따뜻하게 달군 돌로 뭉친 근육을 구석구석 풀어주는 핫 스톤 세러피, 강한 압으로 풀어 주는 타이 마사지가 대표적이다. 시그니처 리추얼 프로그램을 선택하면 2시간 30분~3시간에 걸쳐 풀코스로 호사스러운 스파를 누릴 수 있다.

가는 방법 요정의 샘에서 차로 3분, 센타라 미라지 리조트 내에 위치
주소 Huỳnh Thúc Kháng, khu phố 4
문의 0252 2222 202 **영업** 09:00~21:00
예산 핫 스톤 세러피(90분) 170만 동, 타이 마사지(60분) 130만 동

워터 릴리 스파
Water Lily Spa

위치 뱀부 빌리지 비치 리조트 & 스파 주변
유형 중급 스파

🙂 → 자연 친화적인 분위기와 뛰어난 마사지 실력
😐 → 리조트 내 스파라 비용은 비싼 편

뱀부 빌리지 비치 리조트 & 스파 안에 위치한 스파로 페이셜 케어부터 아로마 세러피 마사지, 디톡스 트리트먼트 등 체계적인 스파 메뉴를 갖추고 있다. 에센셜 오일로 전신을 부드럽게 마사지해 주는 아시아 아로마 세러피와 힘 있는 지압으로 뭉친 근육을 풀어 주는 태국 마사지를 자랑한다. 열대 분위기가 물씬 풍기는 방갈로 스타일의 스파 룸 또는 야외 베드에서 마사지를 받을 수 있다. 인기가 워낙 많아 예약이 필수다.

가는 방법 한 카페에서 도보 3분, 뱀부 빌리지 비치 리조트 & 스파
주소 38 Nguyễn Đình Chiểu, khu phố 1
문의 0252 3847 007 **영업** 08:00~22:00
예산 베트남 마사지(60분) 78만 2,000동, 알로에 베라 페이셜(45분) 57만 5,000동

툴립 스파
Tulip Spa

위치　한 카페 주변
유형　로컬 마사지

☺ → 가성비 높은 저가 마사지
☹ → 인기가 높아 예약 필수

무이네에서 비용 대비 만족도 높은 마사지를 받을 수 있는 곳이다. 메인 거리에 위치해 찾기 쉽고 로컬 스파지만 내부도 나름대로 깔끔하다. 인기 메뉴는 스포츠 보디마사지로 숙련된 세러피스트의 강한 압으로 뭉친 근육을 시원하게 풀어준다. 마사지가 끝난 후에 망고나 파인애플 같은 과일도 서비스로 내오고, 재방문 할인 쿠폰을 주는 등 친절한 서비스도 인기의 비결 중 하나다. 만 원 남짓한 가격으로 마사지를 받을 수 있다는 것이 가장 큰 메리트로 저렴한 마사지를 찾는 이들에게 추천한다.

가는 방법 한 카페에서 도보 3분
주소 121 Nguyễn Đình Chiểu, Phường Hàm Tiến
문의 091 687 1169
영업 10:00~23:00
예산 보디마사지(60분) 19만 동, 스포츠 보디마사지(60분) 25만 동

로즈 스파
Roses Spa

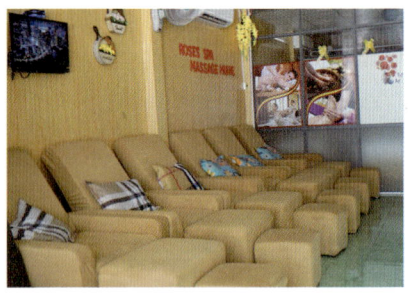

위치　신드바드 레스토랑 주변
유형　로컬 마사지

☺ → 저렴한 비용에 비해 높은 만족도
☹ → 시설은 소박한 편

무이네 메인 거리에 있는 저가 스파로 부담 없는 비용으로 마사지를 받을 수 있는 곳이다. 발 마사지를 비롯해 보디 스크럽, 전신 마사지 등 다양한 메뉴를 골고루 갖추고 있다. 무이네의 강한 햇볕에 많이 탔다면 알로에 베라 마사지를 받아 볼 만하다. 열을 식혀주는 알로에 베라로 부드럽고 시원하게 마사지를 해 피부를 진정시키고 촉촉하게 만들어 준다. 시설은 소박하지만 친절한 응대와 픽업 서비스 등을 제공해 여행자들의 만족도가 높은 편이다.

가는 방법 신드바드 레스토랑 바로 옆
주소 133 Nguyễn Đình Chiểu, Phường Hàm Tiến
문의 0365 114 608　**영업** 08:00~23:00
예산 발 마사지(60분) 29만 동, 알로에 베라 마사지(60분) 29만 동
홈페이지 rosesspamuine.com

SOS

나트랑·달랏·무이네
여행 중 위기 탈출

SOS 1

안전한 베트남 여행을 위한 주의 사항

베트남은 우리와 교통 체계가 다르고 안전을 위한 인프라도 많이 부족한 편이다. 낯선 도시인 만큼 길을 건너거나 자전거를 탈 때 주위를 잘 살피는 등 주의해야 한다. 그 외에도 물놀이 시 안전사고, 도난 사고 등 베트남 여행 중에 조심해야 할 사항을 알아보자.

❶ 복잡한 거리에서는 교통사고 조심

베트남은 거리에 오토바이가 무척 많고 교통 법규 준수율이 낮기 때문에 처음 현지 교통 상황을 접하면 복잡하고 혼란스러운 거리 풍경에 놀랄 것이다. 도로에 횡단보도나 신호등 시설이 부족하고 오토바이와 차량은 좀처럼 속도를 낮추지 않고 달리기 때문에 여행자들은 길을 건너는 것조차 무섭게 느껴질 것이다. 이런 상황에서 오토바이나 차량 등을 직접 운전하는 것은 피하는 것이 좋으며 길을 건널 때도 각별한 주의가 필요하다. 교통사고가 발생해도 긴급 구조나 응급조치가 열악한 상황이라 더 위험하다. 또한 베트남은 자동차 보험 보장이 한국과 비교해 상당히 낮은 편이라 피해를 입더라도 보상받기가 어렵다. 길을 건너거나 거리를 걸을 때는 항상 오토바이, 차량을 조심하면서 이동하자.

❷ 바다나 수영장에서 물놀이 시 조심

베트남에서는 물놀이 중 물에 빠지는 사고가 종종 일어나기 때문에 항상 조심할 필요가 있다. 특히 물의 깊이와 파도의 높이가 일정하지 않은 바다에서 수영할 때는 각별히 주의해야 한다. 수상 레포츠를 즐길 때는 반드시 구명조끼 등 안전 장비를 착용해야 하며 음주 상태에서는 절대로 해서는 안 된다. 또 기상 예보를 수시로 확인해 태풍이나 해일과 같은 갑작스러운 날씨 변화에도 대비하자.

❸ 현금이나 소지품 도난 주의

자주 있는 일은 아니지만 소매치기, 강도 및 도난의 위험에도 대비해야 한다. 사람이 많은 야시장이나 테마파크 같은 곳에서는 가방이나 휴대품을 항상 몸에 소지하고 주의를 기울이자. 사진을 찍어 주겠다고 접근해 휴대폰이나 신용카드를 훔치려고 시도하는 경우도 종종 있으므로 마음을 놓아서는 안 된다. 늦은 시간에 혼자서 인적이 드문 거리를 배회하는 행동은 자제하는 것이 좋고, 숙소에서도 귀중품은 세이프티 박스에 넣거나 소지하고 다니도록 하자.

❹ 여행자 보험은 선택이 아닌 필수

여행을 떠나기 전에 미리 여행자 보험에 가입해 두는 것이 좋다. 현지에서 병이 났을 때 병원에서 발생하는 의료비, 분실이나 사고 시 피해 금액을 어느 정도 보상받을 수 있어 유용하다. 출발 전 공항에서 또는 홈페이지, 앱 등을 통해 간편하게 가입할 수 있다. 비용도 여행 일정이 길지 않다면 1만~2만 원이므로 혹시 모를 사고를 대비해 가입하는 것이 좋다. 단, 현지에서 사고가 발생하거나 병원에 갈 경우 추후 여행자 보험 처리를 위해 경찰서의 폴리스 리포트Police Report, 병원의 진단서, 영수증 등을 꼭 챙겨 둬야 보상을 받을 수 있다.

❺ 현지에서 챙겨야 할 서류

병원에서 치료를 받은 경우
현지 병원에서 치료를 받은 경우 보험 청구 시 필요한 서류를 받아 두자. 병원 진료 내역을 확인할 수 있는 진단서(Medical Report)와 약품 구입 시 처방전, 관련 영수증 등을 빠짐없이 챙겨야 추후 보상받을 수 있다.

도난을 당한 경우
경찰서로 가서 도난 신고를 한 후 폴리스 리포트 발급을 위한 서류를 작성한다. 외국인이 베트남 경찰서에서 도난 확인서를 발급받으려면 베트남어가 가능한 사람이 필요하므로 호텔 직원이나 소통이 가능한 현지인에게 도움을 청하는 것이 좋다.

❻ 여행자 보험 청구 절차

보험 회사마다 약간씩 차이가 있다.
① 보험금 청구서 양식 작성
② 개인 정보 처리 표준 동의서 작성
③ 사고 확인서, 여권 사본, 통장 사본 제출
④ 출입국 기록 증명 서류 제출
⑤ 폴리스 리포트 또는 진료 내역을 확인할 수 있는 진단서 제출

※보험 회사마다 휴대품의 보상 범위와 금액 등에 차이가 있으므로 가입 전에 꼼꼼히 비교하고 가입하도록 하자.

SOS ❷

알고 가면 안 당한다! 가장 흔한 사기 유형과 주의 사항

베트남은 사회주의국가이고 범죄에 대한 처벌이 강력한 나라여서 폭력 범죄나 테러 발생률은 낮은 편에 속한다. 그럼에도 여행자를 대상으로 종종 환전이나 택시 탑승 시 사기 사건이나 바가지요금, 도난 사고 등이 일어나기도 하므로 사기 유형에 대해 알아 두고 여행자 스스로 조심할 필요가 있다.

❶ 환전 사기

흔하지는 않지만 종종 베트남 동을 현지에서 환전할 때 사기를 당하기도 한다. 베트남의 화폐 단위는 한국보다 20배 높기 때문에 이에 익숙지 않은 여행자들은 혼란스러울 수밖에 없다. 환전할 때는 먼저 수수료, 커미션을 따로 요구하는지 확인하자. 커미션이나 수수료가 없는 것이 정상이므로 요구한다면 다른 곳에서 환전하는 것이 좋다. 환전할 미국 달러 액수를 제시한 다음 정확히 얼마를 베트남 동으로 환전해 줄 것인지 계산기에 숫자를 표시해 확인한 후 돈을 받는다. 처음 말한 금액과 다르게 커미션, 수수료 등을 차감하고 주는 경우가 종종 있다. 환전한 베트남 동을 받은 후에는 그 자리에서 금액이 정확한지 두세 번 꼼꼼하게 확인하자.

❸ 현금 사기

현지 택시 기사나 상인 등이 베트남 화폐 단위에 익숙하지 않은 여행자에게 금액에 맞는 화폐를 찾아주겠다는 명분으로 지갑에서 직접 돈을 꺼내 가는 식으로 사기를 치는 경우가 있다. 순식간에 돈을 낚아채듯이 빼 가는데 실제 금액보다 '0'이 하나 더 붙은 지폐나 더 많은 금액을 가져가는 일이 종종 일어나므로 어떤 경우에도 현금은 본인이 정확하게 세어 지불하자.

❹ 택시 사기

종종 택시 기사가 목적지까지 돌아서 가거나 터무니없이 높은 요금을 요구하는 경우가 있다. 가능하면 믿을 만한 택시 회사인 꽉테, 비나선, 마일린, 라도 택시를 이용하는 것이 안전하다. 거리에 멈춰서 호객을 하는 택시보다는 지나가는 택시를 잡도록 한다. 미터기 요금보다 더 많은 금액을 요구할 경우 호텔에 도착한 상황이면 호텔 직원에게 중재를 요청할 수 있다. 하지만 소액이라면 차라리 포기하고 주는 편이 안전하다.

❷ 운동화 수선, 구두닦이 사기

나트랑 지역보다는 호찌민, 하노이 같은 대도시에서 종종 나타나는 사기 유형이다. 거리를 걷거나 야외 카페에 앉아 있을 때 무작정 다가와서 신발이 찢어졌다며 수선하는 척한 후 돈을 요구하는 식이다. 요청하지 않았는데도 구두를 닦는 척하면서 돈을 요구하는 수법도 있다. 이런 사람들은 굉장히 끈질기게 돈을 요구하기 때문에 어쩔 수 없이 주게 되는 경우가 있다. 낯선 이가 다가와서 옷이나 신발 등을 만지면 경계하고 정중하게 사양하면서 그 자리를 벗어나도록 하자.

❺ 그랩 기사 사칭 사기

주로 공항이나 롯데마트 앞 등 그랩 기사들이 진을 치고 기다리는 곳에서 종종 일어난다. 휴대폰을 흔들며 자신이 요청한 그랩 기사라고 하는 이들이 많은데 거짓말인 경우가 대부분이다. 다가오는 기사의 차량을 무턱대고 타지 말고 그랩 앱의 차량 번호와 기사의 얼굴이 맞는지 확인한 후 탑승하자. 내가 부른 그랩이 아니라 다른 차량에 탈 경우 그랩에 표시되는 요금과 다르게 높은 요금을 부르며 위압적인 행동을 하기도 하니 반드시 확인해야 한다.

SOS ❸
여권을 분실 또는 훼손했을 때

나트랑에서 여권을 분실한 경우 나트랑이 아닌 하노이 소재 대사관 또는 호찌민 소재 총영사관을 방문해서 여권을 재발급받아야 한다. 시간과 비용이 상당히 소요되므로 여권을 분실하지 않도록 각별히 주의해야 한다. 여권을 잃어버린 경우 다음과 같은 과정에 따라 여권을 재발급받을 수 있다.

여권 재발급 과정과 준비물(영사관 기준)
여권 분실 시, 가까운 경찰서로 가서 여권 분실 확인서(Police Report)를 발급한 후 호찌민 또는 하노이로 이동해 출국사증까지 받아야 한국으로 귀국할 수 있다. 여권 발급 과정이 복잡하므로 분실하지 않도록 주의하자.

❶ 가까운 경찰서에서 여권 분실 확인서를 발급받는다.
❷ 발급받은 여권 분실 확인서를 가지고 주베트남 대한민국 대사관(하노이) 또는 주호찌민 대한민국 총영사관에 방문해 출국사증을 재발급받는다. 근무일 기준 2~5일 소요된다.
준비물 여권 신청서(비치), 여권용 사진 2장, 여권 분실 신고서(비치), 구여권 사본(신분증 대체 가능), E-ticket 사본

★ **주베트남 대한민국 대사관 및 총영사관 연락처**

주호찌민 대한민국 총영사관
주소 107 Nguyễn Du, Phường Bến Thành, Quận 1, Hồ Chí Minh
문의 028 3824 2593(여권·공증 등 일반 민원)

주베트남 대한민국 대사관(하노이)
주소 SQ4 Khu Ngoại Giao Đoàn, Nguyễn Xuân Khoát, Xuân Tảo, Bắc Từ Liêm, Hà Nội, Việt Nam
문의 024 3771 0404(영사과)

SOS ❹
현금이나 가방을 도난당했을 때

자주 있는 일은 아니지만 베트남 현지에서 종종 소매치기, 강도, 도난 사건이 일어나기도 한다. 주로 사람이 많이 붐비는 테마파크와 시장, 야시장 등지에서 일어나므로 소지품을 도난당하지 않도록 가방이나 지갑 등의 관리에 각별히 주의하자. 만약 여행 중에 물품을 분실했다면 가장 먼저 현지 경찰서에서 잃어버린 물건을 신고해야 한다. 해외여행자 보험에 가입한 경우 현지 경찰서에서 폴리스 리포트를 받아야 귀국 후 보험 회사에 청구가 가능하니 꼭 챙겨 두자. 여행 경비를 분실하거나 도난당해서 당장 사용할 경비가 없어 난처한 경우에는 신속해외송금지원제도를 이용하는 방법이 있다.

신속해외송금지원제도란?
해외에서 우리나라 국민이 소지품 분실, 도난 등 예상치 못한 사고로 급히 사용할 현금이 필요한 경우 국내의 지인이 외교부 계좌로 입금하면 현지 대사관 및 총영사관에서 해외여행객에게 긴급 경비를 현지 화폐로 전달하는 제도이다. 가까운 대사관이나 총영사관에서 신청하거나 영사 콜센터 상담을 통해 가능하다.
영사 콜센터 +82 2 3210 0404

SOS 5

신용카드를 잃어버렸을 때

신용카드를 분실했을 때는 우선 해당 카드사로 전화해 분실 신고부터 하고 카드 사용을 정지해야 피해를 최소화할 수 있다. 혹시 현지에서 본인이 아닌 타인의 부정 사용 금액이 있으면 가까운 경찰서에 가서 폴리스 리포트를 작성하는 것이 추후 보상 신청에 유리하다. 피해 금액이 있을 경우 귀국 후 카드사에 문의해 카드 보상과 관련한 내용을 확인하고 신청하면 된다. 해외 결제가 가능한 신용카드는 베트남에서 결제 시 비밀번호가 필요 없는 점을 노려 절도 후 곧장 금은방, 전자 제품 매장 등에서 결제하기 때문에 금전적인 피해가 발생하는 사례도 종종 있다. 결제 시 앱이나 문자메시지 등을 통해 신용카드 결제 내역을 수신할 수 있도록 출국 전에 미리 신청해 두면 타인의 이용이나 결제 금액 등을 파악해 대처할 수 있다.

주요 카드사 문의

카드 발급사	분실 신고 번호	홈페이지
신한카드	+82 2 1544 7000	www.shinhancard.com
KB국민카드	+82 2 6300 7300	card.kbcard.com
삼성카드	+82 2 2000 8100	www.samsungcard.com
현대카드	+82 2 3015 9000	www.hyundaicard.com
하나카드	+82 2 1800 1111	www.hanacard.com
롯데카드	+82 2 1588 8300	www.lottecard.co.kr
우리카드	+82 2 6958 9000	www.wooricard.com
BC카드	+82 2 950 8510	www.bccard.com
NH농협카드	+82 2 1644 4000	card.nonghyup.com
씨티카드	+82 2 2004 1004	www.citicard.co.kr

SOS 6

가벼운 복통이나 두통이 있을 때

길거리 음식이나 신선하지 않은 해산물 등을 먹고 배탈이 났을 경우 가까운 약국에 가는 것이 좋고 심할 경우 병원으로 가자. 이를 방지하려면 길거리 음식이나 음료는 먹지 않는 것이 좋다. 현지 식당에서 무료로 나오는 물이나 차도 물갈이를 할 수 있기 때문에 유료 생수나 음료를 따로 시켜서 먹는 편이 안전하다.

나트랑 시내에서 찾아가기 쉬운 약국

- **티엔푸 약국 Nhà Thuốc Thiên Phú**
  나트랑 여행자 거리로 통하는 시내 중심에 위치해 접근성이 좋다.
  약국은 아담하지만 기본적인 약은 갖추고 있고 간단한 영어로 소통도 가능하다.
  가는 방법 나트랑 시내, 반미 판 맞은편
  주소 99 Bạch Đằng, Tân Lập, Nha Trang, Khánh Hòa
  문의 0906 443 773
  영업 08:00~20:00

SOS ❼

공항에서 짐을 잃어버렸을 때

공항에서 수하물이 분실된 경우 항공사의 책임으로 배상을 받을 수 있다. 수화물 확인표를 해당 항공사 직원에게 제시한 다음 분실 신고서를 작성한다. 수하물이 파손되었을 때에도 보상해 주는 항공사가 많으니 꼭 문의하자. 여행자 보험에 가입한 경우에도 대부분 보상을 받을 수 있으므로 수하물에 관한 보험 사항을 확인하자.

SOS ❽

피부 트러블이 심각할 때(일광 화상, 햇볕 알레르기 등)

베트남은 한국보다 날씨가 무덥고 특히 여름에는 자외선이 강해서 자외선 차단제를 수시로 바르는 것이 중요하다. 자외선을 막아 줄 얇은 긴소매나 모자, 양산 등을 챙기는 것도 좋다. 또한 알로에 베라 젤을 발라 수분을 보충해 주면 도움이 된다. 일광 화상이나 햇볕 알레르기가 나타난 경우에는 화끈거리는 증상이 없어질 때까지 흐르는 시원한 물로 열기를 식혀 준 다음 화상 연고나 화상 크림을 바른다. 증상이 심할 때는 약국에 가서 증상을 말하고 처방을 받는 것이 좋다.

SOS ❾

몸이 아파서 병원에 가야 할 때

현지에서 갑작스럽게 열이 나거나 몸이 아픈 경우 증상이 심할 때는 병원으로 가자. 현지 병원은 시설이 열악하고 소통이 어렵기 때문에 외국인이 주로 찾는 국제 병원을 이용하는 편이 낫다. 현지 병원보다 비싸지만 훌륭한 시설과 실력 있는 의료진이 있고 한국어나 영어 통역이 가능한 직원도 상주해 도움이 된다.

나트랑의 대표 국제 병원

- **빈맥 국제 병원 Vinmec International Hospital**
  주소 42A Trần Phú, Vĩnh Hoà, Nha Trang, Khánh Hòa
  문의 0258 3900 168

알아 두면 유용한 베트남어				
단어	두통 sự đau đầu	복통 đau bụng	열 nhiệt
	설사 sự tiêu chảy	어지럼증 chứng hoa mắt	구토 sự ói mửa
	기침 ho hen	소화제 thuốc tiêu hoá	해열제 thuốc hạ nhiệt
	감기약 thuốc cảm	설사약 thuốc tiêu chảy	
회화	가까운 병원으로 가 주세요. Cho tôi tới bệnh viện gần đây		
	아기 몸에서 열이 납니다. Đứa trẻ bị sốt		
	배가 아파요. Đau bụng quá		
	두통약 주세요. Cho mình thuốc nhức đầu đi		
	병원 진단서와 영수증이 필요합니다. Cần phải chuẩn đoán bệnh viện và hóa đơn		

SOS ⑩

무더위로 인한 증상이 나타났을 때(열사병, 땀띠 등)

베트남의 무더운 여름철에는 열사병과 냉방병을 조심해야 한다. 특히 외부에서 관광하면서 오랜 시간 자외선과 무더위에 노출되면 더위를 먹을 수 있다. 또한 실내로 들어오면 에어컨의 냉방이 강력해 실외와 온도 차가 심하게 나기도 하는데 이로 인한 냉방병도 조심할 필요가 있다. 더위에 지칠 때는 시원한 실내나 그늘에서 휴식을 취하면서 갈증 해소와 열을 식혀 주는 데 도움이 되는 과일이나 생수를 수시로 많이 섭취하자. 복장은 시원한 소재에 통풍이 잘되는 옷으로 준비하고, 피부가 예민한 편이라면 얇은 긴소매 옷을 입는 것도 좋다. 증상이 심할 경우 한인이 운영하는 약국 또는 병원을 찾아간다.

SOS ⑪

휴대폰·카메라·충전기 등이 고장 났을 때

현지에서 휴대폰이나 카메라, 충전기 등이 고장 났을 때는 가까운 전자 제품 상가로 가 보자. 베트남 전역에 체인을 둔 전자 제품 판매점 디엔마이싼Điện Máy XANH에서 다양한 전자 제품을 판매한다.

- **디엔마이싼 SIÊU THỊ ĐIỆN MÁY XANH**
  주소 17 Thái Nguyên, Phước Tân, Nha Trang **영업** 08:00~21:30

SOS ⑫

교통사고가 났을 때

베트남은 교통 환경이 열악하고 신호 체계, 횡단보도 등의 시설이 부족한 편이라 길을 걸어 다닐 때 각별히 신경을 써야 한다. 또 사고가 발생했을 때 신속한 사고 처리 및 응급 이송 체계도 잘 갖추어져 있지 않고 언어 소통도 어려워 무엇보다도 사고가 일어나지 않도록 조심해야 한다. 교통사고 발생 시 우선 경찰(113)과 응급구급차(115)에 직접 연락을 하거나 주변에 도움을 청하자.

⭐ 긴급 상황 발생 시 대처법

외교부의 지원이 필요하면 영사콜센터 이용
영사콜센터는 해외에서 사건·사고 또는 긴급한 상황에 처했을 때 도움을 받을 수 있는 상담 서비스로 연중무휴 24시간 운영한다. 베트남어 통역 서비스도 제공한다. 단, 개인적인 용무를 위한 통화는 불가능하며, 사건·사고와 해외 위난 상황, 긴급 의료상황 발생 시 초기대응에 필요한 통역을 지원한다.
무료 전화 앱 와이파이 환경에서 별도의 음성 통화료 없이 무료로 영사콜센터 상담전화를 사용할 수 있다. '카카오톡 상담 연결하기(카카오톡 채널에서 '영사콜센터' 검색)'를 통해서도 가능하다.
휴대폰 유료 통화 +82-2-3210-0404로 전화 연결한다. 베트남 입국과 동시에 자동으로 수신되는 영사콜센터 안내문자에서 통화 버튼을 누르면 바로 연결된다.
무료 연결 120-82-3355 + 5번을 눌러 전화 연결한다.

CHECK IT

베트남 화폐 환전 이모저모

✓ 나트랑에서 환전하기

❶ 나트랑 국제공항 내 환전소 이용
나트랑 국제공항에 도착해 수하물을 찾는 곳 왼쪽으로 환전소가 모여 있다. 수수료가 없다고 호객하지만 막상 환전하면 수수료를 받는 곳도 있으므로 반드시 환전할 금액의 최종 액수를 확인해야 한다. 수수료가 있다고 하면 수수료가 없는 다른 곳으로 가서 최종 환전 금액을 비교한다. 보통 US$100에 220만 동 수준으로 나트랑 시내 쏨머이 시장 인근 금은방과 비교하면 베트남 동이 약간 비싼 편이지만 큰 차이는 없으므로 베트남 동이 바로 필요하다면 공항에서 소액이라도 환전하도록 한다.

❷ 나트랑 시내 쏨머이 시장 인근 금은방 이용
쏨머이 시장 건너편에 환전 가능한 금은방이 몇 곳 모여 있다. 공식 환전소는 아니지만 환율을 유리하게 적용해 준다. 환전할 미화 금액을 말하면 계산기에 환전될 베트남 동을 찍어 보여 준다. 돈을 받으면 그 자리에서 꼼꼼하게 잘 세어 보는 것이 중요하다.

추천 금은방
김청 Kim Chung **주소** 51 Ng. Gia Tự, Tân Lập, Nha Trang
김빈 Kim Vinh **주소** 88 Ng. Gia Tự, Phước Tiến, Nha Trang

❸ 현지 은행 지점이나 ATM 이용
베트남 현지 은행에서 미화를 베트남 동으로 환전해 준다. 비엣콤뱅크Vietcombank, VP뱅크VP Bank, TP뱅크TP Bank 등 나트랑 시내 곳곳에서 발견할 수 있다. 환전 시 여권이 필요하다. 트래블월렛, 트래블로그 같은 국제 현금카드를 소지하고 있다면 베트남의 ATM에서 쉽게 베트남 동으로 인출 가능하다. 외진 장소의 ATM보다는 은행 안의 ATM을 이용하는 편이 안전하다.

✓ 환전 시 주의 사항

- 환전할 미화를 먼저 주지 말고 계산기에 최종 환전될 베트남 동 금액을 찍어 달라고 요청한 후 확인하고 돈을 주자. 처음 말과 달리 수수료라면서 돈을 약간 떼고 주는 경우를 피할 수 있다.
- 베트남 동은 화폐 단위가 크다. 숫자로만 보면 원화와 대략 20배 차이가 나기 때문에 처음 환전하면 헷갈리기 쉽다. 환전한 돈을 받은 자리에서 바로 세어 보고 금액이 맞는지 확인하자.
- 미화는 US$100짜리로 준비하는 것이 가장 유리하다. 단, 훼손되거나 오염된 화폐는 환전을 거부하는 곳이 많기 때문에 구겨지지 않은 깨끗한 화폐로 준비해야 한다.

베트남의 지폐 단위가 한국과 달라 헷갈리기 쉬워요! 환율 계산기 앱에 한국 원화를 입력하면 베트남 동을 확인할 수 있답니다.

쉬운 환율 계산기
환율 계산 앱. 한국 원화를 입력하면 베트남 동을 확인할 수 있다.

INDEX

☑ 가고 싶은 관광 명소를 미리 체크해보세요.

R
- ☐ RD 와인 캐슬 — 109

ㄱ
- ☐ 고 나트랑 — 051
- ☐ 고 달랏 — 095
- ☐ 골드 코스트 — 050

ㄴ
- ☐ 나트랑 대성당 — 020
- ☐ 나트랑 비치 — 018
- ☐ 나트랑 선셋 디너 크루즈 — 022
- ☐ 나트랑 야시장 — 047
- ☐ 나트랑 해양박물관 — 022

ㄷ
- ☐ 다딴라 폭포 — 073
- ☐ 달랏 꽃 정원 — 080
- ☐ 달랏 대성당 — 076
- ☐ 달랏 시장 — 097
- ☐ 달랏 야시장 — 075
- ☐ 달랏역 — 071
- ☐ 덤 시장 — 048
- ☐ 도멘 드 마리 성당 — 076

ㄹ
- ☐ 랑비앙산 — 077
- ☐ 랑팜 — 096
- ☐ 레드 샌듄 — 107
- ☐ 로빈 힐 케이블카 — 074
- ☐ 롯데마트 — 050
- ☐ 롱선사 — 020
- ☐ 린프억 사원 — 072

ㅁ
- ☐ 멀펄르 혼땀 리조트 — 1권 037
- ☐ 무이네 미네랄 머드 센터 — 109
- ☐ 무이네 비치 — 105

ㅂ
- ☐ 바오다이 황제 여름 별장 — 076
- ☐ 바이다이 비치 — 1권 018
- ☐ 빈원더스 나트랑 — 024
- ☐ 빈콤 플라자 — 051
- ☐ 뽀나가르 참 탑 — 019

ㅅ
- ☐ 사랑의 계곡 — 079
- ☐ 쏨머이 시장 — 053
- ☐ 쑤언흐엉 호수 — 070

ㅇ
- ☐ 아이 리조트 — 1권 036
- ☐ 요정의 샘 — 108
- ☐ 원숭이섬 — 023

ㅈ
- ☐ 죽림 선원 — 074

ㅋ
- ☐ 크레이지 하우스 — 078
- ☐ 클레이 터널 — 079

ㅌ
- ☐ 탑 바 머드 온천 — 1권 037

ㅍ
- ☐ 프레시 가든 — 080
- ☐ 피싱 빌리지 — 108

ㅎ
- ☐ 혼쫑 곶 — 021
- ☐ 혼쫑 비치 — 1권 018
- ☐ 화이트 샌듄 — 106

물가 시세표

※ 대략적인 시세를 반영한 가격으로 약간 차이는 날 수 있으나 배 이상으로 부르는 경우는 바가지 씌우는 것일 수 있으므로 주의하자.
※ 과일은 철에 따라 가격 차이가 큰 편이니 참고하자.

교통			
나트랑 국제공항 ~ 나트랑 시내		택시 또는 그랩(흥정): 편도 35만 동~	
나트랑 ~ 달랏		리무진 차량 1인 23만 동	
현지 시장			
티셔츠	8만 동~	그래놀라	7만 6,000동~ (200g)
원피스	10만 동~	젤리	4만 4,000동~ (300g)
반바지	6만 동~	건과일	7만 5,000동~ (200g)
라탄 가방	20만 동~	견과류	3만 3,000동~ (124g)
라탄 파우치	10만 동~	티	6만 2,000동~ (120g)
라탄 트레이	30만 동~ (3종)	마카다미아	18만 동~ (1kg)
캐리어	30만 동~ (20인치)	캐슈너트	20만 동~ (1kg)
슬리퍼	6만 동~	망고	2만 동~ (1kg)
아로마 향초	13만 5,000동~ (120g)	망고스틴	8만 동~ (1kg)
아티초크 티(티백)	11만 9,000동~ (100개)	건망고	10만 동~ (1kg)
주요 관광지			
나트랑 뽀나가르 참 탑	1인 3만 동	달랏 다딴라 폭포	1인 5만 동
빈원더스 나트랑	1인 95만 동	무이네 선라이즈 투어	50만 동~ (지프 1대, 2~3명 탑승)
달랏 투어	1인 45만 동~	머드 스파	1인 12만 동~

베트남 기초 여행 회화

한국어	베트남 발음	베트남어 표기	한국어	베트남 발음	베트남어 표기
안녕하세요	씬짜오	Xin chào	계산할게요	띤 띠엔	tính tiền
실례(죄송)합니다	씬로이	Xin lỗi	알겠습니다	또이 히에우	Tôi hiểu
감사합니다	깜언	Cám ơn	얼마입니까?	바오 니여우?	Bao nhiêu?
괜찮아요, 문제없어요	콤 사오	Không sao	이거 살게요	또이 무아 까이 나이	Tôi mua cái này
다시 만나요	헨 갑 라이	Hẹn gặp lại	너무 비싸요	막 꽈	Mắc quá
이름이 무엇입니까?	안 뗀 라 지?	Anh tên là gì?	깎아 주세요	지암지아 디	Giảm giá đi
제 이름은 Kim이에요	또이 뗀 라 김	Tôi tên là Kim	이거 주세요	쪼 또이 까이 나이	cho tôi cái này
			천천히 말해주세요	씬 노이 짬 짬	Xin nói chầm chậm
나는 한국인입니다	또이 라 응어이 한꿕	Tôi là người Hàn Quốc	화장실이 어디예요?	퐁 베 신 어 더우?	Phòng vệ sinh ở đâu?
맛있다	응온	ngon	공항이 어디입니까?	선 바이 어 더우?	Sân bay ở đâu
예쁘다	뎁	đẹp	택시를 불러 주세요	고이 딱 씨 지웁 또이	Gọi tắc xi giúp tôi

한국어	베트남 발음	베트남어 표기	한국어	베트남 발음	베트남어 표기
1	못	một	7	바이	bảy
2	하이	hai	8	땀	tám
3	바	ba	9	찐	chín
4	본	bốn	10	므어이	mười
5	남	năm	100	짬	một trăm
6	사우	sáu	1000	응안	một nghìn(ngàn)

베트남 화폐

⭐ 베트남 동   🇰🇷 한국 원

⭐ 500,000동 ➡ 🇰🇷 27,500원

⭐ 200,000동 ➡ 🇰🇷 11,000원

⭐ 100,000동 ➡ 🇰🇷 5,500원

⭐ 50,000동 ➡ 🇰🇷 2,750원

⭐ 20,000동 ➡ 🇰🇷 1,100원

⭐ 10,000동 ➡ 🇰🇷 550원

⭐ 5,000동 ➡ 🇰🇷 275원

⭐ 2,000동 ➡ 🇰🇷 110원

⭐ 1,000동 ➡ 🇰🇷 55원

⭐ 500동 ➡ 🇰🇷 27원

※ 환율은 2024년 2월 초 기준

베트남 화폐 지갑 만들기

인덱스 파일 또는 지갑, 봉투에 붙여 나만의 '동' 지갑을 만들어 보세요!

Không cho rau ngò
고수 빼주세요
콩쪼라우응오

500,000동	200,000동	100,000동
27,500원	11,000원	5,500원